KB007829

보통의 주식
보통의 상식

COMMON STOCKS AND COMMON SENSE
: The Strategies, Analysis, Decisions, and Emotions of a Particularly Successful Value Investor (9781119259602 / 1119259606) by Edgar Wachenheim

보통의 주식 보통의 상식

에드가 와첸하임 지음

조성숙 옮김

COMMON STOCKS & COMMON SENSE

가치투자를 시작하는 후배 투자자들에게

이콘

내 사랑하는 아내 수,

그리고 우리의 네 자녀와 여섯 손자에게 이 책을 바칩니다.

건강 다음으로 가족보다 중요한 것은 없습니다.

저자의 모든 인세 수입은 자선 재단에 기부됩니다.

목차

나는 주식에 열정을 바친다. 나는 30년이 넘도록 기업과 산업의 펀더멘털을 연구하고, 경영진을 인터뷰하고, 본사와 공장을 방문하고, 미래의 투자 수익 모델을 세우고, 수천 번 주식 매매를 했다. 나는 치열하게 노력했고 재미와 열정을 잃지 않았으며 성공도 했다. 다른 투자자 수천 명도 가치가 급등할 만한 종목을 구석구석 찾아다녔다. 그들 중 상당수는 나보다 IQ가 높지만 나보다 성공적인 투자 성과를 거둔 사람은 비교적 드물었다. 내 투자 성공 비결은 무엇인가? 간단히 답하기는 힘들다. 손쉬운 답이 있으면 다른 투자자도 진즉에 그 성공적인 투자 접근법을 찾아서 투자하고 높은 수익률을 즐겼을 것이다. 그런 일은 일어나지 않았다. 그렇긴 해도 어떤 투자자는 높은 수익률을 누리고 어떤 투자자는 그렇지 않은 데에는 분명 무언가 이유가 있다.

내 투자 접근법이 다른 투자자에게 도움이 되기를 희망하며, 나는 이 책에서 내가 상대적으로 성공을 거두게 된 원인과 지금까지 내 투자 결정의 논리적 근거가 되었던 것을 탐구하려 한다. 설명 방식은 어렵지 않다. 나는 사례 연구법을 통해 경영을 가르치는 하버드비지니스스쿨에서 공부했다. 이 사례 연구법이야말로 경영과 투자 결정을 위한 전략과 사고를 설명하는 데 있어서 재미와 유의미성, 효과를 모두 겸비한 방법이다. 그렇기에 이 책에도 그 방법을 사용하였다. 3장부터 13장까지에는 내가 1987년에 창업한 자산운용사인 그린헤이븐 어소시에이츠Greenhaven Associates가 투자했던 11개 종목에 대한 우리 내부의 시각을 제시하였다. 각 장마다 그린헤이븐의 리서치부터 종목 분석, 투자 모델, 결정에 이르기까지 실제 투자 과정을 압축해서 설명하였다. 또한 투자운용사로서 우리가 지니는 행동 특성도 같이 설명하였다. 우리의 감정과 열망, 희망, 환희, 실망을 보여준다. 각 장마다 책의 요지가 담겨 있으며, 또한 한 투자매니저가 어떻게 시간을 보내고 어떻게 투자 결정을 내리는지 그 안쪽의 모습을 상세히 보여준다. 무엇보다도, 모든 장마다 독자에게 내가 왜 성공한 투자자가 될 수 있었는지 그리고 무엇이 효과가 있었고 무엇이 그렇지 않았는지 구체적으로 설명하는 내용이 담겨 있다.

3장부터 13장에 나오는 기업에 왜 투자했는지 이해를 돕기 위해, 1장에서는 그린헤이븐의 기본적인 투자 접근법과 전략을 설명했다. 투자자의 성공적인 전략 이행 여부는 그 자신의 인격과 기질, 평생의 경험에 크게 좌우되기 때문에 2장에는 타고난 능력과 나 자신의 인성과 감정, 교육과 직업 현장에서 얻은 경험을 담았다.

마지막 장인 14장은 성공적인 투자매니저가 되고 싶다며 조언을 청한 잭 엘가트Jack Elgart라는 젊은 투자자에게 보낸 편지이다. 여기에는 내 투자 전략과, 지난 수십 년 동안 깨달은 여러 '투자 지침'이 담겨 있다.

내 부친은 십 대와 이십 대 시절의 나에게 능력을 숨길 줄 아는 것도 재능이라고 말씀하셨다. 내 장인은 공연히 주목받는 행동을 해서는 안 된다고 거듭 충고하셨다. 그럼에도 나는 이 책을 썼다. 내가 존경하고 사랑하는 웃어른의 말에 거역하려고 그런 것은 아니다. 이유는 다른 데 있다. 주식 투자는 내 평생의 일이자 열정이자 즐거움이었으며, 내 소득원이자 부의 원천이었다. 조금이라도 더 나은 투자자가 되기를 꿈꾸면서 나는 어떤 투자 아이디어는 내게 도움이 되고 어떤 아이디어는 그렇지 못한 이유가 무엇인지 알아내려 광범위하게 공부하고 고민했다. 그러면서 성공한 투자자와 그렇지 않은 투자자는 능력과 경험, 창의성, 정신 상태 면에서 어떻게 다른지도 알아내려 고민했다. 열심히 공부하고 고민한 결과 나는 나를 성공적 투자자로 거듭나게 해줄 심리적, 분석적 접근법을 발전시킬 수 있었다. 최근 몇 년 동안 내 안에서는, 이 접근법과 경험을 남들과 나누고 그들도 언젠가는 패배의 길에서 벗어나게 해주고 싶다는 강한 욕구가(실제로는 외침이) 자리 잡았다. 그것이 내가 이 책을 쓴 이유이다.

각 투자 종목에 대한 기본 사실은 정확하지만, 대화 내용이나 매출 및 주당순이익 예측, 날짜, 위치 등 상세한 내용에서는 다소 부정확할 수 있다. 가능한 한 실제와 가깝게 기억하려고 노력하기는 했지만, 어떤 경우는 내 불완전한 기억에 의존해 쓸 수밖에 없었음을 시인한다. 그리고 사생활 보호를 위해 책에 등장한 인명과 지명도 바꾸었음을 밝힌다. 잭 엘가트에게 보낸 편지도, 실제 편지에 접근법과 전략을 몇 가지 추가하고 설명도 조금 덧붙였다.

이 책이 독자 여러분의 투자 과정을 다시금 생각하게 만드는 자극제가 되기를 바란다. 여러분은 내 접근법 일부나 전체에 대해 생각이 다를 수도 있지만, 이 책을 계기로 자신의 투자 기법을 깊이 숙고하게 될 수도 있다. 어떤 결과가 나오건 이 책을 쓰는 데 들어간 시간과 노력이 헛되지 않았으리라 믿는다.

제1장

나의 투자 접근법

당부의 말: 이번 1장의 내용은 경험 많은 투자자라면 대부분 잘 아는 것들이다. 따라서 이번 장은 경험이 적은 투자자들을 위한 가치투자 원칙 특강 정도로 생각해 주기 바란다.

내 생각에, 좋은 투자란 인간의 불완전한 행동으로는 다소 결정하기 힘든 상식적 투자를 의미한다. 우선 간단한 개념부터 시작하면, 주식은 아주 오랫동안 이상할 정도로 매력적인 투자 수단이었다. 심지어 수익률이 시장 전체 평균에 불과한 투자자에게도 예외가 아니었다. 1960년부터 2009년까지 50년 동안 미국 주식이 거둔 연평균 총수익률은(자본이득에 배당을 더한) 9~10%였다. 수익률이 매력적일 뿐 아니라 주식은 시장성이 뛰어나기 때문에 높은 마찰비용frictional cost(금융거래에 드는 직간접 비용-옮긴이) 없이도 쉽게 매매할 수 있다. 중요한 부분은 더 있다. 제대로 선정한 종목은 영구손실 위험을 막아주는 훌륭한 방패막이가 되어준다. 매력적인 수익률, 높은 유동성, 그리고 상대적인 안전까지. 이보다 좋은 투자가 또 어디 있겠는가! 연타석 홈런이다. 그리고 이것이 내가 주식의 광팬인 이유이다.

지난 50년 동안 주식의 연평균 수익률 9~10%는 경제적 관점에서도 설명할 수 있다. 이 기간을 비정상적이었던 몇 년을 반영해 조정하면[•] 미국 경제는 대략 매년 6%씩 성장했다. 약 3%는 실질 성장(단위당 산출)을 통한 성장이었고 약 3%는 인플레이션에서 비롯한 성장이었다(물가 상승). 동 기간 기업 매출은 경제와 발맞춰 증가했으며, 기업 순이익도 매출과 엇비슷하게 올라갔다. 그 50년 동안 미국 주식의 주가수익비율price-to-earnings, PER은 크게 널뛰었지만, 평균적으로는 주당순이익earnings per share, EPS의 대략 16배 안팎을 오갔다. 따라서 기업 인수와 자사주매입을 고려하지 않더라도, 미국 주식은 경제 성장에 힘입어 지난 50년 동안 연평균 6%의 가치 상승을 이루었다.

미국 대기업이 평균적으로 창출하는 현금은 성장을 유지하는 데 필요한 수준보다 훨씬 높은 편이다. 기업들은 이 초과현금을 이용해 배당금을 지급하거나 다른 회사를 인수하거나 자사주를 매입한다. 과거 50년 동안 미국의 배당수익률은 2.5% 이상이었고, 인수와 자사주매입은 매년 거의 1%씩 상장기업들의 주당순이익을 늘렸다.

따라서 미국 기업의 평균 주당순이익은 '유기적'으로는 매년 6% 상승했는데, 인수와 자사주매입까지 더하면 약 7%씩 증가했다. 이 7%에 2.5%가 넘는 배당수익률까지 더하면, 결국 투자자는 이 50년 동안 주식에 투자해 9~10%의 연평균 총수익률을 거뒀다는 계산이 나온다.

이런 계산치를 미래에 그대로 투사하기는 힘들다. 그러나 미국 경제가 자본주의 체제 속에서 앞으로도 괜찮게 번영할 것이라고 가정한다면, 비록 미국 경제가 과거만큼 고성장하지는 않더라도 증시는 앞으로

• 1973~1982년은 물가상승률이 비정상적으로 높았다.

도 오랫동안 9~10%의 연평균 수익률을 제공하지 못할 이유는 없다고 생각한다. 미래의 성장세가 다소 꺾인다면 기업들로서는 성장을 유지하기 위해 예전처럼 많은 현금을 자사에 재투자할 필요가 없을 것이다. 그러므로 배당으로 돌리거나 기업을 인수하거나 자사주매입을 할 수 있는 초과현금이 더 많아질 수밖에 없다. 그리고 이런 초과현금 사용으로 인한 투자수익의 증가는 경기 성장세 둔화로 인한 투자수익의 감소를 대부분 또는 완전히 상쇄해줄 것이다.

주식의 긍정적 특성은 이렇게나 많지만, 내가 보기에는 상당수 투자자가 주식 투자를 꺼리는 편이다. 특히 미디어와 월가에서 부정적인 뉴스가 나와 급격하게 증시가 추락하는 것과 같은 시장 변동성volatility을 두려워한다. 많은 투자자는 변동성을 리스크라고 생각한다. 여기서 중요하게 여겨야 할 부분이 있다. 나는 리스크를 생각할 때는 영구손실과 변동성 사이에 분명하게 선을 긋는다. 영구손실은 말 그대로 영구적이며 회복이 불가능한 손실이다. 영구손실은 흑사병을 멀리하듯 절대적으로 피해야 할 손실이다. 영구손실은 부를 창출하는 데에 백해무익하다. 반면에 변동성은 종목이나 시장의 (가치가 아닌)가격 등락을 의미할 뿐이다. 하방 변동성에 대개는 마음이 초조해지지만 달리 생각하면 큰 해가 되지도 않는다. 시장과 개개 종목은 언제든 오르기도 하고 내리기도 하는 습성이 있다. 지금까지도 항상 그랬고 앞으로도 언제나 그럴 것이다. 게다가 하락했던 시장은 결국에는 완전히 회복하여 새로운 고점을 찍었다는 사실을 유념해야 한다. 2008년 가을부터 2009년 겨울까지 이어진 금융위기는 변동성의 극단적인(그리고 특이한) 사례이다. 2008년 8월 말부터 2009년 2월까지 6개월 동안 스탠더드 앤드 푸어스(이하 S&P) 500 지수는 1,282.83에서 735.09로

42%나 추락했다. 하지만 2011년 초 S&P 500은 1,280선을 회복했고 2014년 8월에는 2,000대로 올랐다. 만약 어떤 투자자가 2008년 8월 31일에 S&P 500 지수를 매입했고 대공황 이후 최악의 금융위기와 경기침체 속에서 살아남아 6년 후 이 지수를 팔았다면, 그는• 배당을 제외하고도 56%의 투자수익을 올렸을 것이다. 6년 동안 받은 배당까지 포함한다면 수익률은 69%가 된다. 앞에서 주식시장은 지난 50년 동안 연평균 9~10%의 수익률을 제공했다고 말한 바 있다. 2008년 8월부터 2014년 8월까지 증시의 연평균 수익률은 11.1%였다. 금융위기와 그 이후의 깊은 경기침체로 인한 비정상적 공포와 심각한 결과에도 불구하고 정상 범주를 뛰어넘는 수익률이었다.

결론을 말하자면 2008~2009년 금융위기는 두려운 사태이기는 했어도 미국 주식의 총가치에는 장기적으로 실질적 영향을 끼치지 못했다. 금융위기 동안의 변동성은 인내할 줄 아는 장기 투자자에게는 큰 영향을 주지 못했다.

사실 투자자는 변동성을 친구처럼 다룰 줄 알아야 한다. 오히려 변동성이 높은 환경에서 투자자가 극도로 저평가된 주식을 사고 지나치게 고평가된 주식을 팔 수 있는 여건이 마련된다. 따라서 변동성이 클수록 아주 싸게 주식을 사고 아주 비싸게 주식을 팔 수 있는 기회도 더욱 커진다. 하지만 본인이 주식을 매수한 직후에 갑자기 가격이 급락한다면? 저평가되었다고 판단해서 산 주식이라면 걱정하지 않아도 된다. 결국 그 주식 가격은 회복되고 원가, 다시 말해 샀던 가격보다 더 높아질 것이기 때문이다.

• 이 책에서 말하는 '그'는 남녀를 불문해서 지칭하는 의미이다.

이 부분에서 주식이 가진 또 한 가지 긍정적 특성이 등장한다. 투자자가 종목 매매 시점을 정확히 자신이 원하는 대로 결정할 수 있다면, 이 투자의 성패를 가르는 유일한 요소는 매수 시점의 주가와 매도 시점의 주가이다. 학생의 최종 성적표에는 과제, 수업 참여도, 쪽지 시험, 중간고사 등을 포함해 여러 중간 성적이 반영되지만, 투자자의 경우는 매도를 결정한 순간 그 종목으로 벌어들이는 차익만이 유일한 점수 산정 기준이다. 가령 투자자가 주당 80달러에 어떤 종목을 매수했다. 그런데 이 주식이 40달러로 떨어졌고(점수 하락) 꼬박 1년 동안 40달러 선을 유지했다(중간 점수 크게 하락). 그런 다음 주가가 오르기 시작했고 매수 후 만 3년이 된 후에는 160달러가 되었다. 이 투자자가 160달러에 주식을 판다면 두 배 장사가 된다. 투자자의 성적표에 적힌 최종 성적은 A+이다. 중간의 점수 하락은 적히지 않는다. 1년 동안 주가가 40달러에 거래되었다는 것은 아무 영향도 미치지 못했다. 투자자가 40달러 선에서 어쩔 수 없이 이 종목을 팔아야 하는 경우가 아니라면 종목의 중간 주가는 의미가 없다. 게다가 투자자가 돈도 있고 그럴 마음도 있어서 40달러 선일 때 추가로 주식을 매수했다면 이때의 40달러는 축복이 된다. 그에게 있어 증시의 극단적 변동성은 오히려 최고의 친구가 되어 주었다.

대다수 투자자는 증시의 하방 가능성에 대비해 리스크를 계속 줄여야 한다고 생각하지만 내 생각은 그렇지 않다. 하락한 증시는 결국 완전히 회복하는 것 이상으로 올랐다. 매번 그랬다. 주식 쇼팅(공매도)을 하거나, S&P 500 지수의 풋옵션put option(특정 시기에 특정 가격으로 자산을 매도할 권리-옮긴이)을 매수하거나, 아니면 다른 방법을 사용해서 증시 리스크를 헤지하는 것은 대부분 비용이 많이 들고 장기적으로는 돈 낭비에 불과하다. 하지만 가끔 그러듯 증시가 잠시일지라도 지나치게 높은 수준으로 올라 있다면 투자자는 어떤 식으로 자신을 보호해야 하는가? 이런 상황에서는 포트폴리오에 있는 개개 종목의 거래 가격이 너무 올라 위험보상비율risk-to-reward ratio이 매력적이지 않은 수준에 도달해 있을 수 있다. 또는 상승 시장에서 매력적인 새 종목을 찾기가 힘든 탓에 포트폴리오의 현금 비중이 (아마도 지나치게 높게) 늘어나 있을 수도 있다. 이때의 현금은 증시 하락에 대비한 보호막 역할을 한다. 하지만 쌓아 놓은 현금은 지나치게 고평가된 시장의 하락 가능성에 대비해 의도적으로 마련한 보호책이라기보다는, 시장 고점에 따른 단순한 결과라고 봐야 한다.

그렇기에 남들과 똑같은 능력을 갖춘 주식 투자자라면 영구손실 위험을 감당하지 않고도 9~10%의 연평균 수익률을 올릴 수 있다. 대단히 매력적인 위험보상비율이라는 것에 대해 한 가지 짚고 넘어가고 싶은 부분이 있다. 투자자가 특정 투자에 바라는 수익률은 지각된 리스크perceived risk를 반영한 함수이다. 이 지각 리스크가 높을수록 요구수익률도 높아진다. 앞에서도 언급했지만 투자자 대부분은 시장 변동성을 리스크라고 오인한다. 이런 투자자들은 주식 투자수익률이 당연한 수준보다 훨씬 높기를 원한다. 그들의 착각이 우리에게는 기회이다. 그리고 우리가 변동성을 친구로 여겨야 하는 또 하나의 이유이기도 하다.

주식시장은 그 자체로 매력적이지만, 내 목표와 희망, 그리고 바람은 오랫동안 증시 평균을 훌쩍 뛰어넘는 실적을 거두는 것이다. 구체적으로는 포트폴리오 자산의 영구손실 리스크가 크지 않으면서도 연평균 15~20%의 수익률을 거두는 것이 내 목표이다. 기쁘게도 우리는 이 목표를 이루었다. 지난 25년 동안 우리가 운용한 자산계좌들이 거둔 연평균 수익률은 거의 19%에 육박했다. 나는 내가 1980년대 초에 개발한 전략이 이런 성공에 중요한 역할을 했다고 생각한다. 이 전략은, 튼튼하고 성장 중인 회사지만 저평가되어 있으며 아직은 증권 가격에 기업의 바람직한 상황이 크게 반영되지 않아 오히려 앞으로 가치 상승이 기대되는 종목을 매입하는 것을 목표로 삼는다. 저평가와 성장, 재무적 튼튼함은 영구손실을 막을 훌륭한 보호막이 되어주고 여기에 긍정적 전개가 합쳐지면 고수익을 벌 기회도 만들어진다. 이런 논리가 내 투자 전략의 바탕이 된다. 우리는 앞으로 몇 년 내에 긍정적 상황 전개가 한두 가지 이상 발생해 주가를 끌어올릴 것이라고 예상되는 종목을 매입하고, 긍정적 상황이 이미 발생해 그 가치가 이미 할인되어 주가에 상당 부분 반영된 종목은 매도한다. 긍정적 전개의 예를 들자면 해당 업종의 경기 호조, 훌륭한 신제품이나 서비스의 개발, 기업 매각, 무능한 경영진이 유능한 경영진으로 교체되는 것, 대대적인 비용 절감 프로그램 도입, 대규모 자사주매입 프로그램 시작 등이 있다. 여기서 중요한 점은 우리가 예상한 긍정적 전개는 대다수 투자 대중은 아직 예상하지 못한 전개여야 한다는 것이다. 우리는 창의성을 발휘해야 하고 차트 곡선을 앞질러야 한다. 남보다 빠르지 않으면 미래의 긍정적 전개 대부분은 어느 순간 그 가치가 할인되어 주가에 반영될 것이기 때문이다.

그런데 종목 예측이 틀리고 예상했던 긍정적 전개가 발생하지 않는다면? 그때에는 이 종목의 저평가와 재무적 건실함, 성장이 여전히 괜찮은 수익을 올릴 기회가 되어준다. 케이크의 가장 맛있는 크림 장식은 먹지 못하지만 케이크는 먹을 수 있다.

이렇게 긍정적 변화를 예상하는 전략은 상식 차원에서 바라봐야 한다. 어느 순간이든 한 종목의 주가에는 투자 대중이 가중치를 두는 의견이 반영돼 있다. 높은 수익률을 얻으려면 우리는 미래를 투자 대중과는 다른 시각으로 더 정확하게 볼 수 있어야 한다. 실제로도 성공 투자에서는 투자 대중보다 정확하게 미래를 예측하는 것이 전부를 차지한다 해도 과언이 아니다.

앞에서 나는 주식은 잘 고르기만 한다면 영구손실 리스크를 막아줄 훌륭한 보호막이 되어준다고 말했다. 하지만 이런 보호막이 되어줄 주식을 고르는 기준은 무엇인가? 영구손실 리스크를 분석하는 공식은 당연히 없다. 아닌 말로, 투자를 몇 개의 공식으로 압축할 수 있다면 수학자들이 세상 최고의 부자가 되지 않겠냐는 말도 있다. 그렇긴 해도 조심해서 봐야 할 신호가 몇 가지 있다. 가령 재무상태표(대차대조표)의 레버리지 비율이 높은 회사(즉, 현금흐름과 자산에 비해 부채가 과도하게 높은 기업)는 불경기에는 현금이 부족해 이자 지급마저도 허덕대다가 결국에는 파산 신청을 하는 운명이 될 수 있다(파산 절차가 진행되면 일반적인 주주들은 투자 원금의 대부분을 잃게 된다). 한 가지 기술에 크게 의존하는 기업은 그 기술이 시대에 뒤떨어져 구식이 되면 기업 가치가 영원히 사라질 수 있다. 예를 들어 디지털카메라로 인해 코닥의 화학코팅 필름이 구식 기술이 되면서 코닥은 기업 가치 대부분을 영구적으로 잃었다. 어떤 주식을 너무 비싼 값에 사면 투자자는 영구손실로 고통당할 수 있다.

나는 영구손실 리스크를 최소화하기 위해 주식을 매수할 때에는 안전마진margin of safety을 넉넉히 두려고 노력한다. 안전마진이란, 투자자는 자신이 추정한 내재가치intrinsic value보다 훨씬 낮은 가격에 주식을 매수해야 한다는 것을 의미한다. 이렇게 하면 훗날 이 내재가치가 다소 낙관적으로 평가되었다는 것이 드러나도 영구손실을 막아줄 보호책이 이미 마련되게 된다. 이렇게 비유할 수 있다. 한 투자자가 로비로 내려가기 위해 10층에서 승강기를 기다리고 있다. 승강기 문이 열린다. 투자자가 보니 승강기의 적재 무게는 약 300㎏이다. 그런데 승강기에는 거구의 남자 둘이 이미 타고 있다. 투자자는 적어도 그들이 100㎏씩은 나가리라 생각한다. 투자자 본인의 무게는 85㎏이다. 그는 승강기에 올라타지 말아야 한다. 이 때 안전마진은 충분하지 않다. 그가 승강기에 있는 두 건장한 남자의 몸무게를 약간 낮게 잡았을 가능성도 있고, 승강기 회사가 승강기 케이블의 강도를 약간 높게 잡았을 가능성도 있기 때문이다. 이 투자자는 다음번까지 기다린다. 문이 열린다. 빼빼 마른 노부인 한 명이 타고 있다. 투자자는 노부인에게 눈인사를 건네고 올라탄다. 그는 넉넉히 안전마진을 갖춘 상태에서 로비까지 내려간다.

안전마진을 추구하는 자세야말로 우리 그린헤이븐을 '성장주' 투자자가 아니라 '가치' 투자자로 만드는 부분이라고 말하고 싶다. 우리는 지급해야 할 증권 가격을, 추정한 내재가치와 비교하는 데 상당히 신경 쓴다. 반면에 성장주 투자자는 기업의 성장 속도에 상당히 집중하고 그 성장주에 지급하는 가격에는 상대적으로 신경을 덜 쓴다. 성장주 투자자가 연 15% 성장하는 회사의 주식을 매수해 다년간 보유한다면, 그가 버는 투자수익의 대부분은 성장에서 오는 것이지 주가수익비율(이하 PER)에서 오는 것이 아니다. 그렇기에 대다수 성장주 투자자는 높은 PER을 치르고 주식을 매수하는 것을 꺼리지 않는다. 성장주 투자에는 문제가 있다. 기업의 고속 성장은 영원하지 않다. 사업 내용이나 실적은 시간이 지나면서 변한다. 시장이 포화된다. 경쟁이 증가할 수 있다. 유능한 경영진이 은퇴하고 무능한 경영진이 그 자리를 꿰찰 수 있다. 실제로도 주식시장에는 한때는 고수익 성장주였지만 경쟁 우위를 잃으면서 저수익 경기순환주 신세가 된 사례가 무궁무진하게 많다. 코닥이 한 예이다. 제록스도 마찬가지이다. IBM도 예외가 아니다. 예를 들자면 수백 개도 더 된다. 성장주의 성장세가 영구적으로 흔들린 순간, PER이 줄어들고 순이익도 감소하며 그러면서 주가도 급락할 수 있다. 그리고 이런 성장주에 투자한 투자자는 회복하기 힘든 영구손실을 크게 입는다. 그들은 성장주의 성장세가 흔들리더라도 주가가 급락하기 전에 미리 알아서 주식을 팔 수 있다고 말하기는 한다. 하지만 기업의 위기가 극복 가능한 일시적 위협인지, 아니면 영구적 악재에 직면하고 있는 것인지 맞게 판단하기는 무척 힘들다. 극장에 불이 난 것을 모든 관객이 다 알게 될지라도 제일 먼저 비상구로 안전하게 빠져나가는 사람은 일부에 불과하다. 다시 말해 성장주 투자자 대부분은 영구손실을 피하기 힘들다.

나는 성장주에 몇 배나 되는 가격을 치르는 것도 싫지만 입지가 탄탄하지 못한 기업은 주가가 아무리 낮아도 웬만해서는 사지 않는다. 일부 가치투자자는 시장 입지가 약하고 미래가 불확실해도 매매가가 아주 낮은 종목에 매력을 느끼기도 한다. 이런 투자가 소위 '담배꽁초' 투자이다. 이런 종목은 몇 모금 더 빨기에는 괜찮지만 그게 전부이다. 내가 확실하게 선호하는 종목은 저평가되어 있고 입지도 탄탄한 기업이다. 내 경험으로 볼 때 저평가된 주가가 내재가치 수준으로 오르거나 호재에 힘입어 수면 위로 떠오르기까지는 몇 년이 걸리기도 한다. 투자자가 보유한 종목이 시장 입지가 안 좋은 기업이라면 그 몇 년 동안 종목의 내재가치 증가 속도는 거북이마냥 느릴 수도 있고 더 심하게는 영구손실이 발생할 수도 있다. 하지만 시장 입지가 좋은 기업은 내재가치가 연 7% 이상씩 올라간다.• 우리가 '시간은 좋은 회사의 친구이고 나쁜 회사의 적'이라고 말하는 이유도 여기에 있다.

투자자는 리스크는 높지만 상승 잠재력이 대단히 큰 주식을 매수할지 아니면 리스크는 상당히 낮지만 그만큼 상승 잠재력도 작은 주식을 매수할지와 같은 선택의 순간에 종종 직면한다. 우리의 투자 성향으로 고른다면 리스크가 낮은 주식이다. 우리는 워런 버핏이 말하는 성공 투자의 두 가지 규칙을 신봉하기 때문이다. 첫 번째 규칙은 영구손실을 피하라는 것이고, 두 번째 규칙은 첫 번째 규칙을 절대 잊지 말라는 것이다. 리스크 회피를 강조하는 데에는 그만한 이유가 있다. 투자자가 어떤 종목을 50% 손절매하고 매도 대금을 다른 주식에 재투자한다고 치자. 두 번째 주식이 100% 올라 두 배가 되어야 투자자는 처음 주식에서 입은 손실을 만회할 수 있다. 더욱이 거액의 영구손실은 투자자의 자신감도 꺾어 버릴 수 있다. 그리고 나는 좋은 투자자의 선결 조건은 자신의 결정 능력에 대해 자신감을 갖는 것이라고 강하게 믿는다. 투자 결정은 대개가 불분명한 상황에서 내려야 하고, 온갖 불확실성과 미지의 변수도 횡행하기 때문이다.

리스크를 회피하는(하지만 변동성에는 관심을 두지 않는) 전략과, 현재는 저평가돼 있지만 긍정적 변화에 힘입어 대폭적인 가치 상승이 예상되는 튼튼한 성장 기업의 주식을 매수한다는 전략은 지난 오랫동안 우리가 성공을 거둔 중요한 이유였다. 그러나 대다수 투자자는 심지어

• 내재가치는 원래 EPS 증가에 발맞춰 올라간다. 앞에서도 지적했듯이 지난 50년 동안 기업들의 평균 EPS는 대략 연 7% 증가했다.

아주 똑똑하고 경험이 많은 투자자도, 괜찮은 투자 전략을 지니고 있음에도 S&P 500 지수를 훌쩍 웃도는 수익을 거두지는 못하고 있다. 왜일까? 이에 대한 내 대답은 확고하다. 그리고 이 책의 핵심 포인트이기도 하다. 성공 투자자에게는 분석보다는 행동할 줄 아는 여타 능력도 필요하기 때문이다. 무엇보다도 성공 투자자는 관습적 지혜에 맞서서 역발상 투자 결정을 내리는 데 익숙해야 하며, 최근의 추세를 대입하는 것이 아니라 미래에 전개될 상황이 발생할 확률에 근거해 자신 있게 결론을 도출할 줄 알아야 한다. 마지막으로, 스트레스가 심하고 여러 어려움이 많은 시기에도 감정을 통제할 줄 알아야 한다. 이 세 가지는 굉장히 중요한 행동 특성이기 때문에 좀 더 자세히 살펴볼 필요가 있다.

역발상 투자자가 되어라

어떤 한 시점에 특정 종목의 주가에는 대다수 투자자의 의견이 반영되기 때문에 우리가 보기에 저평가된 종목이 다른 대다수 투자자가 보기에는 적절한 가치일 수 있다. 이런 경우 우리가 그 종목이 저평가돼 있다고 생각하면 이는 역발상 포지션이자, 대중적이지 않고 때로는 아주 외로운 입장일 수 있다. 대다수 투자자는 본인을 역발상 투자자라고 자처하지만, 실제로 대다수는 관습적 지혜에 대항하지도 못하고 투자 대중 전반에 만연한 의견과 심리에 반대되는 투자를 하지도 못한다. 대다수 개인과 대다수 투자자는 결국 리더가 아니라 추종자 신세에 머물고 만다.

실제로도 대다수 개인 투자자가 시장 심리를 거스르지 못하는 것은 일종의 습관이며 십중팔구는 유전적 기질에 가깝다고 봐야 한다. 이 말을 과학적으로 입증하기는 힘들지만, 똑똑하고 경험도 풍부한 투자자 상당수가 아직 제빛을 보지 못하는 저평가 주식을 외면하고 가격이 높은 인기 종목을 선호하는 것은 흔히 볼 수 있는 일이다. 그리고 이런 패턴은 기껏해야 중간 정도 성적을 거두는 일이 여러 해나 반복된 후에도 가시지 않는다. 내가 가끔씩 저녁 식사를 같이하며 투자 아이디어를 논하곤 하는 한 신사가 딱 여기에 속한다. 그의 이름을 그냥 대니 디너 데이트라고 칭하자. 대니는 IQ가 높고 투자 분야 경력도 40년이 넘는다. 엄격한 사립고등학교를 우수한 성적으로 졸업했으며, 아이비리그 대학 출신이다. 증권 애널리스트와 포트폴리오 매니저로 오랫동안 일했으며, 꽤 규모가 큰 투자운용사의 대표도 역임했다. 대니의 이력서는 A+다. 그러나 대니의 투자 실적은 중간 수준인 C+정도에 불과하다. 내가 현재는 무슨 이유에선지 심하게 저평가돼 있어도 일시적 문제가 해소되면 장차 급등이 예상되는 주식을 설명할 때면 대니는 귀 기울여 듣는다. 그리고 그 종목을 매수하는 데 관심을 표한다. 하지만 다음 번 식사자리에서 만나면 대니는 일단은 그 회사의 일시적 문제가 해소된다는 신호가 나타나기를 기다렸다가 매수할 것이라고 말하곤 한다. 물론, 대니 디너 데이트가 이 신호를 확연히 알아챌 즈음에는 다른 투자 대중도 이미 그 문제가 사라지고 있음을 알아챌 것이고, 따라서 다가올 변화의 일부나 전부에 대한 미래가치가 현재로 할인되어 주가에도 이미 반영된 후일 것이다. 그러니 대니는 이미 가격이 오를 대로 오른 상태에서 그 종목을 사게 될 공산이 크다. 자신이 타이밍을 맞추지 못한다는 것은 대니 본인도 잘 안다. 그가 빛을 보지 못한 저평가 주식을 매수하지 못하는 것은 습관성이라는 결론이 나온다. 그는 역발상 투자 리더가 될 소양이 부족하며 군중을 따르는 무리에 속할 뿐이다.

자신감을 가져라

완전히 명확한 상태에서 내려지는 투자 결정은 거의 없다. 투자자가 확보하는 기업 펀더멘털 정보는 대개가 불완전하며 모순적이다. 모든 기업은 표면적이든 잠재적이든 불안 요소가 있기 마련이고, 현재에든 미래에든 강점을 가지고 있기 마련이다. 기업 제품이나 서비스의 미래 수요도, 경쟁사가 출시한 신제품이나 서비스의 성패 여부도, 인플레이션으로 인한 원가 상승도, 그밖에 다른 수십 가지 중요한 변수도 다 확실하게 추측하기는 불가능하다. 따라서 투자 결과에도 온갖 불확실성이 존재한다. 하지만 투자자는 특정 결과가 발생할 확률을 계산하고, 이 확률 계산에 근거해서 투자 여부를 결정할 수 있다. 투자는 확률 게임이다.

내가 보기에 확률 세계에서 합리적 결정을 내리는 데 필요한 것은 자신감이다. 자신감이 부족한 투자자는 걸핏하면 투자 결정을 뒤로 미루고 자신의 아이디어를 뒷받침해 줄 추가 정보를 원한다. 가끔은 영원히 투자 결정을 미루기만 하다가 기회도 영원히 사라진다. 워런 버핏은 '투자자는 모든 공에 배트를 휘두를 필요가 없다'고 말한다. 그러나 자신감이 너무 낮아서 좋은 공을 번번이 그냥 보내고 정 가운데로 들어오는 몸쪽 직구에만 방망이를 휘두르려는 투자자는 때리기 좋은 공을 보기도 전에 삼진아웃으로 퇴장당할 수 있다.

투자를 하면서 나는 보유하지 말아야 할 종목을 매수한 경우도 많았고, 보유해야 할 주식을 매수하지 않은 경우도 많았다. 나는 투자 결과가 예상과 다르게 진행되는 상황에서도 투자에 대한 자신감을 유지하는 비결이 무엇이냐는 질문을 자주 받는다. 내 대답은 한결같다. 자신감을 유지하고 결정한 다음에 뒤늦게 후회하는 사태를 막기 위해(그리고 기회를 놓치거나 매수 종목의 실적이 성공적이지 않을 때 크게 절망하는 사태를 막기 위해) 나는 투자 결정의 잘잘못 여부와 그 결정으로 인한 결과는 다른 것이라고 명백하게 선을 그어 구분한다. 대량의 정확한 정보를 바탕으로 충분히 주의 깊게 종목을 분석한 뒤에 내리는 투자 결정은 언제나 옳은 결정이다. 당연한 말이지만 내가 원했던 것과 다른 결과가 나올 수 있다. 언제나 확률에 근거해 투자 결정을 내리더라도, 예측 못 한 변화나 악재가 발생해 투자 실적이 달라질 수 있다는 사실을 나는 잊지 않는다. 그렇기에 나는 내가 파악한 모든 정보에 근거해 합리적 결정을 내리려 최선을 다할 뿐, 결과는 걱정하지 않는다. 이것은 비유하자면 골프 퍼팅과 비슷하다. 나는 퍼팅을 하기 전에 그린의 등고와 속도감을 계산한다. 연습 스트로크도 몇 번 해본다. 골프 퍼터를 원하는 선에 대고 조준도 해본다. 그런 다음 퍼팅을 하고 가장 좋은 결과가 나오기를 희망한다. 공이 홀 안으로 직진할 때도 있지만, 대부분은 빗겨 나간다. 그럴지라도 공이 옆으로 미끄러질까봐 미리 걱정하지 않고 실제 미끄러져도 아쉬워하지 않는다. 골프에서도 투자에서도 결정 과정에서 걱정이라는 요소를 제거한 덕분에 나는 더 합리적으로 생각하고 더 자신 있게 행동할 수 있다. 그리고 그 때문에, 특히 투자 결정이 사회적 통념을 거스르거나 그렇지는 않더라도 의사결정이 어려울 때, 더 나은 결정을 할 수 있다. 그리고 밤에 잠도 푹 잘 수 있다!

감정을 통제하라

증시나 개별 종목이 약세일 때면 많은 투자자는 실적 저조에 감정적으로 반응하고 제대로 된 균형감과 인내심을 잃는다. 균형감과 인내심 상실은 실적 저조의 원인을 잔뜩 부풀리는 월가와 미디어의 부정적 보고서로 더욱 악화된다. 흔히 하는 말이 있다. 매일 이착륙하는 항공기는 수만 대에 달하지만, 우리가 신문에서 항공기 기사를 읽는 순간은 추락 사고가 났을 때뿐이다. 나쁜 소식이 인기가 많은 법이다. 부정적인 뉴스는 종목의 매도 압력을 더 세게 촉발하고 감정 반응도 더 크게 부추긴다. 이 정도가 되면 부정적 소식은 스스로를 자양분 삼아 무럭무럭 자라난다. 온갖 군데서 들려오는 부정적 뉴스에 투자자는 이성을 잃고 펀더멘털보다는 감정에 치우쳐, 비이성적이고 손해가 막심한 결정을 내린다. 이렇게 해서 나쁜 뉴스가 들리면 주식을 팔고 좋은 소식에는 허겁지겁 산다. 물론 투자자가 해당 주식을 처분할 때는 이미 주가가 상당히 하락한 후이고, 주식을 매수했을 때는 이미 주가가 크게 상승한 후이다. 결국 단기적 악재에 감정적으로 반응해 매매하면 대개는 손해를 보기 마련이다. 가끔은 아주 큰 손해도 발생한다. 영국의 경제학자 존 메이너드 케인스John Maynard Keynes는 시장에서의 매매 활동을 이렇게 말했다. "매매를 시도하는 투자자는 너무

● 존 메이너드 케인스 *Memorandum for the Estates Committee*, 케임브리지대학교 킹스칼리지 부동산위원회에 제출한 논문, 1938년 5월 8일.

늦게 팔거나 너무 늦게 산다. 대부분은 둘 다인 경우가 많다."• 1987년 10월 19일, 패닉 매도 쇄도로 S&P 500 지수는 20.9%나 하락했다. 이 폭락에는 근본적 원인은 뚜렷하게는 없었다. 그날 저녁 나와 같은 열차를 타고 뉴욕주의 라이 시로 퇴근하는 사람들의 얼굴은 시커멓게 죽어 있었다. 열차를 내리면서 나는 중간 규모 투자운용사를 운영하는 한 친구에게 인사를 건넸다. 무척이나 심란한 표정의 그 친구는 그날의 증시 폭락이 대공황 이후 최악의 금융 재앙이라고 말했다. 대다수 투자자가 주식시장에서 자신감을 잃으면서 더 큰 주가 하락을 촉발했고, 이렇게 되자 증시가 회복하려면 몇 년이 걸릴지 알 수 없는 상황이 되었다. 내 친구는 그 날 주식을 일부 처분했고, 다음 날도 더 팔 생각이라고 말했다. 솔직히 말해 친구의 논리 부족에 나는 경악했다. 내 친구가 10월 18일에 X주식을 보유하고 있었으며, 매매가가 10달러이지만 진짜 가치는 14달러일 것이라고 믿었다고 가정하자. 또한 이 종목이 10월 19일에 증시 하락과 같이 추락해서 종가가 7.90달러였다고도 가정하자. 지금 이 친구는 그 전날까지만 해도 14달러 가치가 있다고 믿었던 주식을 7.90달러에 팔 생각을 먹었다. 어리석은 매도임이 분명하다. 내 친구는 이성이 아니라 감정에 따라 움직였다. 그리고 그것은 값비싼 대가를 치른 실수였다. 그 후 2년 동안 S&P 500 지수는 50% 이상 올랐기 때문이다.

바우포스트 그룹Baupost Group의 창업자인 세스 클라만Seth Klarman은 "사람은 일부러 감정적으로 투자를 선택하는 것은 아니다. 그저 그 점에선 그들도 어떻게 할 수가 없다"라고•• 말했다. 나는 세스 클라만

•• Barton Biggs, *Hedgehogging*, Wiley, 2008, p.259.

의 말에 쉽사리 수긍이 간다. 똑똑하고 경험 많은 투자자들이 스트레스가 심한 시기엔 감정을 통제하지 못하고 거듭해서 잘못된 투자 결정을 내리는 것을 수도 없이 봤기 때문이다. 이 똑똑하고 노련한 투자자들도 자신들이 감정 때문에 결정적 실수를 했다는 사실을 모를 리 없다. 그런데도 왜 그들은 실수에서 배우거나 감정을 길들이지 못하는 것일까? 스트레스가 심한 시기엔 생각과 행동에서 감정을 배제하지 못하는 것이 아예 그들의 인성에 습관으로 뿌리박았기 때문인가? 그렇다 아니다를 쉽게 말할 수는 없다. 그럴지라도 나는 인간은 노력과 사고력을 발휘하면 감정을 충분히 억제해 스트레스가 심해도 합리적 결정을 내릴 수 있는 존재라는 생각을 버리고 싶지 않다. 이를 위해서는 자기훈련이 필요하다. 어쩌면 아주 많은 자기훈련을 해야 할지도 모르지만, 기꺼이 도전을 받아들일 각오가 된 투자자라면 극복하지 못할 정도의 훈련은 절대 아니다. 매우 좋은 소식이나 매우 나쁜 소식이 융단 폭격처럼 쏟아질지라도 투자자는 과거에 자신이 작성한 메모나 기록, 모델 등을 읽고 또 읽어야 한다. 그런 다음 자신에게 세 가지 질문을 던져야 한다. "정말로 변한 것은 무엇인가?" "이 변화가 현재 고려 중인 투자에 어떻게 영향을 미치는가?" "그 변화를 이성적으로 평가했는가, 그리고 뉴스의 긴박감과 심각함에 지나치게 영향을 받는 것은 아니라고 자신할 수 있는가?" 스스로 감정을 깨닫고 이런 감정을 통제하려 의식적으로 노력할 때 투자자는 더 나은 결정을 내릴 수 있다. 감정 통제는 중요하다. 현재의 뉴스에 휘둘려 과잉반응을 하는 것이야말로 증시에서 저조한 실적을 거두는 가장 주된 이유이기 때문이다.

*

독자 여러분은 3~13장을 읽으면서 역발상 투자, 자신감 있는 투자, 그리고 감정 통제 능력이 내가 지난 오랫동안 주식시장에서 성공을 거둔 주요 원인임을 알 수 있을 것이다. 물론 여러 책에서 강조하는 분석 기법도 중요하기는 하다. 그러나 분석 기법은 일희일비하지 않고, 논리적이며, 자신감을 가지고, 감정을 배제하는 정신이 성공 투자 기법을 제대로 이용할 수 있을 때만 중요한 의미를 지닌다. 이것이 이 책의 핵심이다.

따라서 자신에게 성공 투자자가 되는 데 필요한 행동 기질과 분석 능력과 지식이 있다고 자부한다면• 그 특성을 살려 직접 주식을 분석하고 보유하는 적극적 투자자active investor가 되기를 권한다. 그런 사람에게는 적극적 투자가 도움이 되고 평균 이상의 수익률을 거둬줄 것이다. 또한 적극적 투자자는 직접 종목을 분석하고 발굴하고 보유하는 데서 오는 긴장감과 지적 만족도 누릴 수 있을 것이다.

반대로 자신에게는 성공 투자자에 필요한 능력이 없다고 생각한다면 소극적 투자자passive investor가 되어 시장과 대략 엇비슷한 실적 창출을 목표로 삼는 인덱스index펀드 또는 더 넓게는 상장지수펀드exchange-traded funds, 이하 ETF에 투자해야 한다. 최근 지수펀드와 ETF의 확산은 대다수 투자자가 자신이 장기적으로는 시장 실적을 앞지르지 못한다는 결론을 내렸음을 보여주는 방증이다. 나라 전체를 위해서도 반길 만한 추세이다. 대다수 개인은 능력과 실력이 출중한 전문 투자자

• 투자자에게는 정보에의 접근성도 중요한 경쟁우위가 될 수 있다. 그리고 다 알다시피 전문 투자자는 비전문가에 비해 정보에 더 수월하게 접근할 수 있다.

들과 경쟁할 생각조차 해서는 안 된다. 주말에만 취미로 테니스를 치는 사람이라면 세계 정상급의 프로 선수와는 시합하려는 시도조차 하지 말아야 한다. 해봤자 지기 때문이다. 그것도 아주 처참하게.

제2장

나를 만든 8가지 투자 DNA

한 투자자의 성공에는 그 사람의 인성이 상당 부분 작용한다고 믿기에, 독자 여러분도 내 DNA와 과거 경험을 어느 정도 이해하는 편이 도움이 되리라 생각한다. 내가 다른 인성을 타고났다거나 내 멘토가 되어 준 스승과 상사가 다른 사람이었다면, 내 투자 스타일, 결정 그리고 성공도 지금과는 상당히 다른 모양새가 되었을 것이다. 그렇기에 내가 어떤 투자 결정을 내린 이유가 무엇인지를 말하기 전에 나라는 사람을 만든 배경부터 설명할 필요가 있다고 생각했다. 내 배경은 8가지 분야로 나뉜다.

① 독립적 사고인이자 역발상 투자자가 되려는 의지와 능력

나는 항상 관습적 사고에 맞서는 결정을 내릴 의지와 능력을 지닌 독립적 사고인이었다.

부모님 말씀으로는 나는 어린 시절에도 독립적으로 사고하는 아이였다고 한다. 초등학교 1학년 때 내가 신이나 산타클로스, 이빨 요정(내가 유치를 하나씩 뺄 때마다 베개 밑에 25센트짜리 동전을 두고 가기는 했다)과 같은 형체가 없는 존재에 대해 질문을 던지는 바람에 부모님이 진땀을 뺐었던 걸로 봐서는 정말 그랬던 것 같다. 아닌 말로 나는 의심 많은 도마(예수의 열두 제자 중 한 명. 예수의 부활을 직접 보기 전엔 믿을 수 없다고 했다. 의심 많은 도마는 확증이 나올 때까지 믿지 않는 사람을 의미한다-옮긴이)의 전형이었다. 고등학교와 대학 시절에도, 그리고 하버드비즈니스스쿨 시절에도 나는 무언가 독창적인 입장을 제일 먼저 밝힌다거나, 다른 학생이나 심지어 강사와 교사의 생각에 반론을 제기하는 등의 지적과정을 즐기는 학생이었다.

내 역발상과 반골 기질을 뚜렷하게 드러내는 한 가지 사건이 생각난다. 고등학교 때 우리 반 미국사 선생님은 도널드 에릭슨 선생님이었다. 수업이 있는 날이면 에릭슨 선생님은 미국 역사상 중요 사건에 대해 수업한 후 우리에게 그 사건에 대한 책을 읽어오라는 숙제를 내주었다. 그 선생님의 수업은 지루했다. 말도 못하게 따분했다. 토론 수업은 거의 없었고, 비판적 사고도 전혀 없었다. 나는 변절자가 되기로 결심했다. 집에서 아버지가 쓰던 미국사 대학 교재를 발견했는데, 고등학교 교과서보다 훨씬 상세하게 설명하고 있었다. 나는 에릭슨 선생님이 수업에서 언급할 만하다 싶은 중요 사건들을 미리 다 읽고 중요한 날짜와 결과도 다 암기했다. 그리고 나는 에릭슨 선생님이 수업에서 그 사건들을 언급하다가 혹시나 실수하거나 정당성을 충분히 설명하지 못하면 언제라도 잘못된 부분을 정정하거나 추가적인 세부 내용을 설명했다. "선생님, 보스턴 티 파티 사건의 옹호자는 존 애덤스가 아니라 새뮤얼 애덤스입니다. 새뮤얼 애덤스와 존 애덤스는 6촌 사이입니다." 며칠 뒤 수업. "선생님, 새러토가 전투는 1777년 가을에 있었던 것 같은데요. 선생님 말씀대로 봄이 아니고요. 가을이 분명합니다. 버고인 장군이 퀘벡에서 출발해 남진을 시작한 건 6월 13일이었고, 타이콘데로가 요새에서 미국군을 패퇴시킨 건 7월 7일이었으니까요. 그런 다음 남진을 해서 새러토가에는 9월 중순에나 도착했잖습니까." 결국 에릭슨 선생님은 나를 봐줄 만큼 봐줬다고 생각했는지 내가 거부하지 못할 거래를 하나 제시했다. 선생님은 헨리 A. 월리스Henry A. Wallace와 이웃이자 지인이었다. 월리스는 전임 미 농무부 장관이었으며 프랭클린 루스벨트 행정부 시절 부통령을 지낸 사람이었다. 농무부 장관 시절에 헨리 월리스는 비축창Ever-Normal Granary 제도라고 이름 붙인 계획의 발족을 주장했다. 에릭슨 선생님은 내가 헨리 월리스와 인터뷰를 하고 비축창 제도에 대한 보고서를 작성하면 남은 학기 말까지 수업에 불참해도 좋다는 거래를 제안했다. 나는 2초 만에 거래를 받아들였다(그 정도는 생각하고서야 "네"라는 대답이 나왔다). 전직 미국 부통령을 인터뷰한다는 것은 고등학교 졸업반 학생에게는 대단히 설레는 제안이었다. 몸서리쳐지게 따분한 수업에 참석하는 것보다야 훨씬 좋은 일이었다.

비축창 제도의 개념 자체는 간단했다. 옥수수나 밀, 대두 등의 작황이 풍년이어서 공급 잉여가 발생하고 그로 인해 가격 하락 압박이 생길 경우 정부 개입으로 곡물을 대량 수매해 가격 안정화를 꾀한다는 것이었다. 정부가 수매한 곡물은 곡물 창고에 저장된다. 그러다 작황이 나빠서 공급이 부족해지고 가격 상승 압박이 발생하면, 정부는 시장 안정화를 위해 창고에 보관 중이던 곡물의 일부나 전부를 판다. 정부의 이런 농업시장 안정화 정책은 이론상으로는 농부와 소비자 모두에게 도움이 될 수 있다. 상생win-win 제도인 것이다.

나는 헨리 월리스와 인터뷰를 두 번 했다. 두 번 다 순조롭게 진행되었고, 나는 거래 조건인 보고서를 작성하기 시작했다. 에릭슨 선생님은 비축창 제도가 훌륭한 개념이라고 생각했고, 헨리 월리스 역시 나무랄 데 없는 계획이라고 생각했다. 나는 비축창 제도의 실용성 여부를 타진했고, 조금은 음흉한 즐거움을 느끼며 다른 결론에 도달했다. 만약 정부가 곡물 작황 풍년으로 초과 공급된 해에 비교적 높은 가격에 수매해 가격 안정화를 꾀한다면, 농부들은 작물을 계속 대량으로 수확하려는 경제적 유인incentive을 가지게 될 수도 있다는 것이 내 결론이었다. 따라서 기후가 유난히 좋지 않아 작황이 흉년인 경우만 제외하면 농부들은 계속 초과 공급량을 생산하고 정부는 이를 계속 수매해야 한다. 결국 곡물 창고의 비축 능력도 한계에 다다르게 된다. 그러면 무슨 일이 생길까? 게다가 정부가 미국 곡물가를 인위적으로 높은 수준에서 안정화한다면, 수입업자들이 마찬가지로 초과 작황인 다른 나라에서 비교적 낮은 가격에 수입한 곡물을 시장에 대량으로 쏟아낼 텐데, 이 사태를 어떻게 막을 것인가? 비축창 개념은 서류상으로는 나무랄 데 없었지만 현실적으로는 전혀 효과가 없을 수 있었다. 에릭슨 선생님은 당연히 내 결론을 내켜하지 않았고, 나한테는 이 결론을 헨리 A. 월리스에게 알리지 말자고 약속했다. 나는 이렇듯 17세 때에도 미국 전 부통령의, 그리고 학교 선생님의 생각에도 아닌 것은 아니라고 말하는 당돌한 성격이었다. 그러나 내가 남은 학기까지 수업에 참석하지 않은 날이 상당히 많았음에도 내 미국사 학년 말 점수는 A+였고, 기말시험은 97점이었다.

역발상 투자자가 되려는 내 의지와 능력은 내 DNA에서 흘러나오는 것이다. 나는 그렇게 확신한다.

② 재무적으로 성공하려는 동기

한때는 내 외가도 친가도 상당히 부유했다고 한다. 하지만 나와 내 형제에게는 다행인지 불행인지 모르겠지만 그 재산은 이미 오래전에 대부분 없어졌다.

내 아버지의 외가 쪽 증조할아버지인 마이클 샘프터는 최초의 '기성복' 의류회사 중 하나인 M. 샘프터 앤 선즈M. Sampter & Sons의 창업자로 꽤 잘 나가는 사업가였다. 내 할머니인 엘비 그레이스 샘프터 와첸하임은 맨해튼의 대저택에서 자랐고 가정교사와 개인교습 선생님도 여럿이었다. 휴가는 부모님, 자매와 함께 유럽에서 보냈고, 여름엔 미국 애디론댁산맥에 있는 가족소유 호숫가 별장에서 아베나키족 출신 인디언 가이드의 안내를 받으며 낚시와 카누 타기, 산악 등반을 즐겼다. 그러나 할머니가 십대가 되었을 때 M. 샘프터 앤 선즈가 적자를 내면서• 가족은 재산 대부분을 잃었다.

1906년에 엘비 샘프터는 당시 슈파이어 앤 코Speyer & Co.에서 제법 잘 나가던 투자은행가인 에드가 와첸하임과 결혼했다. 두 분의 결혼으로 태어난 내 부친 에드가 2세도 꽤 넉넉한 가정환경에서 자랐다. 그러나 대공황으로 와첸하임 일가의 재산에도 변화가 생겼다. 내 조부는 슈파이어 앤 코의 손익을 공유하고 있었다. 1930년대 중반에 이르러 이 회사는 투자이익이 아니라 손실을 냈기 때문에 조부는 더이상의 손실을 막을 요량으로 은퇴를 결심했다. 할아버지 대의 재산은 1930년대 기준으로 따졌을 때 부유한 편이었지만, 1930년대 초 슈파이어가 손실을 내고 이로 인해 조부가 비교적 이른 나이에 은퇴했기 때문에 그분들은 오늘날 기준에서 결코 부자는 아니었다.

외가 쪽으로 말하자면, 내 외증조부인 새뮤얼 '보스' 데이비스는 시가회사를 창업했다. 보스의 부고 기사에 따르면, 이 회사는 1900년대 초까지 '미국에서 가장 유명하고 가장 번창한 시가회사 중 하나'였다. 보스는 당뇨병에 걸린 이후 이 시가회사인 새뮤얼 I. 데이비스 앤 코Samuel I. Davis & Co.를 아메리칸 담배회사American Tobacco Company에 팔았다. 매각 대금은 당시로 꽤 큰 금액인 100만 달러였다. 보스가 1918년에 세상을 떠난 후(인슐린 정제가 이뤄진 1920년대 초 전까지 당뇨병은 치사율이 높았다) 외증조모인 엘리자베스 '비기' 아보보트 데이비

● M. 샘프터 앤 선즈의 역사에는 배울 점이 많다. 1853년 재봉틀이 발명되기 전까지 가족의 의복은 가정주부가 직접 손으로 만들거나 해당 지역 침모가 옷을 입을 사람 개개인에게 지정 주문을 받아 만들었다. 재봉틀이 발명되면서 의복 제작에 드는 단가가 크게 낮아졌다. 재봉틀이 발명된 후에는 개별 의복을 주문받아 손으로 직접 제작하는 것보다는 주문량을 예상하고 거기에 맞게 의복을 대량생산하는 편이, 나중에 치수나 스타일에 대한 수요 부족으로 만들어진 옷의 가격을 인하하거나 폐기하는 사태가 올 수 있다 하더라도 훨씬 경제적이었다. 1860년에 마이클 샘프터(Michael Sampter)는 이렇게 바뀐 경제적 특성을 이용해 '기성복' 회사를 차렸다. M. 샘프터 앤 선즈는 창업 후 처음 몇십 년 동안은 번창했다. 개척자들이 초기에 얻게 되는 경험과 명성은 새로운 경쟁을 물리칠 우위가 되어준다. 그러나 20세기로 넘어오면서 의복 생산이 원자재 생산과 비슷한 것이 되면서 경쟁이 치열해지고 채산성이 극도로 낮아지기 시작했고, M. 샘프터 앤 선즈도 고비를 피하지 못했다. 의류 제품과 생산 과정의 상품화는 정상적인 현상이다. 모든 제품은 결국 토스터가 된다는(굉장히 일상화된다는 뜻-옮긴이) 말도 있지 않은가.

스는 그 100만 달러에다 상당액의 다른 자산도 같이 상속받았다. 비기는 재산 대부분을 담보채권과 확정이자부 채권에 투자했고, 이후 36년 동안 뉴욕시의 센트럴파크가 한 눈에 내려다보이는 대형 아파트의 유지비를 내거나 여타 사치품을 구입하는 데 수입의 상당 부분을 소비했다. 나는 어렸을 때 그 아파트에 자주 갔다. 수십 개의 커다란 도자기 화분이 널찍한 현관을 채우는 것으로도 모자라 응접실까지 이어져 있던 것이 지금까지도 기억난다. 넓은 거실로 들어가는 길이 마치 숲속을 걷는 것 같을 정도였다. 하인 한 명의 주요 일과가 매일 그 화분들을 돌보는 것일 정도였다. 비기 할머니의 사치스러운 생활은(이렇게 말하니 죄송스럽다) 미래 세대의 부에는 불운이었다. 비기 할머니가 1954년에 돌아가시고 남겨준 재산에 상속세가 붙었고, 나머지를 세 딸이 나눠 가졌다. 이렇게 해서 그 돈의 3분지 1을 내 할머니인 레오노라 '레니' 데이비스 루이스가 물려받았다. 안타깝게도 레니의 남편은 젊은 나이에 다발성경화증을 앓았기 때문에 일을 할 수가 없었다. 레니는 넉넉한 수입 덕에 안락하게 살았고 내 어머니도 사립학교에 보냈지만, 데이비스 일가가 일군 재산은 잘못된 확정이자부 채권 투자와 사치스러운 소비, 그리고 높은 세금과 고질병으로 인해 대부분 사라졌다.

내가 성장기이던 1940년대와 1950년대에 부모님의 소득은 아버지의 그리 많지 않은 월급, 그리고 가족신탁에서 나오는 약간의 배당과 이자소득이 전부였다. 부모님은 뉴욕 뉴로셸의 중산층 주택가에 살았고 몇 가지 소소한 사치도 부리기는 했지만 내 기억으로는 대체적으로 빠듯했던 생활이었다. 부모님의 경제력은 부유한 것과는 거리가 멀었다. 우리 가문이 예전에는 꽤 부자였지만 그 재산이 거의 없어졌다는 사실은 나도 잘 알고 있었다. 이런 사실이 나로 하여금 열심히 일해 재무적 성공을 거두겠다는 마음을 먹게 한 것 같다. 만약 내가 저택에서 하인들의 시중을 받으며 자랐다면 근면 성실한 태도를 기를 수 있었을까? 아마도 아닐 듯하다. 부잣집 사람들을 보다 보면 이런 내 결론은 더더욱 확실해진다.

나는 가치와 가치관에 대한 말도 이 책에 꼭 덧붙이고 싶다. 내 부모님과 조부모님은 윤리문화회Ethical Culture Society가 가르치는 윤리와 가치의 신봉자였다. 이 단체는 윤리와 도덕성을 가르치는 준종교 성격의 모임이다. 내 어머니는 유치원부터 고등학교를 졸업할 때까지 에티컬 컬처 필드스톤 학교를 다녔다. 내 부모님과 조부모님의 행동과 인성에는 특정 가치가 뿌리 깊이 박혀 있었다. 물론 나와 내 형제도 그렇다. 우리는 돈이란 성취를 위한 기회로 삼아야 하며 세상의 헛된 영화를 위해 사용해서는 안 된다고 배웠다. 우리는 타인의 행복과 안녕에도 크게 관심을 기울여야 하며 오로지 자신만을 위해 낭비해서는 안 된다는 가르침을 받았다. 이런 가치가 내 머릿속에 깊이 박혀 있는 탓에 나는 오늘날 슈퍼리치로 새롭게 떠오른 투자 전문가들의 과시적 소비 행태를 보면 저절로 고개가 저어진다. 이로써 나의 재무적 동기에 대한 말을 마친다.

③ 교육

엄격한 학교에 다닐 때에도 일이 많은 회사에 다닐 때에도 내 지적 능력을 계속 키워갈 수 있었다는 점에서 나는 상당히 운이 좋았다.

MIT를 2년 다닌 후 나는 더는 과학도로서의 길을 걷지 않겠다는 결심을 하고 윌리엄스대학으로 이적했다. 윌리엄스를 졸업한 후에는 하버드비즈니스스쿨 입학 제안을 받기는 했지만 대신 IBM에 취직했고, 그곳에서 대규모 컴퓨터 시스템 판매와 설치에 필요한 여러 회계처리와 업무 사항을 속성으로 익혀야 했다. 그런 다음 하버드비즈니스스쿨에 들어갔고, 꼬박 2년 동안 매주 엿새씩 하루에 세 가지 일을 처리해야 했다. 하버드를 졸업한 후에는 골드만 삭스의 증권 애널리스트로(역시나) 야근을 밥 먹듯이 했다. 골드만 삭스에서 3년을 일한 후에는 처가의 가족회사인 센트럴 내셔널-고테스만Central National-Gottesman Corporation, CN-G에 들어갔다. CN-G는 거의 모든 등급의 종이와 펄프를 전세계로 유통하고 마케팅하는 회사이다. 1920년대부터 CN-G는 현금흐름 중 일부 여분을 주식시장에 투자했고, 1950년대에 이르러서는 투자운용 사업부를 만들고 책임자로 아서 로스Arthur Ross를 앉혔다. 유서 깊은 학교를 졸업하고 격식을 대단히 중요시 여겨 '로스 씨'라고 불리는 것을 좋아했던 그는 매우 성공한 투자자인 동시에 대단히 깐깐한 상관이기도 했다. CN-G에 들어간 직후 로스 씨가 나를 사무실로 불렀다. "에드, 자네는 책상에 앉아 있기만 해서는 많은 것을 배우지 못할 걸세. 회사 이사회에 들어가야 하네. 회사 이사회에 들어가야 해"(로스 씨는 강조하고 싶은 부분은 적어도 두 번, 가끔은 세 번을 반복해서 말했다). 당시 내 나이는 서른 정도였지만, 짧게 자른 머리 탓에 겉으로는 스물한 살 정도로밖에 보이지 않았다. 크기와 업종을 불문하고 상대적으로 경험도 미숙한 서른 살짜리 풋내기가 이사회에 들어오는 것을 반길 회사는 없다. 과거 미국의 인기 희극배우였던 그루초 막스Groucho Marx의 "나를 회원으로 받아들여 주는 클럽에는 들어가고 싶지 않다"는 말마따나, 나는 나를 이사로 받아들여 주는 회사의 이사회에 속하고 싶은 마음은 눈곱만큼도 없었지만 그 자리를 받아들여야 했다.

무수한 회유 끝에 세 개의 회사에서 내게 이사회 자리를 권했다. 다 작았고 다 부실했다. 다 심각한 문제가 있는 곳들이었다. 그중 하나는 오리건주 포틀랜드에 있는 나름 주식회사인 작은 식료품 체인이었다. 내 생애 첫 이사회에 참석했을 때 그 회사의 회장과 다른 이사들은 나를 따뜻하게 환영해주었다. 그리고 이사회 회의가 진행되면서 나는 이 회사의 순이익 전망이 끔찍하고, 내부 회계 통제 장치가 거의 전무했기 때문에 이사회는 분기가 아니라 매달 회의를 열어야 했고, 내겐 매달 이사회 참석을 위해 오리건주로 비행할 시간도 없었으므로, 따라서 나는 이 이사회를 당장 사임해야 한다고 곧바로 결론 내렸다. 그리고 나는 그렇게 했다. 아아. 내가 그 회사의 이사로 있던 시간은 다 합쳐서 총 1시간 48분이었다. 그루초 막스의 말이 맞았던 것 같다.

그다음으로 나는 납 제련회사의 이사로 들어갔지만 이삼 년인가 후에 그만뒀다. 회사가 납 제련기의 독성 분진 방출을 막는 데 쓸 적절한 설비 장치를 차일피일 미루기만 하는 태도는 내 윤리문화회 배경과 상충하기 때문이었다.

세 번째로 내가 이사로 합류한 회사는 아메리칸 생고뱅American Saint-Gobain이라는 유리회사였다. 이 회사는 신제품 판유리 생산 공장을 얼마 전에 준공했지만, 필킹턴 플로트 공법이라는 더 새롭고 자재 운용 면에서도 훨씬 효율적인 새로운 유리 제조 공법이 나오며 즉시 구식 공장으로 전락하고 말았다. 비유하자면 아메리칸 생고뱅의 신설 판유리 공장이 열심히 수차를 돌리는 그 순간에, 미국의 다른 유리회사들은 수차를 버리고 증기엔진으로 갈아탄 셈이었다. 아메리칸 생고뱅으로서는 파산하지 않고 신설 공장에 필킹턴 공법을 도입하는 것이 급선무였다.

이렇게 서른 살의 내가 세 곳의 한계기업marginal company(경쟁력을 상실하고 재무구조가 부실하여 더이상의 성장이 어려운 기업-옮긴이)에 이사로 몸담았던 경험은 아닌 말로 사서 한 고생이었다. 그렇지라도 로스 씨의 충고가 옳았다. 한계기업이나 그것보다도 못한 기업의 이사로 일한 경험은 내게 귀중한 교훈을 가르쳐 주었고 덕분에 나는 더 나은 투자자로 거듭날 수 있었다. 로스 씨, 고맙습니다.

아서 로스는 1979년에 은퇴했고 나는 그의 후임으로 CN-G 투자 운용 사업부의 책임자 자리에 앉았으며 이후 내 처남이 운영하는 모회사의 이사가 되었다. 8년 후 처남과 나는 종이와 투자는 완전히 별개의 사업이므로 두 사업을 분리하는 것이 최선이라는 결론을 내렸다. 이후 나는 분리된 투자운용사의 오너로서 회사명을 그린헤이븐 어소시에이츠로 바꿨다. 그 후 3년 동안 나는 고테스만과 와첸하임 가족의 돈만을 관리했지만, 결국에는 가족이 아닌 투자자와 비영리기관의 돈도 관리하기로 결심했다.

④ 분석 능력

나는 언어 능력에는 평생을 애먹었지만 복잡한 수학과 과학, 논리 문제를 파헤치는 능력은 타고난 편이었다. 이런 능력은 내 DNA의 일부였으며 끊임없이 지속한 엄격한 교육도 능력을 강화하는 데 한몫했다.

그러나 내 과학적 열의는 썩 자랑스럽지 못하다. 고등학교에 다닐 때 나는 억지로 떠밀려 웨스팅하우스 과학경시대회에 참가했었다. 대회 참가자들은 앉아서 시험을 치른 다음 독창적인 연구를 제출해야 했다. 뉴로셸고등학교 하키대표팀 선수인 열일곱 살의 내가 가진 설익고도 비현실적인 꿈은 NHL 하키 스타가 되는 것이지 과학자가 되는 것이 아니었다. 거의 매일 오후 연못이 꽁꽁 얼어붙으면 나는 근처 연못으로 달려가 약식 하키 게임을 하곤 했고, 그러느라 수업을 한두 번, 심하게는 서너 번 빼먹는 것은 예사였다. 나는 하키 선수이지 햇병아리 과학자가 아니었다. 바보 같고 멍청한 연구 과제를 하느라 오후 내내 실험실에 틀어박혀 실험만 할 생각도 없었고 그럴 시간도 없었다. 웨스팅하우스 과학경시대회는 내 우선순위 목록에서 거의 꼴찌였다. 하지만 나는 양손에 떡을 쥘 방법을 찾아냈다. 나는 오존 흡입이 운동선수의 실력 향상에 도움을 주는지 여부를 알아낸다는 편리한 실험 주제를 택했다. 형과 나는 라이오넬 장난감 전기기차 세트에서 낡은 변압기를 떼어냈다. 전선을 교차해 전선 중 하나는 전압기의 두 개 단자 중 하나에 연결하고 다른 하나는 나머지 단자에 연결했으며, 그렇게 해서 스파크를 만들 수 있었다. 어디선가 스파크가 공기 중 산소 일부를 오존으로 바꿔준다는 글을 읽은 적이 있었다. 나는 학교 화학 실험실에서 시험관 10개와 코르크 10개를 빌려왔다. 하루 날을 잡아 나는 하교 후 곧바로 집으로 달려와 교차시킨 변압기 선을 시험관 내부에 집어넣었다가 곧바로 선을 빼내고 코르크 마개로 시험관을 닫았다. 그리고 스케이트와 스톱워치를 집어 들고 라치몬트 저수지로 갔다. 저수지에 도착해서는 스케이트 끈을 묶고 하키스틱 두 개를 약 180m 간격으로 얼음 위에 올려두었다. 스톱워치를 맡긴 친구에게는(그 친구는 내가 신뢰할 수 있는 연구 조수였다) 내가 "출발"이라고 말하면 스톱워치를 시작하고 "멈춤"이라고 말하면 스톱워치를 멈추라고 알려주었다. 그리고 시험관 두 개의 코르크를 연 다음 주둥이를 내 콧구멍에 하나씩 갖다 댔다. 아주 다행히도 내가 그러는 모습을 본 사람은 내 친구 말고는 없었다. 그렇지 않으면 최소한 정신병원행이었을 것이다. 나는 시험관 두 개의 오존을 흡입하고 출발선을 나타내는 스틱으로 가서 있는 힘껏 결승점까지 스케이트로 달렸고 도착해서는 "멈춤"이라고 말했다. 이 과정을 네 번 더 반복했다. 그리고 별도로 휴식도 취하지 않고 오존도 흡입하지 않은 상태에서 두 스틱 사이를 다섯 번 더 왕복했다. 뒤의 다섯 번 실험은 말하자면 통제군 자료인 셈이었다. 세상에나! 오존을 흡입했을 때가 뒤에 통제실험으로 다섯 번 달렸을 때보다 더 기록이 좋았다. 오존이 실력 향상에 도움이 된다는 사실이 의심의(물론 내 의심만) 여지없이 입증되었다. 온갖 허무맹랑한 생각이 머릿속을 스쳐 지나갔다. 어쩌면 웨스팅하우스 과학경시대회에서 1등을 할지도 몰라. 최연소 노벨화학상 수상자가 될 수도 있어. '뉴욕 레인저스 소속의 스타 루키 센터인 17세의 에드가 와첸하임 3세, 오존의 운동 실력 향상 효과를 개척한 연구 공로를 인정받아 만장일치로 1955년 노벨화학상 수상자에 선정'이라는 제목의 〈뉴욕타임스〉지 기사가 눈에 선했다.

당연한 말이지만 사실 내 연구 과제는 웨스팅하우스 과학경시대회의 오랜 역사를 통틀어 최악의 연구라고 해도 좋을 정도였다. 게다가 내 화학 선생님은 그 연구를 웨스팅하우스 대회에 제출하기도 전에 단칼에 거절했다. 선생님의 꾸지람만 들었을 뿐이었다. "와첸하임 학생, 뒤의 다섯 번 스케이트를 탈 때 속도가 느려진 결정적 이유가 탈진했기 때문이라는 생각은 들지 않았니?" 선생님의 꾸지람은 계속 이어졌다. "변압기로 만들어낸 소량의 전기는 산소를 오존으로 바꾸기에 완전히 역부족이라는 생각은 해보지 못했니? 천둥번개는 되지만 장난감 라이오넬 기차의 변압기로는 안 돼. 와첸하임 학생, 나로서는 네 과학 실험 능력보다는 하키 실력이 더 좋기를 바랄 뿐이구나." 막상 현실로 돌아오니 나는 웨스팅하우스 경시대회에서 입상하지 못한 것은 물론이고, 1955년 웨스트체스터 카운티의 고등학교 하키팀 올스타에도 뽑히지 못했다. 노벨상도 물 건너갔고, NHL 프로선수가 되는 것도 멀어졌다. 꿈이 현실에 패배했다. 하지만 청소년이라면 응당 찬란한 미래의 영광을 그리며 꿈에 젖는 것이 야망도 없고 열정도 없이 소년기를 보내는 것보다야 훨씬 낫다.

⑤ 자신감

나는 (비록 바보 같은 웨스팅하우스 사건이 있었기는 해도) 수학과 과학에 꽤 강했고 두 과목의 시험 성적과 적성 검사에서도 계속 높은 점수를 받으면서 내 타고난 분석 능력에 대해 조금씩 자신감이 늘었다. 이런 자신감은 하버드비즈니스스쿨에서 1년 과정을 마친 후 베이커 장학생에 선발되면서 더욱 커졌다. 베이커 장학생에 선발되려면 평균 학점이 상위 2% 이내에 들어야 했기 때문이다.

증권 포트폴리오 운용 책임자가 되었을 즈음 나는 성공적인 투자자가 되는 데 필요한 능력을 다 갖췄다고 자신했다. 무엇보다도 이런 자신감 덕분에 나는 역발상 투자자가 되어, 시장에 팽배한 생각과 반대되는 투자 결정을 내리는 능력을 기를 수 있었다.

하지만 나는 성공 투자가 자신감 과잉을 낳고 결국에는 리스크를 비현실적으로 낮게 평가하는 실수를 저지르게 만들 수 있다는 사실도 잘 알았다. 다행히도 나는 살면서 실수를 충분히 했기 때문에 자신감 과잉에 빠질 위험은 거의 없다. 좋은 투자자라면 응당 자신감과 겸손 사이에서 적절하게 균형을 잡을 줄 알아야 한다.

⑥ 현실에 맞는 목표와 야망

고대 로마의 철학자이며 정치가인 루시우스 아나이우스 세네카Lucius Annaeus Seneca는 "어느 항구로 항해하는지조차 알지 못하면 순풍도 불지 않는다"라고 말했다. 나는 투자자라면 합리적이고 현실적인 목표를 가지고 있어야 한다는 데 동의한다. 내 목표는 더 오랫동안 15~20%의 연평균 수익률을 달성하되 영구손실의 리스크가 크지 않아야 한다는 것이다.

여기서 강조하고 싶은 말은 '더 오랫동안'이다. 대다수 헤지펀드와 뮤추얼펀드, 여타 투자자들은 단기에 높은 실적을 거둬 고객을 기쁘게 해줘야 한다는 압박감에 시달린다. 이런 투자자 상당수는 단기적 잠재 수익 가능성이 불확실한 종목을 외면한다(심지어는 팔아버린다). 심지어 장기적 투자 전망은 아주 높은 종목인데도 그렇게 한다. 우리는 단기 실적에는 관심이 없다. 그래서 가까운 시일 내에 상승할 가능성은 낮지만 더 장기적으로는 짜릿할 정도의 잠재력을 가진, 매매 경쟁이 훨씬 덜한 종목군의 리서치와 매수에 집중하는 호사를 누린다.

이런 접근 방식이 우리의 경쟁우위이다.

변동성을 상대적으로 낮게 유지한다는 것 자체는 목표가 아니다. 그럼에도 나는 재무상태표가 튼튼한 고품질 기업의 저평가된 주식을 매수하는 성향이 크기 때문에 지난 오랜 세월 동안 우리의 포트폴리오는 증시보다 변동성이 상당히 낮은 편이었다는 점은 밝히고 싶다. 낮은 변동성은 결과였을 뿐, 목표가 아니었다.

⑦ 감정 통제

나는 감정을 통제하는 방법을 오랜 시간 동안 익혔다. 특히 보유 종목의 일부나 전체가 급락할 때는 이런 감정 통제가 더욱 중요하다. 감정 통제의 일부는 경험 덕분이고(나는 침체장을 여러 번 겪으면서 거기에 익숙해졌다) 일부는 내 DNA 덕분이다. 스트레스가 심한 시기에도 나한테는 비교적 냉정함을 유지하면서 합리적으로 생각하고 행동하는 능력이 있다고 자부한다.

⑧ 재미

기업 리서치는 내게는 즐거움이다. 나한테는 창의적 아이디어를 생각해내야 하는 순간의 긴장감도, 돈을 버는 것도 즐거움이다. 아침에 사무실로 출근하는 것도 즐겁다. 확신하건대, 이 모든 즐거움이 나를 더 좋은 투자자로 만들어준다.

*

내가 걸어온 삶을 보면 내 투자 경력을 이해하는 데 조금이나마 도움이 될 것이다.

1937년 뉴욕시 출생.

1955년 고등학교 졸업 그리고 MIT 입학.

1957년 윌리엄스대학으로 이적.

1959년 윌리엄스대학 졸업, IBM 입사.

1962년 수 앤 윌러크와 결혼, 1년 후 네 자녀 중 첫 아이가 태어남.

1964년 하버드비즈니스스쿨 입학.

1966년 하버드비즈니스스쿨을 졸업하고 골드만 삭스에 입사.

1969년 아내의 가족(장모님이 고테스만)이 소유한, 서류상 존재하는 투자운용사인 센트럴 내셔널-고테스만CN-G에서 입사 제의를 받음.

1979년 CN-G의 최고투자운용담당자가 됨.

1987년 CN-G에서 투자운용 사업부가 분사해 그린헤이븐 어소시에이츠 설립. 현재 이 회사는 내 소유이다. 그린헤이븐은 내 가족과 아내 가족, 가족 외 투자자를 일부 받아 주식 포트폴리오를 운용한다.

제3장

IBM

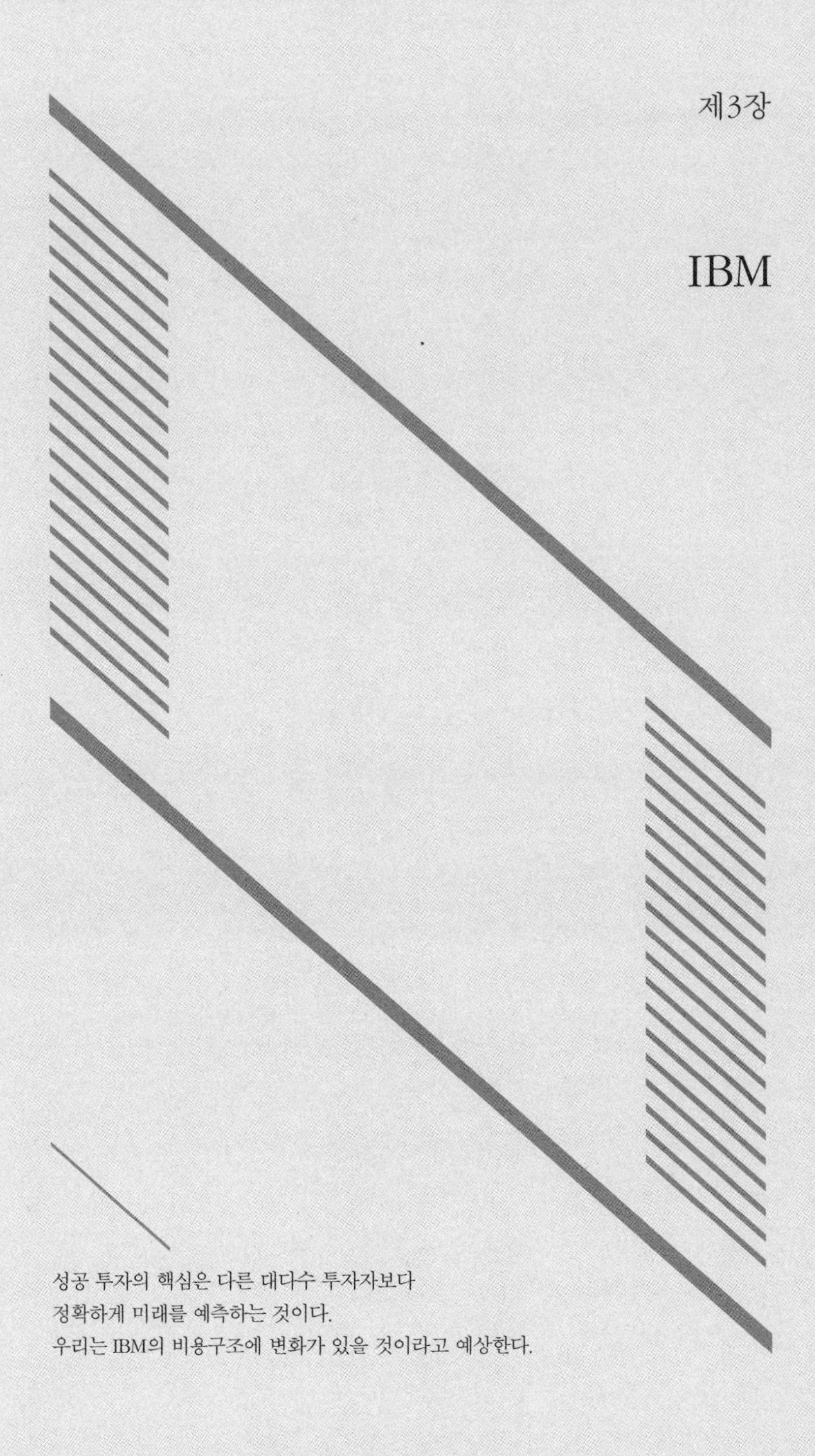

성공 투자의 핵심은 다른 대다수 투자자보다
정확하게 미래를 예측하는 것이다.
우리는 IBM의 비용구조에 변화가 있을 것이라고 예상한다.

1914년 내셔널 캐시 레지스터National Cash Register Company의 스타 세일즈맨 토머스 왓슨Thomas Watson은 전산제표기기 회사인 컴퓨팅-태뷸레이팅-레코딩Computing-Tabulating-Recording Company, 이하 CTR의 사장으로 초빙되었다. 3년 전 세워진 CTR은 천공카드에 난 구멍 위치를 '읽어' 계산을 하고 표를 작성하는 전기기기 생산 회사였다. 기계가 처음으로 연필을 밀어내고 회계 응용장치 자리를 차지하기 시작한 것이다. 왓슨은 출중한 세일즈맨이자 리더였고, 얼마 안 가 CTR은 제표작성 사무기기 시장의 리더가 되었다. 1924년 왓슨은 또 한번 빛나는 지혜를 발휘했다. 그는 컴퓨팅-태뷸레이팅-레코딩이라는 사명을 인터내셔널 비즈니스 머신International Business Machines, 즉 IBM으로 바꾸었다.

IBM의 천공카드 인식 장비는 대박이 났고, 1940년대까지 IBM은 세계의 사무기기 시장을 지배했다. 회사들은 풀서비스 조건으로 천공카드 장비를 임대하면 기계만이 아니라 유지관리와 기술적 조언도 함께 받을 수 있었다. IBM으로서는 기기의 리스 계약을 최대한 오래 유지하는 것이 재무적으로 가장 유리했다. 리스 초기에도 수익성은 나쁘지 않았지만, 기기가 완전히 감가상각된 후에도 리스 계약이 유지된다면 IBM의 순이익은 몰라보게 커진다. IBM으로서는 기존 기기의 리스 계약을 끝내게 만들 만한 고효율의 신제품 출시를 최대한 뒤로 미뤄야 한다는 동기가 충분했다.

수십 년 동안 수많은 발명가가 최소한도의 프로그래밍이 가능한 전자기기를 발명했다. 이 기기들은 컴퓨터라고 불렸다. IBM이 만든 첫 컴퓨터는 1944년 8월 7일 하버드대학에 배달되어 미 해군 선박부가 사용하게 되었다. IBM은 이 첫 컴퓨터에 자동순차제어계산기Automatic Sequence Controlled Calculator라는 이름을 붙였지만, 하버드대학은 마크 원Mark 1이라는 단순하면서 재치 있는 명칭을 붙였다. 이후 7년 동안 IBM으로서는 프로그래밍이 가능한 기계를 상업용 시장에 출시할 만한 유인이 딱히 없었다. 어쨌거나 IBM은 수익성이 높은 천공카드 기계를 시대에 뒤처진 것으로 만들고 싶지 않았다. 하지만 1951년에 레밍턴 랜드 코퍼레이션Remington Rand Corporation이 자사 최초의 유니박UNIVAC 컴퓨터를 출시했다. IBM에 위기가 닥친 것이다. IBM은 자사도 상업용 컴퓨터를 출시하지 않으면, 지금 시장을 장악한 천공카드 기계가 언젠가는 유니박이건 아니면 다른 회사가 만든 컴퓨터에 밀려날 것이라는 사실을 깨달았다.

1952년 IBM이 701 진공관 컴퓨터를 출시하면서 경쟁이 시작되었다. 하지만 이 경쟁은 결코 접전이 아니었다. 그보다는 치타와 나무늘보의 뜀박질 시합이었다. IBM은 방대하고 우수한 리서치, 엔지니어링, 마케팅, 응용장치 노하우 면에서 우위를 점하고 있었다. 더욱이 컴퓨터 이용자들도 IBM을 더 믿었다. 컴퓨터는 새롭고 복잡한 기계였고, 컴퓨터를 설치하는 기업들은 기술과 응용장치의 문제 해결을 위해 제조사에 의지했다. IBM 컴퓨터는 명망도 높았고 판매량도 월등했다. 기업 임원은 IBM 시스템을 선택했다가 설치 과정에 문제가 생긴다 해도 문제의 책임을 IBM에 전가할 수 있었다. 하지만 IBM이 아닌 다른 컴퓨터를 선택했다가 설치에 문제가 생기면 그 임원은 상사로부터 이류나 삼류 컴퓨터회사를 선택했다는 비난을 면하기 힘들었고 자칫하면 자신의 자리 자체가 위험해질 수 있었다. 그렇기에 기업 임원들 대부분은 안전하게 IBM을 고수했다. 유니박, GE, RCA, 하니웰Honeywell, 버로우스Burroughs 컴퓨터가 비용효율 면에서 더 좋을 때가 많았지만 주문은 IBM이 휩쓸었다. 1964년 IBM이 기술적으로 앞서고 호환이 가능한 시스템/360 컴퓨터 시스템 계열을 출시하면서 이런 쏠림현상은 더욱 심해졌다. 360 제품군은 효율성과 신뢰성이 높았고 사용자 친화적이었다. 그리고 무엇보다, IBM이라는 브랜드를 달고 있었다. IBM의 승리였다.

시스템/360 덕분에 IBM은 역사상 가장 성공적인 기업 중 하나가 되었다. 1964년부터 1974년까지 회사의 매출은 연평균 14.6%씩 증가해 32억 3,000만 달러에서 126억 7,000만 달러로 껑충 뛰었다. 순이익 증가율은 훨씬 빨랐다. 3억 6,400만 달러에서 18억 3,000만 달러로, 매년 17.5%라는 신장률을 보였다. 동기간 IBM의 시장점유율은 80%에 육박했다. 경쟁사들은 제대로 경쟁조차 하지 못했고 일부는 중도하차했다. GE는 1970년에 컴퓨터 사업부를 하니웰에 매각했고, RCA의 컴퓨터 사업부는 스페리 랜드Sperry Rand에 매각되었다.

IBM이 훗날 추락하게 되는 씨앗은 1972년 인텔이 최초의 마이크로프로세서인 4004를 개발하면서 심어졌다. 마이크로프로세서는 컴퓨터의 복잡한 내부 운영시스템을 하나 내지 많아봤자 두세 개의 집적회로로 통합한다. 최초의 마이크로프로세서는 성능이 떨어졌기 때문에 IBM의 시스템/360이나 여타 메인프레임 컴퓨터의 생존을 위협할 정도는 되지 못했다. 그러나 인텔 공동창업자 고든 무어Gordon Moore는 "칩에 들어가는 트랜지스터의 수는 24개월마다 대략 두 배로 늘어날 것이다"라는 유명한 예언을 남겼다. 고든 무어의 예언이 맞았다. 1970년대 후반에 이르자 마이크로프로세서의 성능이 강해지면서 비교적 비싸지 않은 데스크톱컴퓨터가 값비싼 메인프레임을 몰아내기 시작했다. 1977년 애플은 최초의 성공적인 데스크톱(퍼스널)컴퓨터인 애플II를 출시했다. 애플II는 큰 성공을 거두며 125만 대가 팔렸다. IBM은 이 성공을 주목했고, 마이크로프로세서 기술이 급속도로 발전하면서 자사 이익의 가장 중요한 원천인 메인프레임 사업부가 시장에서 퇴물로 전락할 위험이 크다고 판단했다. IBM은 이런 위험에 대응해야 했다.

1981년에 IBM은 자사의 비인기 품목인 5200 데스크톱컴퓨터를 없애고 대신에 IBM 퍼스널컴퓨터(이하 PC)를 출시했다. 그동안 쌓아온 뛰어난 성능에 대한 평판을 등에 업은 IBM PC는 불티나게 팔리면서 1980년대 초 이 회사의 매출과 순이익 상승을 견인했다.

다른 사건들 역시 1980년대 IBM의 재무제표 순이익을 올리는 데 일조했다. 1980년에 존 오펠John Opel이 회사의 CEO에 올랐다(토머스 왓슨은 1956년에 은퇴했고, 토머스 왓슨 2세는 심장마비 발작으로 1971년에 은퇴했다). 그는 고객이 30일 이내 취소가 가능하다는 IBM 약관 조항에 따라 리스한 컴퓨터를 다시 IBM으로 돌려보낼지도 모른다는 걱정이 들었다. 그의 가장 큰 우려는 경쟁사들이 발전된 마이크로프로세서 기술을 이용해 IBM 메인프레임보다 가성비가 실질적으로 높은 컴퓨터를 출시할 수도 있다는 점이었다. 혹시라도 IBM 메인프레임 고객이 리스 계약을 철회하면 IBM은 순이익이 급감하고 창고에는 비교적 신형의, 하지만 기술적으로는 구식인 컴퓨터가 잔뜩 쌓이게 된다. 이런 사태를 미리 방지하고자 오펠은 IBM의 가격 정책을 바꿔서, 중고 메인프레임을 대폭 할인한 가격에 팔기로 했다. 고객이 싼 가격에 혹해서 리스 중인 메인프레임 컴퓨터를 살 수도 있었다. 이렇게만 된다면 IBM은 어느 쪽이건 다 좋은 결과가 된다. 즉시 수익(매출액)을 거두거나(중고 컴퓨터를 판매한 대금) 아니면 고객이 리스 계약을 유지해 몇 년 동안 계속 순이익이 계상되거나 둘 중 하나가 되기 때문이다. 따라서 고객이 리스를 판매로 전환하는 한, 재무제표상 IBM의 매출과 순이익은 인위적으로 부풀려졌다. 그러다가 고객의 판매 전환율이 둔화되면 IBM은 회사가 리스를 완불리스full payout-lease(리스 기간 중 리스 물건가 전액을 리스료로 회수하는 것–옮긴이)로 처리할 수 있도록 새 리스의 조항을 변경했다. 완불리스 처리에 따라 회사는 컴퓨터를 고객에게 인도한 순간 예상 매출과 이익 전액을 장부에 계상할 수 있다. 그전까지는 리스 기한에 따라 매출과 이익을 계상했다.

PC의 출하, 리스의 판매 전환, 그리고 새로운 리스 회계처리 방식 덕분에 IBM의 매출과 이익은 1980~1985년 사이 급증했다. 이 5년 동안 매출은 연평균 13.8% 늘어 262억 1,000만 달러에서 500억 5,000만 달러로 증가했고, 당기순이익은 33억 9,000만 달러에서 65억 5,000만 달러로 연평균 14.1% 늘어났다. IBM 주주들에겐 엎드려 절이라도 하고 싶을 정도로 고마운 일이었다. IBM 주가는 1979년 말

16.09달러에서 1985년 말에는 38.88달러로 상승했다. 이것은 이후의 주식분할에 따라 조정한 금액이다.

그러나 모든 것이 좋지는 않았다. 전혀 좋지 않았다. IBM은 자사의 PC 라인을 개발하면서 인텔의 칩 기술과 마이크로소프트의 MS-DOS 운영시스템을 택했다. 그렇게 하면 편하기는 했다. 하지만 다른 PC 제조사들도 인텔 칩과 마이크로소프트 운영시스템에 쉽게 접근할 수 있게 되어서 IBM으로서는 뚜렷한 제품 차별화를 내세우기 어려웠고, PC는 가격이 판매에 중요한 영향을 미치는 일상품으로 나날이 변하고 있었다. 시간이 지나면서 델과 컴팩을 비롯해 원가구조가 IBM보다 낮은 PC 제조사가 언제라도 IBM을 경쟁에서 앞지를 수 있었다.

IBM에는 추가적인 문제도 있었다. 컴퓨터 성능은 갈수록 급격히 향상되었지만 가격은 갈수록 떨어졌다. 무어의 법칙이 맞아떨어지고 있었다. 1980년대 중반에 이르러 PC는 과거 메인프레임이 하던 여러 업무에서 뛰어난 성능을 발휘했다. 더욱이 디지털 이큅먼트Digital Equipment Corporation의 백스VAX 슈퍼 미니컴퓨터 라인이 IBM의 메인프레임 점유율을 야금야금 뺏고 있었다. 또한 1960년대의 기업들은 IBM의 전문 기술과 평판에 과도하게 의존했지만 1980년대에는 회사 내에 전문 지식과 경험을 충분히 쌓았기 때문에 더는 IBM에 의존할 필요가 없었다. 1960년대의 IBM은 가격 결정력을 가지고 있었지만 1980년대에는 경쟁력 있는 가격을 매겨야 고객 주문을 얻을 수 있었다.

상대적으로 차별성 없이 가격 정책을 위주로 상품을 판매하는 회사는, 경쟁력도 지니면서 이익도 괜찮기를 원한다면 낮은 원가구조를 갖춰야 한다. 불행하게도 그동안의 역사 때문에 IBM의 원가구조는 높았다. 아주 높았다. 1960년대의 IBM은 메인프레임을 팔고 설치하기 위해 대규모 판매 인력과 기술 인력을 갖춰야 했다. 또한 메인프레임 유지관리와 수리 서비스 제공에도 관리 전문 엔지니어가 많이 필요했다. 그때의 메인프레임은 20년 뒤 생산되는 컴퓨터만큼 믿을 만하지는 못했기 때문이다. 1980년대 중반에 들어서면서 IBM에는 세일즈 매니저, 영업사원, 응용장치 프로그래머, 기술 고문, 유지관리 엔지니어가 크게 남아돌았지만, 회사는 무능이나 부정직과 같은 사유가 아닌 한 직원을 해고하지 않는다는 정책을 유지했다. 이런 잉여 직원들 상당수는 본사로 '승진'되었고 이들은 경쟁 분석, 판매 예측, 품질 관리, 부동산 관리, 기업 홍보, 투자 홍보, 커뮤니티 홍보, 경제 예측과 같은 중요도가 떨어지거나 전혀 중요하지 않은 업무를 수행했다. 다시 말해 컴퓨터 산업에서 발생한 구조적으로 불리한 기술적 지각변동으로 인해 IBM은 매출과 총이익률이 심하게 압박을 받는 상황에서도 원가구조는 부풀려질 대로 부풀려진 상태였다.

IBM의 매출은 1980년대 말까지도 어느 정도 계속 오르긴 했지만 애초 기대에는 한참 못 미쳤다. 1984년에 존 오펠은 1990년이 되면 매출이 1,000억 달러에 이를 것으로 예상했다. 실제 1990년 매출액은 690억 달러였다. 이익은 매출보다 훨씬 상황이 좋지 않았다. 1990년의 세후순이익은 60억 2,000만 달러로, 5년 전보다 8%를 밑돌았다. 주가의 운명은 더욱 심각했다. 1990년 마지막 거래일의 주가는 1985년 마지막 거래일과 비교해서 27% 하락했다.

존 애커스John Akers가 존 오펠의 후임으로 1985년 2월 1일 CEO에 오른 것은 IBM이 40만 명 이상의 직원으로 비대해져 있을 때였다. 1985년에 나는 IBM의 재무담당자인 존 로텐스트라이크Jon Rotenstreich

의 초대를 받아 뉴욕 아몽크에 있는 본사에서 같이 점심을 먹었다. 존은 과거 살로몬 브라더스의 상무 이사로 일한 경력이 있는 친구이다. 우리가 점심을 먹은 장소는 IBM의 메인 구내식당이었다. 존은 식당을 둘러보고는 매일 아침 출근은 하지만 하는 일은 거의 없다시피 한 직원들을 하나하나 손으로 가리켰다. "저쪽에 초록색 넥타이 한 사람 보이지? 예전엔 지역 담당 세일즈 매니저였어. 지금은 커뮤니티 홍보 담당자야. 아침에 10시쯤 출근해서 커피 한 잔을 마셔. 저 사람이 하는 일은 아몽크시에 IBM을 홍보하는 거야. 아몽크 지방 주간지를 읽는다거나 아몽크 뉴스를 TV로 보는 게 핵심 업무야. 그러다보면 업무 시간이 대부분 지나가. 그래도 두 시간 동안 점심을 먹고 서너 번 정도 커피를 마시며 쉴 정도는 되지. 무슨 소린지 알겠지?" 알 것 같았다. 존은 존 애커스가 IBM의 평생 고용 정책을 중단하고 IBM의 급여와 제비용을 대폭 감축하기를 바랐다.

애커스는 여러 번이나 대책위원회를 만들어 IBM과 회사의 미래를 분석했다. 대책위원회가 분석한 결과는 암담했다. 결론인즉 IBM이 쇠퇴 일로에 있다는 것이었다. 분석 결과를 검토한 후 애커스는 퇴사를 희망하는 직원에게 거액의 퇴직수당을 제공하는 명예퇴직 프로그램을 연달아 시행했다. 당연한 말이지만, 얼마든지 다른 직장을 얻을 수 있는 가장 유능한 직원 상당수가 기꺼이 퇴직을 신청했다. 그래서 IBM은 유능한 인재를 대거 잃고 무능한 직원들은 상당수가 그대로 남았다. 역선택이 일어난 것이다. 게다가 명예퇴직 프로그램에도 불구하고 IBM의 직원 수는 1985년 말 40만 5,000명에서 1990년대 말에는 37만 4,000명으로 별로 줄지 않았다. 이 기간 동안 IBM의 펀더멘털은 직원 감축보다 훨씬 빠르게 악화되었다. 1990년에 들어서면서 컴퓨터 사용자는 여러 해 전 몇백만 달러나 했던 메인프레임과 같은 성능의 워크스테이션을 10만 달러면 살 수 있었다. IBM은 1991년 엄청난 영업손실이 났다. 애커스는 행동에 들어가야 했고, 그 조치란 명예퇴직 규모를 늘리는 것이었다. IBM의 직원 수는 1991년 말에는 34만 4,000명으로, 1992년 말에는 30만 2,000명으로 줄었다. 하지만 IBM에는 여전히 직원이 너무 많았고, 사기는 바닥이었으며, 적자는 계속 불어났다.

나는 존 로텐스트라이크와 점심을 먹은 후 IBM에 흥미를 느끼고 주식을 진지하게 분석했다. 처음의 분석 결과는 간명했다. IBM은 더 이상 경쟁우위를 가지고 높은 이익률을 낼 수 있는 성장기업이 아니었다. 따라서 높은 주가수익비율PER에 거래될 가치가 없었다. 그렇기는 해도 이 회사가 직원 수를 크게 줄이고 남아도는 공장과 사무 건물을 매각해 비용 경쟁력을 갖출 수만 있다면 괜찮은 매출수익률return on revenues(순이익을 매출액으로 나눈 비율－옮긴이)을 버는 강한 대기업이 될지도 몰랐다. 더욱이 이 회사는 공장 신설에 큰돈을 쓸 필요가 없기 때문에, 미래에 이익이 나면 배당이나 자사주매입에도 상당 부분 할애할 수 있다.

특정 기업에 흥미가 생기면 나는 가끔은 그 회사의 주식 몇 주를 사 본다. 주식 소유는 그 회사를 더 강도 높게 분석하는 유인이 되어주기 때문이다. 나는 1989년과 1992년 사이 두 번에 걸쳐 IBM 주식을 조금 매수했지만, 두 번 다 팔았다. 내가 보기에 IBM은 문제점들이 악화일로를 걷기만 할 뿐 개선의 기미가 보이지 않는다고 판단되어서였다. 두 번째로 IBM 주식을 판 것은 존 애커스를 그의 사무실에서 만난 후였다. 전설적 투자자 마이크 스타인하트Mike Steinhardt는 당시 IBM 주식을 보유하고 있었다. 마이크는 나도 그 주식을 보유하고 있는 것을 알고 있었고, 애커스를 만나러 가는 자리에 나에게 동석하자고 제안했다. 나는 1초간 생각하고 "그러지요"라며 초대에 응했다. 동석해보니 우리는 동상이몽이었다. 마이크와 나는 IBM에 관심을 가진 이유가 애초부터 다르기 때문이었다. 마이크는 이 회사의 수익성이 아주 높으며 일본 자회사가 급성장하고 있다고 판단했다. 1991년에도 일본 기업들은 높은 PER에서 거래되고 있었다. 마이크는 IBM이 주주들을 위해 일본 자회사를 분사해주기 바랐다. 그는 일본 자회사 하나만도 IBM의 현재 시장가치 중 상당 부분을 차지하고 있으며 두 부분(IBM 일본 법인과 일본 외 법인)을 합친 연결시장가치는 IBM의 주가를 훌쩍 뛰어넘는다고 생각했다. 나는 IBM을 두 개의 별도 법인으로 나누는 것에 현실성이 있는지 의심스러웠다. 그보다 나는 애커스에게 IBM이 왜 비용 감축을 더 공격적으로 하지 않는지 질문했다. 마이크가 1분 정도 일본 법인에 대해 질문을 하면, 다음 1분은 내가 비용에 대해 질문을 했다. 그런 다음 마이크는 일본 법인 분사에 대해 다른 생각을 말했고, 그다음에는 내가 가장 유능한 직원에게 IBM을 떠날 만한 유인을 주지 않으면서 필요 없는 인력을 줄이는 것에 대한 내 생각을 말했다. 그런 식으로 1시간 꼬박 의견이 오갔다. 애커스는 더할 나위 없이 점잖게 대답했지만 그는 비용을 적극적으로 줄일 생각이 없는 것이 확실해 보였다. 그리고 일본 법인을 분사할 생각이 없는 것도 확실했다.

IBM의 실적은 계속 형편없었다. 무수한 압박에 시달리던 애커스는 1993년 초 사임을 발표했다. 후임은 루 거스너Lou Gerstner였다. IBM은 거스너가 CEO에 취임하는 날 기자 회견을 열었다. 전혀 IBM답지 않은 푸른 셔츠 차림의 거스너는 기자단 앞에서 자신은 힘든 길을 걸을 각오가 돼 있다고 밝혔다. 내가 듣고 싶은 말이었다. 나는 IBM 주식에 거액을 투자하는 것을 진지하게 고민해보기로 했다.

내 분석 과정을 대략 말하면 이렇다. 나는 IBM에서 6만 명 정도가 필요 없는 인력이며 (월급과 수당을 합친) 평균 보상 금액은 1인당 총 8만 5,000달러라고 추산했다. 따라서 거스너가 감축할 수 있는 비용은 대략 50억 달러였다. 32%의 실효세율로 계산했을 때 비용 감축으로 인한 순이익 증가 효과는 34억 달러였다. 또는 IBM이 기 발행 중인 주식은 22억 9,000만 주 정도이므로 1주당 이익 증가는 약 1.50달러였다. 일회성 경상외비용까지 포함해서 당시의 IBM은 손익분기를 그럭저럭 맞추고 있었다. 따라서 나는 이 회사의 비용 감축 50억 달러로 인한 1주당 이익창출력earnings power은 1.50달러라고 계산했다. 내 계산은 여기서 그치지 않았다. IBM의 매출은 연 5%씩 성장할 것이므로 이 회사의 1995년 이익창출력은 1주당 1.65달러가 된다. 우리는 어떤 종목을 매수할 때에는 그 종목의 2~3년 뒤 가치가 얼마일지를 계산하는 데 주로 관심을 쏟는다. 그렇기에 1.65달러라는 숫자는 중요한 의미를 지니고 있었다.

이익 추정치가 합리적인지 확인할 때 나는 두 가지 방법론으로 순이익을 전망하고, 그다음 두 방법론이 비슷한 결론에 도달하는지 검토한다. IBM의 이익 전망을 분석할 때에도 나는 이 과정을 그대로 따랐다. 이 회사의 1993년 예상 매출은 약 630억 달러였다. 5% 성장률로 가정한 1995년의 기대 매출은 약 690억 달러였다. 내 경험상, 효율성은 갖췄지만 경쟁 환경에서 영업을 하는 컴퓨터회사가 거둘 수 있는 세후순이익률은 5~6% 정도였다. 이런 방법론에 근거해 IBM의

1995년 세후 이익창출력은 총액으로는 35억~41억 달러, 1주당으로는 1.50~1.80달러였다.

나는 IBM의 1995년 주당 이익창출력 최고치를 1.65달러로 잡았다. 마지막으로 이 1.65달러에 승수를 적용해 주식 가치를 매겼다. 내가 판단하기에 IBM 주식의 질과 성장 잠재력은 평균을 밑도는 편이었다. 평균적으로 매겨지는 주식 가치는 순이익의 15~16배이므로 IBM의 주식 가치는 이익의 12~13배 정도로 잡았다. 이렇게 해서 나는 1995년 IBM의 주가를 20~21달러 정도로 전망했다. 내가 계산한 IBM 순이익과 주가 예상이 불완전 정보에 근거하고 최상의 예상이 아니라는 사실은 나도 잘 알고 있다. 하지만 가치 추정을 조금이라도 해보는 것이 전혀 하지 않는 것보다는 나았고, 우리가 했던 이익과 가치 추정은 타이밍 면에서는 엇나갈 때가 많았어도 놀랍도록 많은 종목이 실제로 그 수준에 도달했었다.

1993년 5월, 종목 분석을 마쳤을 때 IBM 주가는 12달러 선이었다. 이후 두 달 동안 나는 이 종목에 거액의 매수 포지션을 취했고, 평균 매수가는 11.5달러였다. 우리가 종목 매수를 하는 이유는 한두 가지 긍정적 변화가 발생해 주가 급등을 견인할 것이라고 믿기 때문이다. IBM의 경우 우리는 이 회사가 대대적 비용 감축을 위한 특단의 대책을 발표하게 될 것이라고 기대했다.

7월 28일 루 거스너는 연말까지 직원 수를 22만 5,000명으로 줄인다는 인력감축 계획을 발표했다. 약 8만 5,000명, 비율로 따지면 전 직원의 25% 이상이 연말까지 회사를 떠나게 된다. 인력감축 계획 발표가 나고 7개월 후 루 거스너와 그의 비용 감축 계획이 월가의 신망을 얻기 시작했다. 11월부터 IBM의 주가는 오르기 시작했다. 1994년 8월에 이 회사의 주가는 15.5달러였다. 이쯤 되자 거스너의 비용 감축 계획이 성공적이라는 데에 월가의 중론이 모아졌다. IBM의 주당순이익은 1994년 1.25달러였고 1995년에는 그것보다 훨씬 높았다.

내가 일반적으로 취하는 전략은 긍정적 변화가 예상되는 종목을 매수하고, 그 변화로 발생할 미래가치가 할인되어 현재 주가에 반영되면 주식을 매도하는 것이다. IBM은 변화가 발생했고, 대중의 투자 심리도 대단히 긍정적인 쪽으로 돌아서 있었다. 우리가 11.5달러 부근에서 IBM 주식을 매수했을 당시에 대중 투자 심리는 단연코 부정적인 쪽이었다. 투자 심리에 변화가 발생했기 때문에 나는 포지션을 매도하기로 마음먹었고, 이후 몇 달 동안 평균 16달러를 약간 웃도는 선에서 종목 매도를 할 수 있었다. 우리가 이 종목에서 거둔 차익은 40%였다. 나는 이 종목이 1995년에는 20~21달러 선까지 오를 것이라고 예상하기는 했지만, 남이 가진 거액보다는 내 손의 푼돈이 더 귀한 법이다. 그리고 나는 차익 40%를 실현한 것에 무척이나 만족했다.

결과적으로 이 종목을 판 것은 큰 실수였다. 내 분석이 불완전했기 때문이다. 1994년과 이후 몇 년 동안 IBM은 엄청난 초과현금을 창출했다. 회사는 초과현금 중 일부만 인수합병에 쓰고 대부분은 자사주 매입에 사용했다. IBM의 평균 희석주식diluted share 수는 1995년에는 1.7%, 1996년에는 8.5%, 그리고 1997년에는 다시 7.4%가 줄었다. 그 결과 IBM의 주당순이익은 전체 순이익보다도 상당히 빠른 속도로 늘어났다. 나는 자사주매입을 고려하지 못했다. 또한 이 회사의 세후순이익률이 5~6%일 것이라는 내 추산 역시 너무 보수적이었다. 1996년 IBM의 세후순이익률은 7%였고, 그해 2.5달러의 주당순이익을 향해 착실히 걸어가고 있었다.

1995년 말과 1996년 초에 나는 눈물을 삼키고 주당 평균 24.5달러에 대규모 IBM 매수 포지션을 다시 구축했다. 나는 자사주매입과 순이익률 증가의 결합이 월가의 전반적 예측보다 더 높은 주당순이익으로 이어지리라 예상했다.

1994년에 16달러 선에서 IBM 주식을 판 것은 아주 잘못된 판단이었지만 15개월 후 이 종목을 다시 매입한 것은 아주 옳은 결정이었다. IBM의 주당순이익은 1996년에는 2.51달러를, 1997년에는 3.01달러를 기록했고, 주가는 순이익 증가에 반색하며 급등했다. 나는 1997년 후반에 평균 48달러 선에서 주식을 매도했다. 이번에도 내 매도 타이밍은 완벽과는 거리가 멀었다. 1999년 중반 이 종목의 매매가는 60달러를 넘었기 때문이다.

나는 해야 할 것을 제대로 하고 거액의 영구손실을 피할 수 있다면 증시에서 훌륭한 실적을 달성할 수 있지만 거의 모든 것을 다 잘하기는 불가능하다는 사실을 경험으로 배웠다. 인간은 실수를 한다. 그리고 나는 무수히 실수를 한다. 1993년, 16달러에 IBM 주식을 팔기로 한 내 결정은 뼈아픈 실수였다. 나는 실수를 실수라고 치부하고 넘어가려 노력한다. 실수를 실수로 넘기지 못하면 내 투자 과정에는 재미가 사라지고 스트레스만 쌓일 것이 빤하다. 나는 투자자가 마음에 여유를 가지고 즐길 수 있을 때 최상의 실적을 낼 수 있다고 믿는다.

나는 IBM 주식을 매도한 후에도 이 종목을 계속 추적했다. 회사는 힘겨운 성장을 이어가고 있었다. 1998년부터 2013년까지 15년 동안 IBM의 매출은 817억 달러에서 998억 달러로 성장했다. 연평균 성장률compound annual growth rate, CAGR로 따지면 1.3%에 불과했다. 한때 세계에서 가장 존경받는 성장 기업이었던 IBM은 이제는 일상품과 다를 바 없는 제품과 서비스를 판매하는 나이든 저성장 기업이 돼 있었다.

워런 버핏은 1998년 버크셔 해서웨이Berkshire Hathaway 연차보고서에 버크셔가 멋진 기업의 주식을 보유할 때 "가장 선호하는 보유 기간은 영원입니다"라고 적었다. 나는 워런 버핏을 아주 많이 존경한다. 그는 역사상 가장 위대한 투자자 중 한 명이다. 그러나 이 생각에는 전혀 동의하지 않는다. 가장 멋진 기업일지라도 영원토록 멋진 기업일 것이라고는 장담할 수 없으며, 대다수는 결국 어려움에 봉착하기 때문이다. 영원히 보유할 수 있는 주식이 거의 없는 이유를 잘 보여주는 예가 바로 IBM이다. 코닥도 또 하나의 예이다. 버크셔 해서웨이의 투자에서 가장 높은 비중을 차지하는 회사 중 하나인 코카콜라가 세 번째 예이다. 2003년부터 2013년까지 10년 동안 코카콜라의 매출과 EPS의 CAGR은 8.3%와 7.1%였고, 주가의 CAGR은 4.9%에 불과했다. 코카콜라도 과거에는 초고속 성장 기업이었다. 그러나 최근에는 이 회사의 시장마저 포화 상태에 이른 듯하다. 그린헤이븐이 목표로 삼는 연수익률은 15~20%이다. 성장률이 연평균 7~8%대인 종목만 계속 보유한다면 연수익률은 15% 근처에 다가가지도 못할 것이다. 팔 가능성이 전혀 없는 훌륭한 기업의 주식만으로 포트폴리오를 채운다면 나도 훨씬 쉽고 편안하게 일할 수 있기는 할 것이다. 하지만 우리의 목표는 꽤나 야심차다. 그렇기에 우리는 현재 일시적으로는 심하게 저평가된 주식을 찾아다니며, 가치가 주가에 완전히 반영되었다고 판단한 순간 그 주식을 판다. 이런 투자 접근법은 편하지도 않고 시간과 노력도 아주 많이 쏟아야 한다. 그러나 효과는 좋았다.

그러므로 성공적인 가치투자자가 된다는 것은 시간을 들인다는 뜻이다. 분석해야 할 회사도 많고, 읽어야 할 간행물도 많다. 나는 가끔

시간을 어떻게 할당하느냐는 질문을 받는다. 투자운용 매니저의 일이란 정확히 무엇인가? 일단은, 다른 매니저들이 시간을 보내는 방식이 나와는 다르다는 것을 알아주기 바라며, 다음의 글은 내가 평범한 근무일에 시간을 보내는 한 가지 예일 뿐이다. 이 예는 대표성은 지니지만 100% 사실은 아니다. 나는 새벽 5시쯤 잠에서 깨어, 면도하고 운동하고 샤워하고 옷을 입은 후 통로를 걸어가 블룸버그 단말기가 설치된 재택 사무실로 간다. 아침에 내가 제일 먼저 한 일은 블룸버그 단말기로 전반적인 경제 뉴스와 국제 뉴스를 살펴보는 것이다. 그런 다음 나는 전날 저녁 분석해 둔 페덱스 예상 순이익 모델을 검토한다. 전날 모델 분석을 다 마쳤을 때가 오후 9시 30분으로, 피곤해진 나는 밤에 푹 자고 일어나 맑은 눈으로 모델을 다시 검토하기로 다짐했다. 몇 가지 가정과 추산을 재고한 후 나는 순이익 예측 모델의 사소한 부분 몇 가지를 수정하고 출력한다. 그런 다음에는 1페이지 정도 분량으로 예측 모델을 설명하고 페덱스 주가에 대한 내 결론을 요약한다. 요약한 내용을 교정한 다음에는 서류 가방을 꾸리고 시리얼 한 그릇을 먹고 뉴욕주 퍼치스에 소재한 그린헤이븐 사무실로 향한다. 회사는 우리 집이 있는 라이에서 약 15분 정도 거리이다.

7시를 조금 넘겨 퍼치스에 있는 사무실에 도착하자마자 나는 페덱스 메모와 예측 모델을 조수에게 주면서 복사한 후 그린헤이븐의 증권 애널리스트 3명과(내 아들 크리스, 조시 샌드벌트 그리고 나) 트레이더에게 나눠달라고 부탁한다. 나는 동료들에게 내 생각이 완전히 전달되었기를 바란다. 나는 이 복사본을 근처 파일에 꽂아두고 앞으로 페덱스를 분석하는 틈틈이 필요할 때마다 꺼내볼 생각이다.

그러고 났더니 트레이더인 엘리가 보도자료와 증권사 보고서 여러 개를 내 책상 위에 올려놓은 것이 눈에 띈다. 엘리는 보통 6시 30분에 출근해서, 곧바로 블룸버그를 뒤지며 관심을 끌 만한 뉴스나 월가 보고서가 있는지 알아본다. 그는 뉴스와 증권 애널리스트 보고서를 출력해 크리스와 조시 그리고 내게 보낸다. 나는 눈여겨볼 뉴스나 아이디어가 있는지 출력물을 훑어본다. 없다. 사실 있는 경우가 드물다. 그러나 나는 월가 애널리스트들의 의견을 무시하지 않는다. 그들의 의견이 투자 결정에 직접 영향을 주기 때문이 아니라, 그들의 의견에는 특정 종목에 대한 대중의 생각이 총체적으로 반영돼 있는 탓에 한 종목이 지금의 가격으로 거래되는 이유를 이해하는 데 도움이 되기 때문이다.

보도자료와 애널리스트 보고서를 훑어본 다음에는 블룸버그 단말기의 기능을 이용해 우리가 현재 보유한 종목이나 잠재 보유 종목에 대한 최신 뉴스를 수집한다. 그러고 나면 대개 7시 30분이나 45분 정도 된다. 나는 크리스, 조시와 한자리에 모여 의논하고 싶은 내용은 무엇이건 의논한다. 지금 분석 중인 종목, 새로운 뉴스나 아이디어, 그날의 매수나 매도 종목 제안, 아이디어 브레인스토밍 등에 이르기까지 논의 주제는 그때그때 다르다. 어떤 날은 15분이면 회의가 끝난다. 어떤 날은 1시간 넘게 걸리기도 한다. 이날 아침 회의에서는 페덱스에 대해 제법 길게 논의한다. 페덱스의 지난 여러 분기 실적은 우리의 기대에 못 미쳤지만, 아주 최근에는 펀더멘털이 개선되었다. 펀더멘털의 개선은 페덱스에 대한 우리의 투자 논리가 어느 정도 들어맞기 시작했다는 의미로 봐야 하는가? 회의가 끝나고 크리스는 내게 최근 3M의 CFO로 임명된 닉 갠저스태드Nick Gangestad가 11시에 전화할 것임을 상기시킨다. 나는 크리스에게 10시 45분에 다시 모여 통화에서 물어

볼 질문을 정리하자고 말한다.

거의 8시 30분이 다 됐다. 나는 프린터로 출력한 자료를 훑어본다. 150개 투자자 계좌가 각 종목을 몇 퍼센트씩 보유하고 있는지 알려주는 자료이다. 예를 들어 메리 존스의 계좌 내역을 보면, 계좌 가치의 9.2%는 페덱스에, 8.2%는 UPS에, 9.0%는 로우스Lowe's에 투자돼 있는 식이다. 나는 그린헤이븐의 모든 투자자 계좌는 페덱스 비율이 못해도 9.5%는 돼야 한다고 결정한 바 있다. 지금 보니 일부 계좌의 보유 비율은 9.5%가 조금 안 된다. 트레이더인 엘리에게 말해 각 계좌의 페덱스 비율을 9.5%까지 올리되 계좌의 현금 잔액이 충분한 경우에만 그렇게 하라고 지시한다. 엘리는 자기 컴퓨터를 이용하면 각 계좌마다 페덱스를 얼마나 매수해야 하는지 결정할 수 있다. 우리는 가능한 한 자동화 방법을 사용하려 노력한다. 페덱스 주식을 비교적 소규모로 매수한 것이 내가 그날 내린 유일한 주문이다. 우리의 종목 보유 기간은 2~5년 정도이기 때문에 매매 양은 많지 않은 편이다. 그리고 아예 매매 자체를 하지 않는 날도 많다.

지금은 8시 45분이다. 나는 상승이 예상되는 주택시장에서 수혜를 입을 만한 종목을 우리 포트폴리오에 추가할까 생각 중이다. 전에도 나는 시가총액이 50억 달러를 넘으면서 저평가돼 있다고 판단되는 주택시장 관련 종목들을 여러 번이나 물색했지만 허사였다. 오늘은 시가총액이 30~50억 달러인 주택시장 종목들을 볼 생각이다. 우리 회사의 현재 운용자산은 54억 달러이기 때문에 원래대로라면 시가총액이 50억 달러를 넘는 종목에 집중하는 것이 맞다. 그러나 절망스럽게도 매력적인 주택 관련 종목을 추가로 찾아내지는 못했고, 이제는 그런 종목을 찾아내기 위해 아무 시도나 다 해 볼 생각이다. 나는 블룸버그 기능을 이용해 내가 선택한 업종과 규모 기준에 부합하는 기업들을 찾아낸다. 화면에 뜬 회사 이름들 수십 개를 훑끗 본 후 나는 분석해 볼 만하다 싶은 다섯 회사의 티커 부호를 적는다. 블룸버그에서 나온 후에는 그 다섯 개 중 한 곳의 10-K 양식을• 내려받아 재무상태표를 분석하고 사업활동 설명서를 읽는다. 시간이 순식간에 지나간다. 벌써 10시 15분이다. 읽던 주택 종목 자료를 접어두고 3M 파일을 꺼낸다. 3M의 새 CFO와 통화하기 전에 내가 이 회사에 대해 적어 두었던 메모와 노트를 검토해서 세심하고 철저하게 질문 목록을 작성해야 한다. 어떤 질문이 우리의 분석에 가장 도움이 될지, 그리고 CFO로부터 쉽게 답을 들을 수 있을지를 고민해야 한다. 수십 년 동안 경영진과 대화해본 경험 덕분에 나는 무슨 질문을 어떻게 해야 하는지 나름대로 요령이 생겼다.

10시 45분. 크리스가 내 사무실로 들어온다. 3M의 CFO에게 할 질문을 두고 10분가량 논의한다. 그리고 전화벨이 울리기를 기다리는 동안 엘리에게 페덱스 주문이 어떻게 진행되고 있는지 묻는다. 그는 현재 5만 4,000주를 매수했고, 주문은 10시 20분에 완료되었으며, 지금 주가는 우리의 평균 매수가에서 0.10달러 오른 상태라고 말한다. 곧이어 전화벨이 울린다. 비서가 아니라 CFO인 닉 갠저스태드가 직접 걸었다. 최고위직의 경영자일수록 비서를 시키지 않고 직접 전화를 걸고 받는 일이 많은 반면에, 그보다 조금 낮은 경영진은 자신을 중요한 사람인 양 보이려고 오히려 비서에게 시킨다. 재미있는 현실이다. 닉에게 승진 축하 인사를 건넨 다음 나는 그에게 일과 무관한 질문을 했다.

• 10-K 양식은 모든 상장기업이 증권거래위원회에 매년 제출해야 하는 보고서이다. 이 보고서에는 기업의 사업 활동에 대한 상세 정보와 재무제표가 담겨 있다.

그의 어린 시절을 묻기도 했고 CFO로 승진하게 된 경위도 물었다. 그는 아이오와주의 1,280에이커(약 1,560,000평)의 농장에서 자랐고 가정교육을 엄격하게 받았으며 농장의 허드렛일도 자주 도왔다. 사소한 잡담이 끝나고 우리는 적어도 45분 정도 3M에 관해 이야기했다. 나는 앞으로 2~3년 뒤 이 회사의 가치를 결정하는 데 있어서 가장 중요하다고 본 부분을 집중적으로 질문했다. 나는 개도국들의 경제성장 둔화가 3M의 성장 목표를 낮추게 만드는 원인이 되지는 않을지, 혹시 회사가 개도국들의 성장 둔화를 미리 예상해서 목표를 설정하지는 않았는지 묻는다. 다음으로는 수익성이 대단히 높고 급성장하는 헬스케어 시장에서 이 회사가 30% 이상의 영업이익률을 유지할 수 있는지 묻는다. 또한 해외 통화(특히 유로화와 엔화) 가치가 미 달러화에 비해 떨어진다면 미국 시장 밖에서 가격을 인상할 계획인지 질문한다. 그리고 우리는 3M의 자사주매입 프로그램과 예상 연금 비용에 대해 의견을 주고받는다. 처음에 3M은 2017년까지 회사의 연간 연금 비용이 거의 제로 수준으로 줄어들 것이라고 예상했다. 하지만 크리스가 알아낸 내용에 따르면 연금 비용 계산에 사용되는 보험통계표가 미국인의 길어진 기대수명을 반영하는 쪽으로 바뀌고 있고, 그러면 대다수 기업이 지출하게 될 연금 비용이 애초 예상보다 훨씬 많아질 수 있다고 한다.

통화가 끝나고 크리스와 나는 알아낸 내용을 정리한다. 일하다 보니 배가 고프다. 점심시간이 다 됐다. 크리스와 조시, 나는 회사 근처 식당을 이용하는 편이다. 오늘은 음식도 괜찮고 서비스도 빠른 인근 컨트리클럽에서 점심을 해결한다. 크리스와 나는 닉 갠저스태드와의 통화 내용을 조시에게 알려주고, 남은 점심시간 동안에는 주택시장 호조에 간접적으로 수혜를 입을 만한 업종과 회사가 어디일지에 대해

서로의 아이디어를 브레인스토밍한다. 딱히 괜찮은 아이디어에 도달하지는 못한다. 사실 우리가 하는 브레인스토밍은 대부분 별 성과 없이 끝나는 편이다. 그러나 우리는 괜찮은 아이디어를 한 해에 몇 개만 건지면 된다. 그러려고 우리는 계속 노력한다.

사무실에 돌아오니 1시 45분이다. 비서인 메리가 내가 외출한 동안 뉴욕 공립도서관의 CIO인 토드 코빈Todd Corbin에게서 전화가 왔었다고 알려준다. 나는 11억 달러 규모의 기부신탁금 운용을 책임지는 이 도서관 투자위원회의 위원장이다. 도서관의 상근직 직원인 토드는 전략을 제안하고, 외부 투자운용 매니저를 추천하며, 외부 매니저를 지속적으로 감독하는 일을 한다. 저번의 투자위원회 회의에서 나는 한 가지 이론적 문제를 제시한 바 있었다. "혹시나 증시가 지나친 고점에 이른다면 뉴욕 공립도서관은 어떤 포지션을 취해야 하는가?"라는 질문이었다. 도서관은 증시를 헤지해야 하는가, 아니면 외부 매니저들에게 도서관 계좌가 보유하고 있는 종목의 일부나 전부를 매도하라고 말해야 하는가? 증시가 감당할 수 없을 정도로 오를 것이라고는 상상하기 힘들지만, 증시 폭등에 대비한 최상의 준비책을 마련하기 위해서라도 현재 가진 선택지를 조사해보는 편이 여러모로 나으리라 생각했다. 나는 토드와 투자위원회 위원들에게 우리가 취할 수 있는 선택지와 전략을 숙고해보라며 숙제를 내주었다. 투자위원회에는 닐 루덴스타인Neil Rudenstine 전 하버드대학 총장과 토니 막스Tony Marx 전 애머스트대학 총장도 위원으로 속해 있다. 이른바 숙제를 내준 후 나는 크게 껄껄 웃으며 말했다. "이제야 하는 말이지만 제가 윌리엄스대학에 다닐 때 총장님은 감히 쳐다보지도 못할 존재였죠. 거의 신이었죠. 그런데 하버드대 총장이셨던 분과 애머스트대 총장이셨던 분에게 숙제를 내주는 날이 올 것이라고는 정말이지 꿈에서조차 상상하지 못했습니다."

나는 토드와 약 한 시간 정도 대화를 나눈다. 포트폴리오를 보호하는 것이 생각보다 어려울 수도 있을 것 같다. 포트폴리오의 일부는 별도 계좌에 따로따로 보유 중이지만, 대부분은 합동계좌에 보유 중이다. 별도 계좌를 관리하는 포트폴리오 매니저에게 현금을 끌어모으라고 말하는 것은 가능하지만 합동계좌를 지배하지는 못한다. 우리는 합동계좌에서 펀드를 인출하고 싶지는 않다. 매니저들이 워낙 유능해 그들 대부분은 신규 계좌를 더는 받지 않기 때문이다. 이럴 경우 만약 펀드를 인출한다면 주식 노출을 다시 늘리기로 결정했을 때 그 돈을 다시 재투자할 수 있으리란 보장이 없다. 토드는 S&P 500 지수를 풋옵션으로 매입하는 것이 현실적으로 가능한지 검토했지만, 엄두가 나지 않을 정도로 옵션 비용이 많이 들 것 같다. 토드는 S&P 500 지수의 숏팅(공매도)도 확인했지만, 그러려면 뉴욕 공립도서관은 혹시 모를 비실현 손실에 대비해 현금을 담보로 제공해야 한다. 인생에서 쉬운 것은 거의 없다. 토드는 아이디어를 계속 궁리해 보겠다고 말한다.

토드와 한 시간 정도 아이디어를 주고받는 것은 나한테는 흔히 있는 일이다. 나는 오랫동안 비영리 조직에 많은 시간을 할애했다. 이사회와 투자위원회의 일원이 되는 것은 시간 낭비가 아니며, 특히나 의장이 되는 것은 대단히 값진 일이다. 나한테 위탁된 돈을 투자하기 위해서라도 어쨌거나 적극적으로 움직이지 않을 수 없기 때문이다. 지난 몇 년 동안 나는 투자위원회 5곳, 경영위원회 1곳, 재무위원회 2곳, 감사위원회 1곳, 미술전시 책임자위원회 1곳(뉴욕 현대미술관), 집중모금캠페인 2곳, 재단신탁위원회 2곳의 위원장을 맡았었다. 이 모두에서 나는 준 것보다 배운 것이 더 많았다. 그리고 이런 배움 덕분에 나는 조금이나마 더 나은 투자자가 될 수 있었다.

토드와의 전화가 끝난다. 2시 45분이다. 나는 주택시장에서 시총이 비교적 낮은 회사 5개를 분석하는 일을 다시 시작한다. 첫 번째 회사는 차별성이 없는 제품을 고비용으로 생산하고 있다. 탈락. 두 번째와 세 번째는 재무상태표와 현금흐름이 별로 튼튼해 보이지 않는다. 역시 탈락. 어느덧 3시 45분이다. 내 퇴근 시간은 보통 3시 45분이나 4시이다. 달력에서 다음 날 할 일을 확인한 다음, 서류 가방에 3M 자료를 챙겨 넣고 집이 있는 라이로 출발한다.

집에 도착하니 4시 정각이다. 우편물을 읽고 샤워를 하고 편한 옷으로 갈아입는다. 집에 마련한 사무실로 간다. 4시 45분부터 6시 15분까지는 3M과 이 회사의 CEO 닉 갠저스태드와 나눈 대화를 생각하고, 처음 이 회사에 대해 적었던 메모를 수정하기 시작한다. 저녁을 먹은 후에는 메모 수정을 마치고 순이익모델을 고친다. 우리가 이 회사 주식을 보유해야 하는 이유가 무엇인지, 가치평가는 맞게 했는지 검토한다. 이제 시계는 9시 45분을 향하고 있다. 피곤하다. 잠자리에 들 시간이다.

제4장

인터스테이트 베이커리스

성공 투자는 기업 리더십의 역량과 경제적 유인에 크게 좌우된다.

1905년 열여덟 살의 랠프 르로이 나프지거Ralph Leroy Nafziger는 캔자스시티 중심가에 있는 교회 지하실에서 빵을 굽기 시작했다. 잘 구워진 빵은 불티나게 팔렸다. 이 성공에 의욕이 솟은 나프지거는 진짜 제과점을 차리고 여러 개 인수하기로 마음먹었다. 20년 후 그는 이 제과점들을 경쟁사에 팔았지만, 얼마 안 가 매각대금으로 다른 제과점 여러 개를 인수했고 1930년에는 이 제과점들을 합쳐 인터스테이트 베이커리스Interstate Bakeries라는 제과제빵회사를 만들었다. 이후 30년 동안 나프지거가 추가로 제과점 15개를 인수하면서 인터스테이트는 미국 내 최대 규모의 제과제빵회사 중 하나가 되었다.

인터스테이트의 사업에는 제빵만이 아니라 유통과 마케팅도 포함돼 있었다. 빵은 판매 가능 기한이 비교적 짧은 편이다. 따라서 굽자마자 바로 매장으로 배달해야 한다. 이것을 위해 인터스테이트는 1980년대에 3,000대가 넘는 배달 차량을 조직해 식빵을 비롯해 여러 제빵

제품들을 수만 곳의 슈퍼마켓과 소규모 식료품점, 편의점, 레스토랑 등에 납품했다. 미국 트럭 노조인 팀스터스Teamsters 소속의 배달 차량 운전자들은 매장 선반 위에 갓 구운 빵을 올려놓고 제조일자가 어느 정도 지난 기존 제품은 회수했다. 유통기한이 임박한 제품 대부분은 450개의 중고할인점에서 정가보다 훨씬 싼 값에 팔았다. 인터스테이트 입장에서 이런 중고할인점은 이익이 되는 건 아니지만 꼭 필요한 존재였다.

내가 인터스테이트에 관심을 가진 것은 1985년 가을이었다. 그때 나는 이 회사의 유통 주식 12%를 매수해 이사회 의장이 된 하워드 버코위츠Howard Berkowitz가, 회사의 순이익을 크게 개선할 수 있으리라 기대하는 새 CEO를 고용했다는 말을 한 친구에게서 들었다. 내가 알기로 하워드 버코위츠는 지극히 노련하고 명민한 투자자였다. 하워드는 공동창업자들과 함께 1967년 최초의 헤지펀드이자 가장 성공적인 헤지펀드로도 손꼽히는 스타인하트, 파인, 버코위츠 앤 코Steinhardt, Fine, Berkowitz & Co.를 세웠고, 1980년대에는 이 헤지펀드를 떠나 새 헤지펀드인 HPB 어소시에이츠HPB Associates를 창업했다. 내 생각에 하워드는 의욕이 넘치고 세심하며 정직성 면에서도 나무랄 데 없는 사람이었다. 하워드가 투자 성공을 자신하지도 않으면서 괜히 자신의 돈과 명성을 인터스테이트 베이커리스에 거는 위험을 감수했을 리가 없었다. 그런 이유에서 나 역시 이 회사의 주식에 관심을 가지게 되었다.

제과제빵은 비참할 정도로 딱한 사업이다. 솔직히 최악에 가깝다. 대다수 소비자는 특별히 선호하는 빵 브랜드가 없다. 흰 빵은 그냥 흰 빵으로 부른다. 통밀 빵도 말 그대로 통밀 빵일 뿐이다. 브랜드 선호가 상대적으로 없는 탓에 가격 교섭에서도 제과제빵회사보다는 매장들이 더 유리하다. 매장은 빵 값을 특정 가격에 내주지 않으면 다른 공급업체를 알아보겠다며 제빵회사에 으름장을 놓을 수 있다. 이런 식으로 매장은 더 싼 값에 공급을 받으려 제빵회사간에 경쟁을 붙일 수 있고, 실제로도 그런다. 워런 버핏은 해자로 보호받는 사업을 선호한다. 제빵 산업에는 해자가 없다. 심지어는 울타리나 '개조심' 표지판도 없다. 따라서 제빵회사들이 받는 가격은 지나치게 낮을 때가 허다하기 때문에 괜찮은 이익률을 거두기가 힘들다. 아니, 이익률이 있기나 하면 다행이다. 이것이 제과제빵 사업이 비참할 정도로 딱한 사업이라고 말하는 이유이다.

대다수 제빵회사의 저조한 사업 실적에는 다른 이유도 있다. 팀스터스를 비롯해 노조 소속 근로자들이 따르는 작업 규칙 때문에 경영진은 효율성을 이행하기가 힘들다. 게다가 일부 노조 근로자가 가입한 복수기업연금제multiemployer pension plans는 제빵회사가 거의 통제할 수 없는 데다가 막대한 부담이 되는 부채까지 안기고 있다. 더구나 경영진은 가격과 노동자를 통제하기 어려울뿐더러 원재료 비용도 거의 통제하지 못한다. 밀, 설탕, 기타 빵 재료 가격은 공급과 수요에 따라 들쑥날쑥 변한다. 그리고 경영진은 배달 차량 수천 대에 드는 휘발유 가격도 전혀 통제할 수 없다.

이런 모든 이유로 인해 제빵회사들은 수익성과 현금흐름이 상대적으로 약할 수밖에 없다. 더욱이 현금흐름이 약하기 때문에 제빵회사들은 적절한 시설 유지와 현대화에 필요한 자금을 충분히 벌어들이기도 어렵다. 심지어 가정주부 한 명을 충성고객으로 만드는 것도 힘들다.

하워드 버코위츠가 인터스테이트 베이커리스에 관심을 가진 것은 이 회사가 유산 문제로 고전을 겪던 때였다. 1979년에 인터스테이트가 인수된 곳은 무너지기 일보 직전의 컴퓨터 리스회사인 DPFData Processing Financial and General Corporation였다. DPF의 리스 영업은 청산 과정에 있었지만, 회사 존속을 정당화하기 위해서라도 다른 사업을 매수할 필요가 있었다. 또한 DPF는 거액의 세무상 결손이월금(차후 발생할 자본이득에 부과되는 세금을 상쇄하기 위해 미래로 이월하는 실현 자본손실-옮긴이)을 가지고 기업 인수에 부과되는 세금을 상쇄할 수 있었다. 1981년에 DPF는 리스 사업에서 완전히 손을 뗐고 회사 이름을 인터스테이트 베이커리스로 바꿨다. DPF의 막대한 부채를 떠안고 이름만 인터스테이트로 바꾼 이 회사는 시설 현대화와 유지에 필요한 재정적 자원이 부족했다. 더욱이 경영진은 몇 년 동안 리스 사업 청산에 골몰하느라 빵 만드는 일에는 제대로 집중하지 못했다. 인터스테이트의 순이익은 1980년대에 심각할 정도로 곤두박질했고, 1984년에는 이익을 내지 못했다. 하워드 버코위츠는 1984년 인터스테이트의 이사회 의장에 오르자마자 제일 먼저 기존 CEO를 해임하고 제너럴 밀스General Mills의 경영 부사장을 지낸 보브 해치Bob Hatch를 그 자리에 앉혔다. 보브 해치는 인터스테이트의 부채 감소와 수익성 개선을 위한 방안으로 효율성이 낮은 공장을 폐쇄하고 배달 경로를 최적화하며, 일반관리비 삭감과 효율성 제고를 위한 제도적 장치를 마련하겠다고 발표했다.

내가 인터스테이트 주식을 분석하기로 결정한 1985년 가을, 이 회사의 주가는 15달러 안팎이었다. 내 종목 분석의 시작은 거의 언제나 재무상태표 분석이다. 주주에게 돈을 벌어주는 것은 손익계산서이고, 목숨을 구해주는 것은 재무상태표라는 말이 있다. 전적으로 동의한다. 나는 살아남기 위해서라도 영구손실 위험을 최소화하려는 욕구가 대단히 강하기 때문에, 재무상태표는 한 회사를 이해하기 위한 훌륭한 출발점이다. 재무상태표를 분석할 때 내가 유심히 보는 것은 주로 재무와 회계상의 강점을 보여주는 신호이다. 부채비율, 유동성, 감가상각 비율, 회계 관행, 연금과 의료보험 채무, '숨은' 자산과 부채 등이 주로 살펴보는 요소이며, 상황에 따라 이 수치들의 상대적 중요성도 함께 고려한다. 회사의 재무상태표에서 결함을 찾으면, 무엇보다도 자산대비 부채 비율이나 현금흐름에 문제가 있다 싶으면 그 문제를 상쇄하고도 남을 강력한 이유가 존재하지 않는 이상 나는 거기서 분석을 접는다. 인터스테이트의 경우, 보브 해치가 회사 채무를 훌륭하게 줄인 듯 했으며 다른 면에서도 재무상태표를 튼튼하게 만들었다. 순부채는 1985년 5월 31일 회계연도 말에 2,500만 달러 줄었고, 1986년 회계연도에서도 계속 줄어드는 추세였다. 나는 인터스테이트의 1986년 5월 31일 부채 규모는 2,500~2,800만 달러뿐이고 반면 주주자본은 8,500~8,800만 달러에 이르리라 예상했다. 인터스테이트의 재무상태표에서 다른 항목들도 괜찮아 보였다. 나는 재무상태표에 나타나지 않는 한 가지 잠재 부채에 관해 관심이 생겼다. 즉 복수기업연금에 지급하게 될 미래의 잠재 부채였다. 주식시장은 최근 몇 년간 강세장이었다. 따라서 연금의 자산가치가 껑충 오를 것이고 가까운 시일 안에 인터스테이트에 발생할 채무액은 높지 않을 것이라는 결론이 나왔다.

재무상태표가 합격이면 다음 분석 대상은 경영진이다. 경영진의 능력, 동기, 인품은 기업 성패를 결정짓는 주요 변수이다. 경영진에 대한 의견을 만들때면 나는 경영진의 일반적 평판을 살펴보고, 경영진이 과거에 했던 말을 읽고, 경영진이 표명한 전략과 목표가 합리적인지를 평가하고, 마지막으로 이런 전략과 목표를 성공적으로 완수하고 이행했는지를 분석한다. 그렇기는 해도 나는 내 경영진 평가 능력을 맹신하지는 않는다. 지난 경험으로만 봐도, 투자자들은 카리스마를 뽐내거나 의도적으로 듣기 좋은 말만 하면서 청중을 가지고 노는 경영자를 아주 후하게 평가하는 편이다. 또한 투자자들은 기업 실적이 좋기만 하면 경영진이 어떻건 무조건 좋은 점수를 주고, 실적이 나쁘면 무조건 싸잡아 비난한다. 실적의 좋고 나쁨은 복불복에 좌우될 때가 많다는 사실을 잊지 말아야 한다. 여러 해 전 나는 이삼백여 명의 증권 애널리스트들과 함께 월가에서 열린 프레젠테이션에 참석했다. 발표자로 나온 타이코 인터내셔널Tyco International의 CEO인 데니스 코즐로브스키Dennis Kozlowski는 어마어마한 카리스마를 뽐냈다. 프레젠테이션이 끝나자 청중은 우레와 같은 박수를 보냈다. 내 옆 사람이 나를 보며 이렇게 말했다. "코즐로브스키는 미국 최고의 경영자라고 해도 과언이 아닐 겁니다." 몇 년 후 타이코는 파산했고 데니스 코즐로브스키는 수감되었다. 코즐로브스키는 투자자가 자신의 경영자 평가 능력에 자만해서는 안 되는 이유를 단적으로 보여준 한 예에 불과하다. 인터스테이트 베이커리스를 분석하면서 나는 하워드 버코위츠가 유능한 경영진을 인선할 동기도 능력도 충분했다고 확신했다. 그리고 보브 해치가 회사의 효율성과 재무상태표를 빠른 속도로 개선한 것에도 좋은 점수를 매겼다.

재무상태표와 경영진 분석을 마친 다음에는 기업 펀더멘털을 분석한다. 우리는 제품과 서비스의 질, 평판, 현재의 경쟁 여건, 미래 경쟁에 대비한 보호책, 기술 및 기타 발생 가능한 변화, 원가구조, 성장기회, 가격결정력, 경기의존도, 정부규제 수준, 자본집중도, 자본수익률을 포함해(그리고 여기에 국한하지 않고) 지금 중요하게 작동하는 핵심 요소들을 이해하려 노력한다. 우리는 정보가 불확실성을 줄인다고 믿기 때문에 될 수 있는 한 정보를 많이 수집한다. 우리는 읽고 생각하고, 가끔은 고객이나 경쟁사 공급업체도 면담한다. 분석 중인 기업의 경영진을 면담할 때는 그들의 의견과 예상이 한쪽으로 치우칠 수도 있다는 점을 잊지 않는다. 나한테 이발이 필요한지 이발사에게 물어봐서는 안 된다. 경험으로 배운 사실이다. 인터스테이트의 경우는 오래 분석할 필요도 없이 결론이 나왔다. 이 회사의 제과제빵 사업은 힘들었다. 아주 심각할 정도로 힘들었다.

대량의 정보를 분석할 때 나름의 통찰을 갖추지 않은 채 분석을 진행한다면 어려울 수밖에 없다. 우리가 투자 결정에 꼭 필요한 정보와 2차, 3차 정보를 구분할 수 있는 것도 나름의 통찰을 갖춘 덕분이다. 어떤 정보가 결정적으로 중요한 정보인지 판단한 후에는 이익과 현금흐름을 분석하고 예상한다. 인터스테이트 베이커리스에서 나는 기업 분석에 가장 중요하다고 판단되는 펀더멘털과 예상 수치 5개를 분류했다. 정리하면 (1) 재무상태표의 건전성, (2) 경영진의 능력과 의욕, (3) 사업 이익률이 낮고 다른 면에서도 매력이 없는 것은 아닌지 여부, (4) 예측에 불과하기는 하지만 매출이 연평균 5% 성장할 수 있는지 여부, (5) 2~3년 내에 세전이익률을 3.5%대로 올릴 수 있다는 보브 해치의 전망에 신빙성이 있는지 여부였다. 거듭 강조하지만, 수치는 예상에 불과하며 100% 확실한 미래 예측은 불가능하다. 투자는 확률에 근거한다.

우리가 기업 분석을 할 때에는 거의 매번 그 회사의 과거, 현재 그리고 예상 순이익에 대한 모델을 구축한다. 모델 구축은 우리가 생각을 구조화하고 핵심 변수의 중요도를 분석할 때 도움이 된다. 모델에는 보통 차후 2~3년 동안의 순이익 예상 수치가 포함된다.

순이익모델 구축을 마치면 회사 평가에 필요한 정보는 충분히 갖췄다고 볼 수 있다. 일반적으로 우리는 예상 순이익과 현금흐름 승수를 기반으로 가치평가를 한다. 여기서의 승수는 그 회사가 가졌다고 추정되는 강점과 예상 성장률의 함수이다. 1960년부터 2010년까지 50년 동안 S&P 500 지수를 기준으로, 증시는 평균 15.8 PER 수준에서 매매가가 형성되었다. 따라서 기업을 평가할 때 나는 평균 수준의 질과 성장잠재력을 가진 기업에는 15.8의 PER을 적용하고, 평균 이하의 질과 성장잠재력을 가진 기업에는 15.8보다 낮은 PER을, 평균 이상의 질과 성장잠재력을 가진 기업에는 그 이상의 PER을 적용한다. 대개 기업의 가치를 정확히 평가하기는 쉽지 않다. 그렇지만 내 경험에 따르면, 필요한 지식과 경험에 좋은 판단력까지 갖춘 투자자는 웬만하면 충분히 정확하게 기업 가치를 평가할 수 있으며, 이런 가치평가를 바탕으로 합리적인 투자 결정을 내릴 수 있다. 가치평가가 방향성을 제시할 수 있기 때문이다.

내가 만든 인터스테이트 엑셀 모델은 이 회사의 1988년 회계연도 주당순이익이 2.30달러가 될 것이라고 추정했다. 이 추정에는 매출이 연 5%씩 성장해 7억 7,500만 달러가 될 것이고, 세전순이익률은 3.5%이고, 실효세율은 30%이며, 희석 주식 수는 820만 주일 것이라는 등의 몇 가지 전제가 깔려 있다.

인터스테이트의 가치평가가 끝나고 내가 내린 결론은 장기적인 사업 펀더멘털은 비우호적이며, 경영진은 유능하고 의욕에 넘치지만, 예상 성장률은 다소 평균을 밑돌리란 것이었다. 이렇게 해서 내가 이 종목에 매긴 가치는 순이익의 11배였다. 이에 따라 2년 후 인터스테이트의 주가는 현재 가격인 15달러보다 66% 오른 25달러 선이 될 것이라고 전망했다.

인터스테이트의 사업도 매력적이지 않은데 거기에 주가도 썩 낮은 편이 아니라는 생각이 제일 먼저 들었다. 하지만 다시 생각했다. 하워드 버코위츠는 이 회사에 거액을 투자했다. 그한테 필요한 정보가 부족할 리 없었다. 나는 합리적이고 성공적인 투자자를 추종하는 것도 나쁘지 않다고 본다. 특히 그 투자자가 해당 기업이나 산업에 대한 지식이 해박하다면 더할 나위 없다. 게다가 1982년 중순부터 1985년 10월까지 S&P 500 지수는 110에서 185로 약 68%가 올랐다. 1985년 10월에는 대다수 주식이 비교적 비쌌고, 나는 인터스테이트보다 매력적으로 보이는 종목으로 포트폴리오를 채워 넣으려 했지만 힘에 부쳤다. 주식시장에서는 무엇보다도 관례라든가 규칙에 얽매이지 않고 유연성을 발휘하는 것이 최고다. 가끔은 직관을 따르는 것이 최선의 선택이다. 인터스테이트와 관련한 내 직관은 이 종목을 사야 한다는 것이었다. 이후 몇 달 동안 나는 인터스테이트 유통 주식의 약 8%를 매입했고, 평균 매수가는 대략 주당 15달러였다.

우리의 주식 평가와 투자 결정 과정은 겉으로는 꽤 질서정연해 보일 수 있지만, 사실 상당히 어수선하고 어지러운 과정이다. 우리는 계속해서 불완전 정보에, 상충하는 정보에, 긍정적인 정보보다는 부정적인 정보에, 그리고 계산하기도 예측하기도 힘든 여러 중요한 변수에(이를테면 기술 변화나 경제 성장 등) 직면한다. 정량 분석도 일부 있긴 하지만(회사의 부채비율이나 제품의 시장점유율 등) 판단을 필요로 하는 경우가 훨씬 많다. 그리고 우리는 언제 분석을 중단하고 투자 결정을 내려야 하는지도 판단해야 한다. 게다가 새로운 중요 정보에도 언제나 눈과 귀를 열어 두어야 한다. 필요하면 이전의 결정이나 의견을 번복해야 할 수도 있기 때문이다. 흔히들 하는 말처럼, 주식 분석에 딱 맞는 공식을 가졌다고 자부하는 사람은 주식 분석 방법을 전혀 이해하지 못하는 사람이다.

1986년 여름에 하워드 버코위츠는 같은 이해관계를 가진 동료로서 인터스테이트 이사회에 참가해 달라고 나를 초빙했다. 나는 그의 초청을 수락했다. 10월 15일에 있었던 내 첫 이사회 참석은 한 편의 촌극이었다. 이사회 회의 장소는 캔자스시티에 있는 회사의 본사 근처였다. 아첨 기색이 역력한 경영자 10여 명이 내게 다가와 자신들을 소개한 다음, 내가 이사회에 들어와 무척이나 기쁘다며 환영 인사를 건넸다. 내가 이사회에 들어간 것을 그 사람들이 왜 기뻐하는지 나는 도무지 이유를 알 수 없었다. 그들은 내 얼굴을 본 적이 없었고, 내 이력서를 받아보지도 않았다. 그들은 나라는 사람에 대해 하나도 알지 못했다. 마케팅 책임자라는 경영자는 회사 제품 샘플이 든 커다란 쓰레기봉투 두 개를 내게 건넸다. 인터스테이트에는 여러 개의 상표가 있고 상표마다 온갖 종류의 식빵을 만들며, 간식용 케이크 역시 돌리 매디슨Dolly Madison과 여러 브랜드로 수십 가지를 만든다. 그 쓰레기봉투 안에는 이 모든 상표와 모든 브랜드의 제품 샘플이 하나씩 다 들어 있었다. 나는 온종일 그 커다란 봉투를 낑낑대며 들고 다니다가 캔자스시티 국제공항으로 가는 택시에도 그것들을 들고 탔다. 진짜 문제는 공항에서부터였다. 그 엄청난 빵 봉투를 수하물과 함께 검색대에 올릴 수 없었기 때문에 기내에 들고 탔고, 기내에서는 그 거대한 봉투를 머리 위 짐칸에 집어넣으려 온갖 애를 써야 했다. 봉투는 들어가지도 못했다. 아무리 밀고 또 밀고 꾹꾹 눌러대고 또 눌러대도 허사였다. 결국

빵 봉지와 케이크 포장상자를 하나하나 꺼내서 다른 승객의 기내 수하물과 노트북, 우비, 우산, 모자, 등등의 온갖 물건 사이사이에 쑤셔 넣었다. 기장은 모든 승객이 착석해서 안전띠를 맨 후에야 이륙할 수 있다는 안내 방송을 내보냈다. 나는 왼손에는 버터너트 라이트 통호밀빵을, 오른손에는 버터너트 인리치드 슬라이스 샌드위치빵을 든 채 서 있었다. 물론 안전벨트는 매지 않은 상태였다. 승객 한 명과 승무원이 나를 구원해주려 다가오기는 했지만, 나머지 승객들은 짜증이 나거나 희한한 사람을 본다는 눈빛으로 나를 쳐다보고 있었다. 나는 원치 않게 관심의 집중이 되었다. 승객들은 믿기 힘든 광경에 고개를 절레절레 가로저었다. 가는 세로줄 무늬의 검은색 양복과 빨간색 넥타이를 맨 멀쩡한 차림의 남자가, 캔자스시티발 뉴욕행 비행기에 25개의 식빵 봉지와 수십 개의 도넛과 케이크 상자를 반입한 것이다. 그것도 쓰레기봉투에 담아서. 머리 위 짐칸 하나의 문을 어쨌든 간신히 닫으려는 참에 밀브룩 인리치드 호밀흑빵 하나가 균형을 잃고 한 여성의 머리에 착륙했다. 그다음에는 돌리 매디슨 파우더드 도넛 봉지가 다른 여자의 무릎에 안착했다. 나는 사과를 하며 두 번째 여자에게는 원하시면 그 도넛을 가져도 된다고 말했다. 그녀는 미친 사람이라는 눈빛으로 나를 쳐다봤다. 나도 미칠 지경이었다.

집에 도착하니 밤이 늦었고 그 커다란 쓰레기봉투를 부엌에 내팽개친 채 침대로 향했다. 이사회 회의에 참석했던 것보다 그 커다란 쓰레기봉투 두 봉지를 들고 오느라 더 지친 상태였다. 다음 날 아침 일어나자마자 나는 아내에게 내가 이사로 들어간 회사에서 만드는 수십 가지 제품들을 보여주었다. 나는 빵과 케이크를 부엌 조리대에 좌르륵 올려놨다. 나는 그들이 꼼꼼히 챙겨준 물건들이 부엌살림에 여러

모로 도움이 될 거라고 생각했다. 그러나 아내 수의 생각은 달랐다. 그녀는 라벨에 적힌 성분표를 읽고는 어처구니없다는 표정을 지었다. "부분경화 동물성 쇼트닝, 셀룰로오스검, 엽산, 소르브산보존료, 티아민질산염, 인공색소, 인공향미료, 이산화황." 아내가 내 쪽으로 몸을 돌렸다. "화학 공부했다며. 티아민질산염이 뭔지 알아? 이름이 괴상해. 무슨 폭발물 이름 같아." 뉴로셸 고등학교와 MIT를 다닐 때 화학실에서 보낸 시간이 수백 시간이고 웨스팅하우스 과학경시대회에도 참가했지만 나는 티아민질산염이 뭔지 하나도 아는 게 없었다. 하지만 괴상한 이름인 것은 맞았다. 그리고 다른 성분들의 명칭은 괴상한 정도를 넘어 끔찍하게 들렸다. 그래서 그 빵과 케이크와 도넛을 "그냥 버려"라는 아내의 말에 나는 군말 없이 동의했다. 그 제품들을 다 먹어치우려면 몇 달은 걸릴 것이 빤하고 우리의 뱃살도 아주 두툼해질 것이 분명했다. 나는 처음에는 그것들을 무료급식소에 기부하는 게 어떠냐고 제안했지만 수는 가당치도 않다며 거부했다. "이 화학물질 덩어리들을 누구보고 먹으라는 거야?" 그래서 25개가 넘는 식빵과, 수십 개에 달하는 설탕이 듬뿍 든 케이크와 도넛은 담겨 왔던 쓰레기봉투에 다시 고스란히 담겨 쓰레기장으로 향했다.

우리의 인터스테이트 베이커리스 투자는 정말로 운이 좋았다. 1986년 초부터 같은 해 여름 동안 밀 가격은 풍작이 전망되면서 1부셸 당 3.20달러에서 2.25달러로 떨어졌다. 게다가 30달러에 육박하던 원유가격은 1985년 가을을 지나 1986년 여름 중반까지 배럴 당 10달러 선으로 하락했다. 인터스테이트는 밀 소비도 그렇지만 배달 트럭으로 인한 휘발유 소비도 크기 때문에, 두 원자재의 가격 하락으로 회사는 상당한 원가를 절감할 수 있었다. 원자재 가격이 하락하면 경쟁 때문에라도 기업은 절감한 원가의 상당 부분을 소비자가격에 반영해야 하지만 거기에는 시차가 있다. 인터스테이트의 경우 원가절감이 크고 상품가격 인하까지의 시차도 충분히 길었기 때문에 순이익도 따라서 급증했다. 이후 1986년 5월 31일로 끝나는 한 회계연도 동안 인터스테이트의 구조조정 비용 차감 전 세전순이익은 1,460만 달러였으나, 1년 후에는 2,070만 달러로 늘어났다. 42% 증가한 순이익은 경영진의 성공적 원가 절감 덕분이긴 하지만, 이의 일등 공신은 단연코 밀과 휘발유의 급격한 가격 하락이었다.

1987년 2월에 하워드 버코위츠는 회사를 매각해 순이익 증폭에 따른 투자 차익을 실현할 때가 왔다는 현명한 결정을 내렸다. 이사회는 기꺼이 동의하면서 골드만 삭스에 인터스테이트의 가치와 매각 대금 산정을 의뢰했다. 3월 27일 골드만 삭스는 이사회에, 회사를 입찰 매각할 경우 인수자가 제과 업종 회사가 아니면 주가는 32~35달러 선에서 받을 수 있고, 인수자가 동종 업체라면 전략적 혹은 시너지 효과가 나타나고 경쟁사도 줄어들기 때문에 주가를 최대 40달러까지 받을 수 있을 것이라고 말했다. 내가 투자 전에 평가한 가치는 주당 25달러였다. 나는 새어나오는 웃음을 감출 수 없었다.

1987년 봄에 골드만 삭스는 매각 설명서를 준비하면서 가능성이 있는 인수자 몇 곳을 타진했다. 그러는 동안 인터스테이트가 경쟁사에 인수되면 실직할 가능성이 높은 보브 해치는 퍼스트보스턴 코퍼레이션First Boston Corporation에 접촉하여, 함께 힘을 모아 인터스테이트 지배권 장악을 위한 합동 매수단을 구성하자고 제안했다. 퍼스트보스턴도 이에 동의했다. 6월 6일 해치-퍼스트보스턴 매수단은 최대 주주들이 가진 주식 전부를 주당 35달러에 매수하겠다고 제안했다. 이 매수가 성공하면 인터스테이트에 대한 실질적인 지배권을 갖게 된다. 인터스테이트 이사회가 해치-퍼스트보스턴의 호가를 거절하자 보브 해치는 이사회에, 지금은 회사를 매각하기에 좋은 시기가 아니니 매각 활동을 중단해달라고 제안했다. 하지만 패는 하워드 버코위츠가 쥐고 있었고, 그는 잠시긴 해도 회사 순이익이 상승세로 보이는 시기에 차익을 실현하기를 원했다.

매각 준비 활동은 순조롭게 진행되었다. 인터스테이트 인수 입찰이 진행되기 전에 11곳에서 관심을 보였다. 결과적으로 4곳이 큰 관심을 보이며 기밀 유지 협약서에 사인을 하고 회사의 모든 기밀 재무자료와 영업자료 전부에 접근할 수 있는 권리를 얻었다. 해치-퍼스트보스턴 합동 매수단도 그 4곳의 관심 당사자 중 하나였다. 나머지 3곳은 다른 제과제빵회사였다. 인터스테이트 인수에 관심을 드러낸 경쟁사는 이 회사의 기밀 장부를 언제든 살펴볼 수 있게 되었다. 결국 인수 관심이 진짜인지 가짜인지는 상관없었다. 경쟁사로서는 인터스테이트 인수에 관심을 드러내지 않는 것이 오히려 더 바보 같은 결정이었다.

8월 11일에 인터스테이트는 회사 인수를 희망하는 비공식 매수의 사표시를 받았다는 내용의 보도자료를 발표했다. 보도가 나가자 인터스테이트 주가는 28.875달러에서 36.25달러로 껑충 뛰었다.

인터스테이트 이사회는 혹시라도 해치-퍼스트보스턴 합동 매수단만이 회사 인수에 진지한 관심을 가졌고 다른 세 곳의 경쟁사는 진지한 척만 하는 것일 수도 있다는 점을 우려했다. 따라서 이사회는 비공개 입찰을 진행하기로 결정했다. 입찰가는 밀봉된 봉투에 담아 제출해야 했다. 9월 11일 금요일 오후 5시 정각, 봉투가 개봉되었다. 최종 낙찰자는 낙찰이 되면 곧바로 최종 인수계약서에 서명을 해야 했는데,

여기에는 혹여 해치-퍼스트보스턴이 자신들이 유일한 입찰자였다는 것을 알면 입찰을 철회할지도 모른다는 이사회의 우려가 담겨 있었다.

골드만 삭스가 입찰가가 담긴 봉투를 개봉했고, 낙찰자는 주당 38달러로 입찰가를 적어 낸 해치-퍼스트보스턴이었다. 사실 해치-퍼스트보스턴이 유일한 입찰자이기도 했다. 골드만 삭스는 이후 이사회와 회의를 열어, 입찰가를 40.50달러로 올리면 회사 지배권을 소유할 수 있다고 해치-퍼스트보스턴에 말해주기로 결정했다. 배짱을 튕기는 행동이었다. 엄청난 배짱이었다. 12일 오전 11시쯤, 해치-퍼스트보스턴은 40.50달러에 합의했고, 몇 시간 후 최종 인수계약서에 서명했다.

인터스테이트 이사회는 9월 13일 일요일에 회의를 열어 인수거래를 승인했다. 이번 거래에서 법률자문을 맡은 슐트 로스 앤 자벨 Schulte Roth & Zabel의 폴 로스Paul Roth가 회의의 대부분을 이끌었다. 그는 한바탕 연설을 늘어놓았다. 이사회는 회사에 들어온 모든 인수 제안과 대안을 고려해야 할 법적 책임이 있다는 내용이었다. 인수 거래에 동의하기 전에 이사회는 이번 거래가 주주들에게 최상의 선택인지 100% 확신할 수 있어야 했다. 그렇지 않으면 이사회는 배임이나 더 심한 죄를 짓게 되는 것이기 때문이다. 대안들에 대한 논의와 분석이 시작되었다. 나는 AA형 성격이다. 그래서 해치-퍼스트보스턴이 제시한 바보 같다 싶을 정도로 높은 인수가가 주주이익에 최상인지에 대해서 지루한 토론이 두 시간이나 이어지는 것을 지켜보다가 결국 참지 못하고 퉁명스럽게 한 마디 내뱉었다. “꼭 저울에 올라가야 뚱뚱하다는 것을 압니까? 그런데도 이사회 여러분은 해치-퍼스트보스턴의 제시가격을 저울에 두 시간 째 올려놓고서는 제시가격이 너무 뚱뚱해서 저울이 깨질 위험이 있는 것은 아닌지 재보는 겁니까, 뭡니까. 이제 그만 거래를 승인하고 가족들 보러 갑시다." 폴 로스가 언짢은 표정으로 나를 쳐다본 다음, 내 귀에는 잘 들어오지도 않는 이사회의 법적 책임에 대한 설명을 이어나갔다. 논의와 분석이 이어졌다. 지루하고 별 필요도 없는 논의를 하느라 몇 시간이 흐른 후 이사회는 공식적으로 인수 거래를 승인했다.

인터스테이트 인수 거래와 관련한 무용담은 9월 13일이 끝이 아니었다. 10월 19일 증시가 폭락했다. S&P 500 지수는 그날 하루에만 20.9% 하락했다. 나는 해치-퍼스트보스턴 인수 합동단이 이제는 자신들이 유일한 입찰자였다는 사실과 보잘것없는 사업에 과하게 높은 가격을 매겼다는 사실을 알게 되어, 불가항력 조항(당사자의 통제를 넘어서는 천재지변을 비롯한 전쟁, 동맹파업 등의 불가항력 사태로 인해 계약 당사자의 의무이행이 불가능하게 된 경우 그 책임을 면하게 하는 계약조항을 말한다-옮긴이)을 주장하면서 유리한 방향으로 인수거래를 돌리려 할지도 모른다는 점이 걱정스러웠다. 실제로도 해치-퍼스트보스턴은 거래를 취소하려 했지만, 폴 로스가 워낙 촘촘하게 인수계약서를 작성한 탓에 빠져나갈 구멍이 거의 없었다. 그리고 10월 26일 월요일, 마침내 인수거래가 체결되었다.

여기에는 후기가 있다. 해치-퍼스트보스턴 인수 합동단은 1991년 다시 인터스테이트 주식을 공개했고, 공모 대금으로 회사 채무를 줄였다. 그리고 1995년에는 랠스턴 퓨리나Ralston Purina의 부실 자회사인 컨티넨털 베이킹Continental Baking을 인수했다. 매각 대금으로는 현금 3억 3,000만 달러에 인터스테이트 신주 1,690만 주를 치렀다. 5년 후 인터스테이트는 랠스턴 퓨리나가 보유한 1,690만 주 중 1,550만 주를 2억 4,400만 달러에 다시 매수했다. 이 자사주매입이 인터스테이트의 패인일 수도 있다. 자사주매입으로 인터스테이트의 채무는 2억 4,400만 달러만큼 늘었고, 유형순자산가치는 그 액수만큼 줄었다. 2001년 5월 31일에 인터스테이트의 순부채는 5억 9,500만 달러였고, 유형순자산가치는 -2,000만 달러였다. 부실 재무상태표라는 것은 말할 필요도 없는 사실이었다. 3년 후 이 총체적으로 부실한 재무상태표는 재앙으로 이어졌고 영업손실은 채무자와 채권자 간의 법적 구속 계약인 채권약정서bond indenture를 위배하는 지경에 이르렀다. 인터스테이트는 심각한 재무 위기에 빠졌다. 2004년 9월 22일 회사는 챕터 11 파산 신청을 냈고, 2009년에 이르러서야 법정관리에서 벗어났다. 그러다가 2012년 초에 다시 챕터 11에 따른 파산을 신청했다. 복수노조연금에 진 거액의 채무도 일부 원인이었지만, 제약이 많은 작업 규칙으로 발생한 비효율도 파산의 일부 원인으로 작용했다. 2012년 11월에 인터스테이트는 자사가 계속기업으로 존속할 능력이 없어 청산할 예정이며 자사 산하의 여러 브랜드는 가장 높은 입찰가에 매각할 계획이라고 발표했다. 인터스테이트 베이커리는 이제 앙꼬 없는 찐빵이 되었다.

인터스테이트 베이커리 인수 건은 몇 가지 교훈을 시사한다. 나는 이 회사 주식이 사업의 질에 비해 크게 저평가돼 있다고 보기 힘들지라도 상당한 금액을 베팅하기로 결정했다. 이사회 의장이 대단히 유능하고 주주이익을 대변하려는 동기가 높다고 판단해서였다. 베팅 결과는 만족스러웠다. 밀과 휘발유 가격의 급락으로 인터스테이트의 이익이 급증할 때 하워드 버코위츠는 명민한 판단력을 발휘했다. 그는 순이익 급성장이 일시적일 가능성이 높다는 것을 깨달았다. 그리고 보유 주식이 92만 4,800주나 되는 버코위츠로서는 회사를 매각하려는 재무적 동기가 높은 것이 당연했다.

하지만 보브 해치가 보유한 주식은 상대적으로 몇 주 되지 않았다. 내가 볼 때 그의 가장 큰 동기는 CEO 자리 유지였다. CEO로서 그가 받는 연봉은 50만 달러가 넘었고 누리는 특전과 특혜도 상당했다. 보브 해치는 처음부터 회사 매각을 반대하는 입장을 내걸었다. 그렇다면 그의 개인적 이해관계는 이런 입장을 세우는 데에 어떤 역할을 했을까? 입찰이 성공하면서 보브 해치는 CEO 자리를 유지했지만, 입찰가만 따지고 보면 터무니없을 정도의 부질없는 기대가 반영된 가격이었다. 그리고 보브 해치 개인의 이해관계는 해치-퍼스트보스턴이 높은 입찰가로 낙찰을 따내는 데 어떤 역할을 했는가?

뭐라고 단정적으로 답하기는 어려운 질문이지만, 어차피 경영진도 투자자도 자신의 이익을 최고로 여기며 움직이기 마련이다. 그리고 그 사실을 적절하게 보여주는 것이 인터스테이트이다.

또 다른 교훈도 있다. 지나친 빚은 생존 자체를 위험하게 할 수 있다는 점이다. 내 장인어른은 역경 속에서도 생존해 '후일을 도모하기' 위해서라도 투자에는 언제나 만전을 기해야 한다고 충고하셨다. 인터스테이트 경영진이 자사주매입을 위해 2억 4,400만 달러라는 거액의 빚을 지면서, 회사의 재무적 생존능력은 휘청거리기 시작했다. 그 결과 인터스테이트는 후일을 도모할 능력을 잃었다. 나는 다른 여건이 아무리 매력적일지라도 재무상태표가 부실한 회사에는 투자하지 않는다. 그리고 나는 이 원칙이야말로 우리가 장기적 성공을 구가하는 가장 큰 이유라고 믿는다.

제5장

U. S. 홈 코퍼레이션

백조라고 생각한 것에 미운 오리 새끼 가격이 매겨질 때 투자자는 좌절하게 된다.

나는 자주 블룸버그 데이터뱅크를 이용해 종목을 가려내는 스크리닝 작업을 한다. 나는 PER이 낮은 종목, 주가매출액비율prices to revenues(주가를 주당 매출액으로 나눈 비율-옮긴이)이 낮은 종목, 주가순자산비율price-to-book value(주가를 주당 순자산으로 나눈 비율-옮긴이)이 낮은 종목 또는 다른 중요 재무수치에 비해 주가가 낮게 형성된 종목을 가려낸다. 스크리닝 작업을 통해 일반적으로 분석해 볼 가치가 있는 여러 종목이 걸러지기는 하지만, 추가 분석을 하면 대개는 뚜렷한 저평가에는 타당한 이유가 있다는 결론이 나온다. 투자 분야에 종사하면서 이렇게 걸러내는 작업을 수도 없이 진행했지만 그중에서 성공적인 투자 아이디어로 이어진 것은 1%를 훨씬 밑돌았다. 스크리닝 작업으로 투자 아이디어를 찾는 것은 건초더미 속에서 바늘 하나를 찾아내는 것과 비슷하다.

1994년 중반에 장부가치, 즉 순자산가치에 비해 현격히 할인된 가격으로 거래되는 종목을 찾아내려 스크리닝을 하다가 우연히 단독주택 건설사인 U.S. 홈U.S. Home이란 이름을 접하게 되었다. 처음에 읽은 내용은 이 회사가 1991년 챕터 11에 따라 파산신청을 했지만, 1993년에는 흑자로 전환했고 재무상태표도 단독주택 분야 평균 수준으로 회복하면서 챕터 11 파산신청에서 벗어났다는 것이었다. 회사의 순자산은 주당 약 27달러였고, 순이익은 주당 2.50달러 선이었다. 주가는 약 17달러였다. 따라서 주가순자산비율(이하 PBR)은 0.63, PER은 6.8이었다. 가치투자자는 PBR과 PER이 극도로 낮은 종목을 보면 아드레날린이 치솟는다. 나는 설레는 마음으로 심층 조사에 들어갔다.

알아보니 법무법인인 케이 숄러Kaye Scholer가 U.S. 홈 코퍼레이션의 파산 절차를 대행했다. 나는 케이 숄러의 경영 파트너와 아는 사이라 그에게 전화했다. 그는 U.S. 홈의 상태와 그곳 경영진을 잘 파악하고 있었다. 케이 숄러의 의견으로 볼 때 U.S. 홈이 파산한 이유는 1980년대 텍사스 주택시장의 부진에 이어 1990년대에 미국 주택시장 전체가 경기침체에 빠졌기 때문이었다. U.S. 홈이 텍사스 주택시장에 과도하게 진출한 시기에 공교롭게도 유가가 돌연 급락했고, 이로 인해 원유의존도가 높은 텍사스 지역의 신규 주택 수요가 줄어들었다. 불과 몇 달 만에 공급이 수요를 초과하는 소프트 시장soft market으로 상황이 바뀌면서 U.S. 홈은 휴스턴 지역에 있는 단위사업부 70개 중 36개를 폐쇄했다. 1980년대 중반의 소프트 시장으로 U.S. 홈은 재무적으로 어려워졌고, 이어 발생한 1990년 주택시장 침체에 녹아웃 펀치를 맞았다. 여기서 중요한 부분이 있다. 케이 숄러에 있는 내 친구의 말에 따르면 U.S. 홈의 재무적 문제는 외부 문제가 원인이었을 뿐, 이 재무 문제만 빼면 회사의 경영 상태나 효율성, 그리고 평판은 아주 좋은 편이었다.

나는 파산이라는 불명예로 인해 U.S. 홈의 주가가 부당하게 저평가된 것은 아닌지를 주제로 즉시 논의에 들어갔다. 내가 생각하기에는 시간만 지나면 이 불명예가 사라지고 주가가 다시 오를 수 있을 것 같았다. 나는 U.S. 홈과 주택산업에 대한 심층 조사를 진행하기 시작했다.

U.S. 홈은 1959년 작은 주택건설사 여러 개가 합병하면서 세워졌다. 회사는 조직적 성장을 하는 동시에 인수합병을 통해서도 성장했으며, 1980년대 중반에 이르러서는 매출 규모가 10억 달러를 넘어섰다. 회사는 우량 주택 공급으로 좋은 평판을 쌓아갔고 성장세도 지속될 것 같았다. 순부채가 다소 많은 편이었지만, 미개발 택지나 개발구역, 건설 중인 주택 등 부채를 뒷받침할 담보가 넉넉했다. 문제점은 없지만 그렇다고 딱히 내세울 장점이 있지도 않았다.

주택 건설은 질도 성장 잠재력도 평균 정도 수준인 산업으로 보였다. 주택 건설 분야 회사의 사업 운영 방식은 이렇다. 주택건설사는 미개발 택지를 대규모로 매입한다. 그런 다음 지방정부로부터 건축 허가를 받은 후 사업부를 정해 택지개발을 시작한다. 개발에는 도로 건설과 상하수도, 가스관, 전선 등의 매설 작업이 포함된다. 그다음으로 건설사는 모델하우스 몇 채를 짓고 세부 사업을 개시한다. 세부 사업부에 속한 모델하우스와 주택 몇 채를 분양 전에 짓는 경우도 있지만, 대부분은 분양 계약을 체결하고 예치금을 받은 후에 짓는다. 주택이 준공되면 입주 승인이 나고 등기가 매수자에게 넘어간다.

역사적으로 보면 단독주택 건설은 대개 지방 건설사들이 맡았으며, 결국에는 몇몇 지방 건설사들이 덩치가 커지고 지리적으로도 확장하면서 상장기업이 되었다. 덩치가 큰 상장회사일수록 규모의 효율성을 누렸고, 더 중요하게는 자본시장 접근도 용이했다. 이런 자본 접근의 용이성은 상장회사들이 미개발 택지 매입, 택지개발, 주택건설을 위한 자금을 조달할 때 큰 도움이 된다.

U.S. 홈의 재무제표를 연구하고 순이익모델을 세웠더니 1996년이나 1997년쯤이면 주당 3~4달러의 순이익이 날 것이라는 결론이 나왔다. 처음에 내가 매긴 이 회사의 가치는 순이익의 약 12배였기에 앞으로 2~3년 뒤에는 36~48달러 정도에 이를 것으로 생각했다. 하지만 다른 건설사들의 평균 매매가는 순이익의 12배 이하였다. 즉 PER이 12 이하였다. 어떤 이유에선지 주택건설 산업은 월가에서는 좋은 대접을 받지 못하는 편이었다. 오죽하면 이 산업에 '막대기 회사들stick builders'라는 우스꽝스러운 별명이 붙었을까. 그래서 나는 기대치를 조금 낮췄다. 하지만 U.S. 홈의 가치를 순이익의 10배로 잡아도 당시 매매가가 17달러에 불과했기 때문에 매력적인 투자 기회라고 보기에는 충분했다. 나는 U.S. 홈 주식을 매수하기 시작했다.

결과적으로 U.S. 홈 투자는 실망스러웠다. 회사 자체는 훌륭했다. 내가 기대했던 것보다도 더 좋았다. 1994년부터 1999년까지 매출은 91% 늘었고, 2.50달러이던 주당순이익은 두 배 이상 뛰어 5.30달러가 되었다. 이 실적이 그대로 반영되었다면 주가는 장외홈런을 쳤어야 했다. 하지만 아니었다. 매매가는 계속 순이익의 6~7배 수준에 머물렀다. 경영진은 주식에 대한 대중의 관심을 끌어올리기 위해 노력했다. U.S. 홈의 보브 스트러들러Bob Strudler 회장은 들어줄 만하다 싶은 사람은 누구나 붙잡고 U.S. 홈을 홍보했다. 1997년 3월 5일, 회사는 증권 애널리스트들을 모아 온종일 회의를 열었다. 내가 보기에 보브 스트러들러는 회사 전략이나 강점, 성장 잠재력을 나무랄 데 없이 잘 설명했다. 그러나 아무 효과가 없었다. 그 해 6월, U.S. 홈의 주가는 오히려 3월 초의 주가보다도 낮았다.

1998년과 1999년에 나는 보브 스트러들러와 자주 대화를 나누었다. 보통 회사 경영자를 만나 대화를 할 때, 나는 신제품이나 경쟁 상황, 전략, 재무 등등 펀더멘털에 대한 질문에 집중한다. 하지만 보브와의 대화에서는 왜 주가가 순이익의 6~7배 수준에 불과한지, 그리고 어째서 순자산가치보다 훨씬 할인된 가격에 거래되는지가 주된 내용이었다. 우리 둘 다 당혹스러웠다. U.S. 홈은 경영 상태도 좋고 실적도 괜찮은 성공적인 회사였다. 괜찮은 회사치고 주가가 순이익의 6~7배에 머무르거나 순자산가치에서 할인되어 형성되는 회사는 거의 없었다. U.S. 홈은 가치투자자의 꿈이었다. 나는 이 종목을 금융자산관리인 여럿에게 추천하고 다녔지만 주가는 여전히 순이익의 6~7배 수준을 유지하고 있었다. 당황을 넘어 절망스러웠다.

마침내 2000년 초, 다른 누군가가 U.S. 홈의 주식이 염가에 거래되고 있다는 사실을 알아차렸다. 그 누군가는 또 다른 주택건설사인 레나 코퍼레이션Lennar Corporation이었다. 레나는 주당순이익의 6.6배인 34.75달러에 U.S. 홈을 인수했다. 그야말로 '거저먹은' 셈이었다. 보통 우리는 우리가 보유한 종목에 대해 기업 인수 시도가 행해지면 축배를 든다. 샴페인을 터뜨린다. 하지만 나로서는 U.S. 홈 주식이 순이익의 6.6배만 받는 것에 도저히 축배를 들 수가 없었다. 우리는 6년 동안 이 주식을 보유했고 주가는 대략 두 배가 되었다. 연평균 수익률로 따지면 12% 선이었다. 우리가 목표로 하는 연평균 수익률은 15~20%이기 때문에(물론 15%보다는 20%에 가깝기를 더 희망한다) 이번 투자는 성공적이라고 볼 수가 없었다.

그래도 이번 투자 스토리에도 좋은 점은 있었다. U.S. 홈 주식을 보유하면서 우리는 회사 역사상 가장 수익률이 높은 투자 기회 중 하나를 만날 수 있었다. 아닌 말로 홈런을 칠 수 있었다. 이 부분은 다음 장에서 논할 것이다.

제6장

센텍스 코퍼레이션

기업이나 산업 펀더멘털의 중요한 긍정적 변화를
성공적으로 예측할 때 높은 차익을 거둘 수 있다.

1990년대 말에 U.S. 홈의 매출 성장은 내 예상보다도 훨씬 빨랐고 이 회사의 시장점유율도 상승하고 있었다. 일례로 1999년에 U.S. 홈이 판매한 주택 수는 1998년보다 12.0% 늘어났다. 반면에 미국 주택건설 시장 전체의 주택 판매량은 1.5% 증가하는 데 그쳤다. 나는 이 부분에서 호기심이 생겨 다른 상장 주택건설사들의 최근 성장률을 확인해 보기로 했다. 다른 상장 건설사들도 산업 평균보다 성장 속도가 빨랐다. 어떻게 된 일일까? 상장 주택건설사들의 성장률이 업계 평균보다 빠르다면, 비상장 주택건설사들의 성장률은 평균을 밑돈다는 말이 된다. 그 이유는 무엇인가? 나는 수화기를 들고 웨스트체스터카운티 남부에서 매년 주택 몇 채를 지어 파는 친구에게 전화를 걸었다. 이 친구는 내 질문 자체가 뭔가 잘못된 질문이라고 했다. 솔직히 말해 멍청한 질문이기는 했다. S&L 위기도 들어보지 못했단 말인가?

1980년대에 저축대부은행savings and loan bank, S&L은 고금리 압박에

심하게 시달렸다. S&L이 1960년대와 70년대에 발행한 모기지(주택담보대출) 채권의 상당수는 고정금리인데다 비교적 저금리였다. 그러다 1970년대 후반과 1980년대 초반에 금리가 급등했다. 필요한 수준의 예금을 끌어오기 위해서라도 S&L로서는 높은 예금 금리를 지급해야 했다. 그 결과 대다수 S&L은 순이자마진net interest margin(자산운용 수익에서 이자비용과 조달비용을 차감한 후 운용자산 총액으로 나눈 수치. 금융기관의 수익창출 능력을 측정하는 지표이다-옮긴이)이 충분하지 않아 간접비를 충당하기에도 버거웠다. 더욱이 1990년 부동산시장이 공급초과로 가격이 급락하자 S&L이 빌려준 상당수의 모기지가 채무불이행 상태가 되었다. S&L은 심각한 위기에 처했다. 상당수가 파산을 선언하고 폐업했다. 아니면 강제 인수합병을 당하기도 했다. 위기는 걷잡을 수 없이 커졌고, S&L에 맡긴 예금 중 일정 선까지 보전해준다는 하원 법령에 따라 1934년에 설립되었던 연방 저축대부조합 보험공사 Federal Savings and Loan Insurance Corporation마저도 예금 보전이 불가능해져 문을 닫을 수밖에 없었다.

과거 소규모 주택건설사들은 택지 매입과 개발, 주택 건설에 필요한 자금의 대부분을 S&L과 지방은행에서 조달했다. 1990년 주택 경기 침체로 대다수 중소 건설사들은 영업손실이 났고 대출금을 제때 상환하지 못했다. 그로 인해 위기에서 살아남은 S&L과 은행들은 중소 건설사에는 대출을 꺼렸다. 자금 조달이 힘들어지고 대출 기준도 강화되면서 많은 중소 건설사는 예전처럼 주택 공급을 많이 하기에는 자금이 부족했다. 일부 중소 건설사는 진행 중인 건설 프로젝트를 중단하고 사업을 접었다. 또 일부는 공급률을 줄였다. 1990년에서 2000년 사이에 중소 건설사들이 공급하는 주택 수는 큰 비율로 꾸준히 감소했다. 그리고 그 빈자리를 치고 들어온 것이 바로 상장 대형 건설사들이었다. 대형 건설사들의 성장률이 시장 평균보다 훨씬 빠른 것도 이런 이유에서였다.

나는 대형 건설사들의 성장률을 계산해 보았다. 1999년 센텍스centex의 주택 건설은 1998년보다 27% 증가했다.• 풀트Pulte와 레나도 각각 20%와 17% 증가했다. 뭔가 엄청난 일이 일어나고 있었다. 막대기 산업이 성장 산업으로 바뀐 것이다. 막대기 회사들이 IT 회사 못지않게 고성장하고 있었다. 나는 센텍스의 순이익모델을 세웠다. 내가 계산하기로는, 이후 몇 년 동안 센텍스의 주택 판매는 매년 12%씩 늘어날 것이고 주택의 평균 단가는 연 2%씩 상승할 것으로 전망되었다. 다음에 나는 순이익률을 살펴봤다. 센텍스의 1999년 세전순이익률은 매출액의 8.1%였다. 회사 매출이 연 14% 증가한다면, 고정비를 뛰어넘는 양의 레버리지 효과로 순이익률은 더욱 확대될 것이었다. 과거의 수치를 분석한 후 나는 센텍스의 순이익률이 2003년에는 연 10%에 달할 것으로 추산했다. 이렇게 내가 세운 모델에 따르면, 센텍스의 매출은 1999년 60억 800만 달러에서 2003년에는 101억 5,000만 달러로 증가하고, 세전순이익은 4억 8,200만 달러에서 2003년에는 10억 1,500만 달러로 증가할 것이란 계산이 나왔다. 35%의 실효세율을 적용하고 주식 수를 1억 2,500만 주로 잡았을 때 2003년의 예상 세후순이익은 주당 5.25달러였다. 주택건설 산업이 성장주로 바뀌고 있는 만큼(나는 이 업종을 더는 '막대기 회사들'이라 부르지 않기로 했다) 센텍스를 평가한 가치는 12 PER이었다. 따라서 나는 이 주식이 2003년에

• 센텍스의 회계기말은 3월 31일이었다. 이 책에서 내가 말하는 센텍스의 한 해는 다음 해 3월 31일에 끝나는 회계기말까지의 기간을 의미한다.

는 63달러에 달할 것으로 전망했다. 이런 결론을 내렸을 때 센텍스 주식 매매가는 12달러도 채 되지 않았다. 나는 마음이 급해졌다. 이 분석 결과를 확인하기 위해 나는 주택건설 산업을 아는 사람이나 내 의견을 들어줄 만한 사람은 아무나 붙잡고 의견을 구했다. 이 확인 작업에서도 모델 변경의 근거가 될 만한 요소는 전혀 나오지 않았다. 그러다 월가의 주택건설업 보고서를 읽었다. 상장 주택건설사들이 비상장 주택건설사들의 시장을 차지하고 고속 성장을 누릴 것이라고 말하는 월가 보고서는 단 하나도 찾지 못했다. 고로 내가 발견한 투자 기회를 남들은 찾지 못했다는 뜻이었다. 주택건설사들이 대단히 매력적인 투자 기회가 될지도 모른다는 확신이 점점 강해졌다. 기쁜 나머지 팔짝 팔짝 뛰고 싶은 심정이었다. 다급한 마음에 나는 곧바로 센텍스와 다른 대형 주택건설사들 주식을 매수하기 시작했다.

내게 던져진 질문은 센텍스나 다른 주택건설사 주식을 몇 주나 매수해야 하느냐는 것이었다. 최적의 포트폴리오 분산 비율이 어느 정도인지 딱 한 가지로 정답이 정해진 것은 아니다. 다만 나는 한 종목이 포트폴리오 전체 가치의 12%를 넘어서는 안 되고, 단일 업종이 전체 가치의 25%를 넘어서는 안 된다는 나름의 투자 정책을 가지고 있다. 비율을 계산할 때에는 나는 종목의 시가보다는 주식 매수에 들어간 비용을 이용한다. 그렇게 하면 포트폴리오 전체 종목보다 가치가 빠르게 상승하는 포지션의 규모를 억지로 축소하지 않아도 된다.

대형 주택건설사들이 중소 건설사들의 자리를 치고 들어가 급성장한다는 생각은 기발한 아이디어였다. 나는 창의성을 최대한 활용하는 것에 관심이 많았기 때문에 지난 몇 년 동안 남들은 어떻게 독창적 아이디어를 생각해내는지 알아내려 여러모로 노력했다. 아직 답을 찾지는 못했지만, 로버트 해리스Robert Harris 교수의 분석에서 발췌한 글이 크게 도움이 되었다.

창의성이란 기존 아이디어를 결합하고 바꾸고 재응용하여 새로운 아이디어를 만들어내는 능력이다.
창의성이 돋보이는 작업이 단 한 번의 번뜩이는 생각이나 순식간에 휩싸인 광기로부터 탄생하는 경우는 거의 없다.
창의성이란 태도이기도 하다. 변화와 새로움을 받아들이는 능력이며, 아이디어와 가능성을 즐기려는 의지이며, 시각의 유연함이며, 좋은 것을 즐기면서도 개선해야 할 부분은 개선하려는 습관이다. 창의적인 사람은 고분고분 따르려는 욕구가 거의 없으며 실패를 두려워하지 않는다.•

창의적인 투자 아이디어를 찾아내기는 쉽지 않다. 창의적 사고는 힘든 작업이다. 누군가의 머릿속에 떠오른 투자 아이디어는 이미 남들의 머릿속에도 떠올랐음직한 생각이고 따라서 이미 주가에도 대폭 반영되었을 공산이 크다. 만약 내가 믿을 만한 근거로 유가 급등을 점치고 있는데 이미 투자 대중 전체에 그런 생각이 퍼져 있다면, 비축유를 많이 보유한 회사의 주식을 사기에는 이미 너무 늦었다. 매일 아침, 매일 점심, 매일 오후마다 나는 새롭고 창의적인 투자 아이디어를 찾아 헤매지만 대부분은 삼진아웃이다. 이처럼 내 리서치 활동 대부분은 헛발질과 좌절의 연속이다. 나는 수백 가지 고민을 하고 수백 개 종목을 분석하지만 좋은 투자 아이디어는 가뭄에 콩 나듯 드물다. 많이 따져

• Robert Harris, *Introduction to Creative Thinking*, 2012년 4월 2일 버전. http:/www.virtualsalt.com/crebook1.htm

봤자 우리가 분석하는 기업 중 포트폴리오에 편입되는 회사는 1%도 되지 않는다. 우리 포트폴리오에 들어올 자격이 있는 종목을 발견하는 것이 하버드대학에 입학하기보다 훨씬 어렵다. 그렇긴 해도 짜릿한 아이디어를 찾을 때면 흥분이 온몸을 감싼다. 몸서리날 정도의 기나긴 지루함과 좌절감을 보상하고도 남을 환한 빛에 휩싸인다.

상장 주택건설사들이 상당한 고속 성장을 누릴 것이라는 우리의 아이디어는 해리스 교수의 분석과도 일치한다. 우리는 기존 투자 아이디어(U.S. 홈)의 추이를 관찰함으로써 새로운 아이디어를 만들어냈다. 우리는 막대기 회사들이 상대적으로 매력 없는 경기순환 기업이라는 월가의 전반적 견해에 순순히 따르고픈 생각이 없었다. 우리는 실패가 무섭지 않았다.

2000년 중반까지 우리는 센텍스와 다른 몇몇 주택건설사에 대해 대규모 포지션을 구축했다. 물론 가장 크게 보유한 포지션은 센텍스였다. 주요 이유는 내가 센텍스 CEO인 래리 허시Larry Hirsch에게 특히나 좋은 인상을 받았고 이 회사가 짓는 주택도 전반적으로 평판이 좋았기 때문이었다. 이제 우리는 보유 종목을 모니터링하고 긴장을 풀면서 분석과 예상이 정확히 맞아떨어지기만 기다리면 될 일이었다. 우리가 가장 여유로운 때는 증권을 매수하는 시점과 매도하는 시점이다. 그러나 그 중간 시기에는 여유를 갖기 어려울 때가 많다. 여기에는 이유가 있다. 그린헤이븐이 목표로 삼는 연평균 투자수익률은 15~20%이다. 우리도 실수하는지라 연평균 수익률 15~20%를 달성하기 위해서는 연간 30%의 잠재적 수익률을 지녔다고 믿는 종목만 매수한다. 그렇기 때문에 우리는 각 투자 종목마다 거는 기대치가 아주 높다. 증권을 매수한 후에는 두 가지 가능한 상황을 염두에 둬야 한다. 첫 번째 상황은 그 종목이 연 30% 이상씩 급등하기 시작하는 경우이다. 이때에는 우리도 긴장을 풀고 만면에 웃음을 짓는다. 물론 이렇게 될 가능성은 아주 낮다. 그보다는 증권 가치가 30% 이상 급락할 가능성이 더 높다. 이럴 때면 우리는 실망하며 초조해한다.

또 다른 상황도 있다. 우리는 가치가 기대치 이상으로 오른 증권은 매도하고 아직 기대치에 못 미친 증권은 계속 보유한다. 이렇게 승리한 주식만 팔다 보면 포트폴리오에는 기대치에 못 미친 주식 비중이 높아진다. 가치 상승이 거북이걸음인 주식을 보유하는 일은 절대 재미있지도 않고 긴장의 끈을 놓지도 못하게 만든다.

주택건설업 종목에 꽤 큰 금액을 투자했기 때문에, 몇 년 동안 우리는 그 회사들의 전개 상황을 계속해서 유의 깊게 모니터링했다. 대형 주택건설사들의 시장점유율이 계속 높아지고 있다는 점에 나는 대체로 만족했다. 센텍스의 2003년 주택 분양은 1999년에 비해 61% 늘었다. 더욱이 센텍스의 세전순이익률도 11.1% 증가했고, 주당순이익은 1999년 2.11달러에서 2003년에는 6.01달러로 늘었다. 순이익 급등에 반응해 주가도 40달러 선으로 올랐다. 3년 전 우리가 지급한 주가의 3배가 넘는 가격이었다. 그러나 PER은 10을 넘지 못하고 있었다. 실망스러운 건 둘째 치고 왜 그런지 도저히 이해가 되지 않았다.

덥고 눅눅한 2003년 7월 중순의 어느 날, 조사를 하다가 발견한 숫자 하나가 내 호기심을 자극했다. 미국 인구조사국은 미국 전역에서 시공 중인 주택수를 기록한다. 인구조사국은 매달 12번째 영업일에 전달 데이터를 발표한다. 6월 치 데이터에 따르면 계절 조정된 그달의 주택 공사 시공률은 5월보다 6.7%, 그리고 전년도 6월보다 8.7% 늘어난 186만 7,000호였다. 미국 인구 증가에 발맞춰 성장하는 산업치고는 엄청난 증가폭이었다. 무슨 일이 일어나고 있는 게 분명했다. 더 알아볼 필요가 있었다. 경제와 모기지 비율이 답을 알려주었다.

1990년대 말 기술주 시장은 호황을 맞았다. 호황이 지나쳐 거품으로 발전할 정도였다. 증시 호황에 따른 부의 증가는 경제를 강하게 하는 데 기여했다. 그리고 강해진 경제는 금리 상승을 촉발했다. 30년 만기 모기지 고정금리는 1997년 7% 정도였다가 2000년에는 8% 안팎까지 올랐다. 그러다 기술주 거품이 터지고 경제가 위축되었다. 30년 만기 모기지 고정금리는 2001년 초에는 7% 수준으로 떨어졌다. 그러나 9/11 테러 공격으로 경제는 두 번째 심각한 타격을 맞았다. 9/11 테러 직후부터 미국인들의 여행 심리가 위축되었고 값비싼 물품을 사려는 의욕도 줄었다. 경제가 악화되자 연방준비은행FRB은 긴급 금리 인하를 단행했다. 테러 직전 3.5%였던 90일 만기 미국 단기국채의 이자율은 2011년 말에는 1.7% 수준으로 떨어졌다. 9/11 직전 약 7%이던 30년 만기 모기지 고정금리는 1년 후에는 6% 남짓한 수준으로 떨어졌고 2003년 중반에는 약 5.2%가 되었다. 모기지 금리가 5.2%라는 것은 과거에 비해 훨씬 싼 이자로 집을 살 수 있다는 의미였다. 대다수 가정은 금리가 낮아진 때를 놓치지 않았다. 그리고 이것이 신규 주택 수요가 예년보다 높아진 외양적 이유였다.

어떤 한 시기에 시공할 수 있는 주택의 수는 택지 승인이나 개발 허가가 난 토지가 얼마나 되느냐에 따라 달라진다. 관련 지방당국이 반대하고 나서면 토지개발 승인이 나기까지 몇 년이나 걸리는 경우가 다반사다. 특히나 해결하기 힘든 문제는 환경영향평가이다. 나는 지방정부가 개발 예정지를 가로지르는 개천에 사는 개구리 군락의 보전을 우려해 택지개발 신청 승인을 몇 년이나 미뤘다는 기사를 본 적도 있다. 이런 우려와 승인 지연에 대해 내가 심심한 경의를 표하며 보내는 해법은 개구리다리 볶음이었지만, 이 지역 환경보호주의자들에게 개구리다리 요리는 확실히 관심 밖이었고 그들은 개발 반대를 위해 법정 소송까지 불사했다.

택지 승인과 개발에는 시간이 걸린다. 그래서 2003년 중반이 되었을 때는 택지 승인과 개발 속도보다 신규 주택에 대한 수요 증가 속도가 더 빨랐다. 그 결과로 미국 여러 지역에서 신규 주택 공급 부족 현상이 빚어졌다. 신규 주택이 마침내 분양이 가능한 정도로까지 개발이 진행되면 분양 물량보다 분양받기를 희망하는 매수자들이 더 많이 몰려들었다. 분양 사무실 앞에는 사람들이 길게 줄을 섰다. 앞줄에 서기 위해 어떤 가족은 하룻밤 이상 개발 지역에서 아예 캠핑을 하기도 했다. 수요가 공급을 초과하면서 주택가격은 정상적인 수준 이상으로 오르기 시작했다. 신문들은 주택 가격 상승에 대한 기사를 다투어 보도했다. 대다수 신문기자와 경제 전문가들은 주택 가격 상승이 당분간 계속 이어질 것이라고 전망했다. 이런 예측 보도는 집값이 더 오르기 전에 집을 사야 한다는 마음을 부추겼다. 한마디로, 호황이 호황을 부르고 있었다. 2003년 가을까지 계절 조정된 연간 주택 시공 수는 200만 호에 이르렀다. 개발허가를 받은 구역이 늘어났다면 이 시공 수도 더 늘어났을 것이다.

반직관적인 태도일 수도 있지만 나는 이런 갑작스런 단독주택 호황이 뭔가 석연치 않았다. 우리가 생각하는 미국의 정상적인 신규 주택 수요는 약 160만 호였다. 어차피 집이 필요한 미국 거주 주민의 수는 정해져 있기 때문에 시간이 흐를수록 연평균 수요는 어느 정도 고정된다. 부모를 미워하는 탈선 청소년들은 가출을 할지라도 '완벽하게 새로 단장한 4개의 침실, 3.5개의 욕실, 대성당 스타일의 천장이 있는 주 침실, 아름답게 가꾸어진 0.8에이커의 넓은 정원과 영구 자연보존 지역 인접, 전국에서 손꼽히는 우수한 학군과 고급 쇼핑몰 인접'이라고 광고하는 집을 사지는 않는다. 주택 시공 수가 연 200만 호에 달한다는 것은 필요 이상으로 많은 주택이 지어지고 있다는 뜻이다. 첫째로는 매력적인 싼 이자 때문에, 그리고 둘째로는 가격 상승 지속에 대한 기대감으로 미래의 수요가 현재로 앞당겨진 것으로 볼 수밖에 없다. 2001~2002년의 경기침체로 인해 억눌렸던 수요가 터져 나온 것일 수도 있다. 그렇지라도 만약 주택 건설이 2003년 수준으로 계속 이어진다면 어느 순간에는 미분양 주택이 남아돌게 되고 주택시장은 하향 순환을 걸을 것이 분명했다. 우리는 센텍스와 다른 대형 주택건설사들이 시장점유율 상승에 힘입어 오랫동안 두 자릿수의 수익률을 꾸준히 내기를 바라는 마음에서 이 종목들을 매입했다. 또한 우리는 이 종목들이 경기순환주 성격의 막대기 건설사가 아니라 성장주로 인식되어 높은 PER에 거래되기를 바랐다. 그러나 주택건설 사업이 하향 순환기로 돌아서면 순이익이 감소하고 더불어 PER도 내려가서 우리는 손실을 보게 될지도 모른다. 그것이 내가 신규 주택 수요 급증을 마땅찮게 본 이유였다.

주택 경기 호황은 2004년과 2005년에도 이어졌다. 센텍스도 호황 덕을 톡톡히 봤다. 1999년과 2003년 주택 판매 수는 각각 1만 8,904호와 3만 358호였고, 2005년 분양 예측은 약 3만 9,000호였다. 더욱이 2005년 세전순이익률은 14%를 넘을 것으로 기대되었고, 주당순이익은 9달러 이상이 될 것으로 예상되었다. 센텍스는 쭉쭉 뻗어 나가고 있었다.

2005년 가을에 센텍스 주가는 약 70달러였다. 우리의 투자 차익도 거의 6배에 달했다. 좋아서 펄쩍 뛸 일이었지만 나는 그럴 수가 없었다. 주식의 매매가가 여전히 순이익의 10배도 훨씬 못 미치는 수준이었기 때문이다. 더욱이 주택경기 호황이 영원하리란 보장이 없었고, 호황이 끝나면 센텍스의 순이익이 급감할 것은 불을 보듯 뻔했다. 게다가 센텍스는 공격적으로 추가 토지를 매입하고 있었지만, 당시 상황은 주택건설사들의 토지 수요가 급증하는 반면에, 개구리나 여타 환경 요인에 따른 공급 제한으로 땅값 자체가 급등하고 있는 실정이었다. 2004년 말 센텍스는 9만 6,945호에 해당하는 건설 부지를 보유했는데, 이는 2003년 말보다 25% 늘어난 수치였다. 토지 매입 자금을 조달하면서 센텍스의 순부채는 5억 달러 이상 늘어났다. 위험천만한 큰 실수가 아닐 수 없었다. 주택산업이 비정상적으로 호황일수록 센텍스는 현금을 아끼고 고가 토지 매입을 최소화해야 했다. 아무리 봐도 주택 관련 종목의 보유 리스크가 확실히 늘고 있었다. 나는 이 업종을 다시 막대기 건설사라고 부르기 시작했고 보유 지분을 줄이는 작업에 나섰다.

나로서는 센텍스 경영진과 대화를 나눌 필요가 절실했다. 래리 허시는 2004년에 CEO 자리에서 물러났고 후임으로 앉은 사람은 팀 엘러Tim Eller였다. 나는 팀에게 전화를 걸어 11월 15일에 면담하기로 약속을 잡았다. 나는 한 명과 동석하기로 했는데, 전에 풀트 홈스의 CEO였으며 함께 인터스테이트 베이커리스의 이사로 있으면서 존경하게 된 짐 그로스펠드Jim Grossfeld였다. 팀 엘러와의 만남에서는 한바탕 설전이 오갔다. 나는 주택 건설업의 호황이 지속될지 대단히 불투명한 상황인데도 센텍스가 고가에 토지를 매입하는 전략을 취하는 이유를 이해하려 나름 노력했다. 내가 보기에 미국에서는 지나치게 많은 주택이 건설되고 있었고 결국에는 조정 국면에 들어가 주택 가격이 내려갈 것이 분명했다. 센텍스가 고가의 토지에 새집을 지었는데 주택 가격이 더 낮게 내려간다면 심각한 영업손실이 발생하고 주식 가치도 손상될 수 있었다. 팀은 내 생각에 동의하지 않았다. 그는 대형 주택건설사들은 시장점유율이 계속 올라갈 것이기 때문에 현재 매입 추진 중인 토지가 전부 필요하다고 주장했다. 경제 성장이 둔화해도 주택 가격이 내려갈 가능성은 지극히 낮으며, 과거에도 주택 가격이 하락한 적은 한 번도 없다는 것이었다. 나는 그의 의견에 강하게 이견을 제시했다. 과거 추이로 미래를 예측하는 것은 위험하다. 이것은 후방 거울만 보면서 차를 모는 행동과 비슷하다(직선 길만 계속 유지된다면 상관없겠지만 커브에서는 자칫 참사가 일어날 수 있다). 우리는 서로 생각이 다르다는 것에 동의했다. 나는 실망했고 화가 났다. 내 부친은 화가 날 때마다 10까지 천천히 세면 화가 사라질 것이라고 말씀하시곤 했다. 나는 10까지 천천히 셌다. 그래도 화가 가시지 않았다. 다시 한번 더 셌다. 여전히 화가 났고 실망스러웠다. 대형 주택건설사들의 시장점유율이 계속 상승하고 있고 현재의 순이익에 비해 주가가 낮은 것은 맞았다. 그러나 만약 넘쳐흐르는 미분양 주택 물량이 업종 전체에 하향순환을 촉발한다면 영구손실 위험도 상당히 커지게 된다. 팀 엘러는 그런 리스크에는 눈뜬 장님이었다.

나는 주택건설사 지분을 전부 팔기로 했다. 주택 수요가 약화될 것이라는 신호가 나타날 때까지 기다릴 마음이 없었다. 우리는 새 증권을 매수하거나 매도할 때 사건이 전개되기 전에 미리 행동하려고 노력한다. 우리는 2006년 초까지 보유 지분을 완전히 처분했다. 센텍스 주식의 매도가는 약 70달러로, 매수가보다 거의 6배에 달하는 금액이었다. 투자 자체는 성공한 투자였지만, 주택 거품이 생기지 않았다면 차익은 그것보다 훨씬 높았을지도 모른다. 주택건설사들이 마침내 제대로 된 평가를 받고 훨씬 높은 PER에 거래되었을 것이기 때문이다.

주택건설사 투자 결과만 놓고 보면 만족스러웠지만, 내 기분은 완전히 행복하지도 만족스럽지도 않았다. 사실 나라는 사람은 즐겁고 낙천적인 성격이면서도, 더 잘하지 못하는 것에는 언짢은 기분을 동시에 느끼는 편이다. 즉, 나는 더 잘 하려고 끊임없이 노력하지 않으면 절대 행복해지지 못하는 사람이다. 더 잘하고 싶다는 욕망과 노력은 인간 행동의 일부이지 않겠는가. 적어도 나는 그렇다.

거품이 터진 후 이어진 주택시장 위기는 내 예상보다도 더욱 심각했다. 위기의 원인은 누구에게 있는가? 당연히 은행, 월가의 금융회사들, 위험이 큰 불량 모기지를 앞다퉈 공격적으로 판매한 대출 브로커들에게 일부 책임이 있다. 회사의 펀더멘털을 오판하고 무리하게 사업을 확장한 주택건설사들도 물론 비난의 화살을 빗겨갈 수 없다. 하지만 높은 가격에 집을 산 많은 가정에도, 2002년 집값이 합리적인 수준이었을 때에는 주택 구입에 전혀 관심이 없다가 집값이 계속 오를 것이라는 기대감에 2005년이 되어서야 분양사무실 앞에서 캠핑까지 해가며 터무니없이 비싸게 집을 구입한 평범한 가정에도 책임이 있다. 미국 인구조사국에 따르면 신규 단독주택의 평균가격은 2002년 22만 8,700달러에서 2005년에는 29만 2,200달러로 올랐다. 물가상승률로 조정하더라도 일반 가정에서 지나치게 높은 금액을 지급한 것은 사실이다. 물론 2002년의 집값이나 거품이 터진 후의 집값보다 훨씬 높은 가격으로, 집을 사기 위해 더 큰 담보대출을 받아야 했던 것도 사실이다. 금융위기가 찾아온 것이 이상한 일도 아니었다. 탐욕스러운 은행가들과 월가가 주택시장 위기와 금융위기에 한몫하기는 했지만, 2004~2006년 동안 뻥튀기된 가격에 집을 구입한 일반 가정이야말로 금융위기의 근본 원인이었다는 것이 내 생각이다. 물론 금융위기의 제물이 되어 비난의 화살을 거의 다 맞은 것은 월가와 은행들이기는 했다. 당시에는 개개 주택 구매자들의 무분별한 행동을 비난하는 것은 현명하지 못한 태도라고 여겨지기도 했다.

센텍스와 다른 주택건설사들 주식을 흡족한 차익에 매도하고 몇 달이 지난 후, 우리 고객이며 부동산 업종에서 일하는 빌 서머라는 사람이 내게 전화를 걸어 투덜댔다. 빌은 주택건설업 종목에서 거둔 거액의 실현 자본이득 때문에 불행히도 현재 거액의 과세고지서를 받게 되었다며 불평했다. 그러면서 자신은 정부에 세금을 내고 싶지 않고, 자신이 몸담은 부동산 업종에서 세금을 영구적으로 이연할 방법을 찾았다고 말했다. 그는 내게 자신의 포트폴리오를 싹 검토해 혹시라도 미실현 손실이 난 종목이 있으면 그 손실로 실현 자본이득을 상쇄할 수 있도록 그 종목들을 전부 처분해 달라고 부탁했다. 나는 그의 포트폴리오에는 다행히 거액의 미실현 손실이 난 종목이 없다고 설명했다. 더욱이 우리가 주식 손실을 실현하고 31일 후에 같은 종목을 다시 매수하면 이 고객은 비용기반이 낮아져서 나중에 그 종목을 매도했을 때 실현이득이 더 커지게 된다. 자본이득이 클수록 손실을 실현해 생기는 절세 효과가 줄어든다. 그린헤이븐의 평균 주식 보유 기간은 2~4년이다. 그렇기 때문에 절세를 위해 주식을 매도하는 고객은 실현이득을 몇 년 뒤로 미루는 것에 불과하다. 그리고 손실을 실현한다는 목적으로 매력적인 주식을 파는 것에는 몇 가지 확연한 단점이 있다. 일단 주식 매매에는 거래비용이 붙는다. 또한 주식시장에는 상향 편향upward bias이 있는 탓에 한 종목을 31일 동안 보유하지 않는 데에는 평균적으로 무언가 비용이 발생한다. 그리고 더 중요하게는, 한 종목을 팔았다가 다시 산다면 그 종목을 재매수한 날로부터 1년 1일은 보유하고 있어야 장기 자본이득으로 처리된다. 재매수한 시점에서 1년 이내에 이익 실현을 위해 그 주식을 매도한다면, 이 주식 거래에서 발생하는 이득에는 경상세율이 적용된다. 그렇기 때문에 세금을 줄이기 위해 손실을 확정하는 이른바 절세매도tax loss selling를 하면 고객은 정부 돈을 공짜로 빌려오는 효과를 누릴 수야 있겠지만, 내가 보기에 절세 매도의 단점은 그 장점보다 훨씬 크다. 나는 빌에게도 이 생각을 충분히 설명했다.

며칠 후 빌이 다시 전화를 걸며 과세액을 계속 들먹였다. 나는 우리가 고객에게 최대의 이익을 안겨주는 투자 결정을 내리려 최선을 다하고 있으며, 절세매도가 잠시 잠깐은 괜찮은 방법일지 몰라도 전체적으로 놓고 보면 좋은 방법이 아니라고 설명했다. 그리고 빌에게 절세가 그의 가장 중요한 투자 목표라면 그린헤이븐을 떠나는 것이 낫겠다고 말했다. 그는 그렇게 했다.

제7장

유니언 퍼시픽 철도

단기의 개별적 문제와 장기의 구조적 약점을 잘 구분하는 투자자는 많지 않다.

말이 가축이 되고 이동에 사용된 것은 대략 기원전 2000년경부터였다. 말은 꽤 먼 거리를 시속 8km 정도 속도로 이동할 수 있다. 이후 3,800년 동안 육로 이동에서는 기술 혁신이 거의 전무하다시피 했다. 1800년에도 말은 여전히 중요한 육로 교통수단이었고 속도도 여전히 시속 8km였다. 3,800년 동안이나 정체돼 있었던 것이다!

1769년 제임스 와트가 효율적인 증기엔진을 설계하면서 모든 것이 변하기 시작했다. 최초의 증기엔진은 펌프와 산업기계에 동력을 제공하는 용도로 사용되었지만 얼마 안 가 발명가들은 증기엔진이 보트 동력으로 사용될 잠재력이 있다는 것을 알아차렸다. 일찍이 1787년부터는 이미 여러 대의 증기선들이 건조되었고, 1807년 8월 7일 로버트 풀턴Robert Fulton의 클러몬트호가 뉴욕에서 올버니까지 240km를 32시간 만에 완주하면서 그는 증기선 항해의 아버지라 불리게 되었다. 이때에도 평균 시속은 8km였다.

증기엔진이 보트에 동력을 공급할 수 있으면 길을 달리는 마차의 동력원으로도 사용할 수 있지 않겠는가? 가능한 일이었다. 1814년, 독학으로 공부한 조지 스티븐슨George Stephenson이라는 영국 노동자가 세계 최초로 궤도를 달리는 증기기관차를 설계했다. 이 증기기관차의 목적은 광산 입구에서 석탄을 끌어내는 것이었다. 11년 후 최초의 운송용 철도회사인 스톡턴 & 달링턴 철도회사Stockton & Darlington Railroad가 세워졌다. 스티븐슨이 스톡턴 & 달링턴 철도회사에 설계해 준 기관차는 석탄 운송차량 6대와 소형 승객 운송차량 21대를 끌고 시속 약 14km가 넘는 속도로 달릴 수 있었다. 말보다 거의 두 배나 빠른 속도였다.

미국에서는 볼티모어시가 당시 중서부 농장들과 연결된 가장 값싼 수송로인 이리 운하와 경쟁하기 위해 오하이오주까지 철로를 건설하기로 했다. 1828년 7월 4일, 화려한 팡파르가 울리는 가운데 독립선언문 체결자 중 마지막 생존자인 찰스 캐롤Charles Carroll이 볼티모어-오하이오 철도(이하 B&O) 기공을 알리는 상징적인 첫 삽을 떴다. 1830년 초 공사가 끝난 약 21km의 선로를 운행하기 시작하면서 B&O는 미국 최초의 상업용 철도가 되었다. 하지만 오하이오까지의 철로 완공은 멀고도 멀었다. 다리를 세워야 했고 터널도 파야 했다. 1868년이 되어 B&O는 마침내 오하이오강에 다다랐다. 강을 연결하는 교량을 짓는 데에도 또 3년이 걸렸다. 마침내 1871년, 철로는 오하이오주의 농장까지 연결되었다.

1830년대와 1840년대에 거의 즉각적으로 발생한 B&O의 상업적 성공은 철로 건설 붐을 촉발했다. 1840년에 이미 4,800km의 철도가 운영 중에 있었고, 1860년에 이르자 철도는 4만 8,000km에 달했다.

1815년과 1860년 사이에 농산물과 공산품의 장거리 운송비는 95%나 떨어졌다. 1860년에 열차는 하루 24시간 내내 평균 시속 32㎞로 달렸다. 장거리 이동 수단으로서의 말은 퇴장했다. 철도는 수송에 혁명을 불러왔다. 철도는 오늘날로 치면 인터넷이었다.

곧, 철도의 성장과 잠재적 수익성에 코넬리우스 밴더빌트Cornelius Vanderbilt, 에드워드 해리먼Edward Harriman, 제이 굴드Jay Gould와 여타 부유한 사업가와 투기꾼들의 관심이 쏟아졌고, 그들은 지역 독점권을 확보해 운임을 높게 매길 심산으로 여러 지역에서 철도 운영권을 매입했다. 많은 농부와 철도 이용자로부터 비싼 운임에 대한 항의가 빗발치자 1887년 미국 의회는 철도를 연방 규제에 편입하는 주간통상법Interstate Commerce Act을 가결했다. 법안 가결로 5인 위원으로 이뤄진 주간통상위원회ICC가 설립되어 철도 운임을 비롯해 철도 사업의 여러 측면에 대한 감독권을 가지게 되었다.

철도 산업은 전반적으로 계속 성장했고 번영을 누렸지만 1920년대에 이르러서는 자동차에 승객을 잠식당하기 시작했다. 그러다 1930년대에 불어 닥친 대공황에 철도 산업도 심한 타격을 입었다. 철도 산업 매출은 1928년부터 1933년 사이에 거의 50% 급감했고, 1937년에는 대다수 철도회사가 법정관리에 들어갔다. 2차 세계대전이 발발하면서는 철도 산업 전체가 벼랑에 내몰렸다. 1942~1945년 동안 군수물자 수송으로 철도 산업은 망하기 직전에 유예를 얻었지만 그 유예도 잠깐이었다. 전쟁이 끝난 직후부터 건설된 주간interstate 고속도로망으로 트럭이 철도보다 여러 유형의 화물 운송에서 경쟁우위를 얻었다. 1930년에 도시 간 화물 운송에서 75%를 차지하던 철도 비중은 1970년대 중반에는 35%로 내려앉았다. 승객의 철도 이용 역시 전쟁이 끝난 후 급감했는데, 여기에는 주간 고속도로망 건설도 건설이지만 제트기의 보급도 한몫을 했다.

잘못되고 과도한 규제도 철도 산업을 더욱 나락으로 떨어뜨렸다. 운임은 ICC가 정했다. 농부를 돕기 위해 곡물과 다른 대량 농산물의 철도 운임은 낮은 수준으로 유지된 반면 공산품의 운임은 전반적으로 비교적 높았다. 높은 공산품 운임은 대다수 제조업체가 트럭 운송으로 갈아타는 계기가 되었다. 이렇게 해서 철도 산업은 역선택 문제에 직면했다. 즉, 수익성이 가장 좋은 화물 운송은 트럭에 빼앗긴 반면에, 수익성이 아주 낮은 농산물 운송은 계속 떠안았다. 더욱이 ICC의 복잡다단한 규칙과 규제로 인해 고정편성 화물전용 열차와 같은 효율적인 열차 운용 도입도 여의치 않았다.

철도 산업 전체가 어려움에 빠졌다. 1960년대와 1970년대에 많은 철도회사가 파산했는데, 한때 미국 최대이자 가장 중요한 철도회사로 손꼽히며 칭송받았던 펜 센트럴Penn Central도 그 여파를 피하지 못했다. 결국 미국 정부마저도 변화의 필요성을 절실히 느꼈다. 1978년에 미국 교통부의 발표가 있었다. "현행 철도규제 체계는…… 철도의 경제적 여건, 운송 수단간 경쟁 그리고 선주와 소비자와 납세자들 사이에서 곧잘 발생하는 이해 충돌에 더이상 부합하지 못하는 비일관적이고 구시대적인 규제로 뒤죽박죽 얽혀 있다"•

1980년에 할리 스태거스Harley Staggers 의회 주간해외통상위원회 위원장은 철도 규제 완화를 골자로 하는 법안을 소개했다. 스태거스법에 따라 철도회사들은 ICC가 실질적인 서비스 경쟁이 없다고 판단하지

• *A Short History of U.S. Freight Railroads*, 미국철도연합 정책 및 경제학 연구부 발표 논문, 2013년 4월, p. 5.

않는 한 자사가 운임을 선택하고 결정할 수 있었다. 법의 다른 조항은 효율적 서비스 제공을 위한 철도회사들의 재량권을 늘려주었다. 한 예로 사용이 적고 채산성이 낮은 노선 폐기 절차가 간략화되었다.

스태거스법 덕분에 한 줄기 숨통이 트였다. 철도회사들은 곧바로 경제적으로 합리적인 운임 조정에 들어갔다. 수익성이 낮은 노선은 폐기되었다. 이익이 늘고 미래에 대한 자신감도 늘면서 철도회사들은 현대화를 위한 지출을 늘렸다. 새로운 기관차, 화물차, 선로, 자동통제시스템, 컴퓨터는 비용을 낮추고 신뢰성을 높였다. 효율성이 살아나면서 철도회사들은 운임을 낮출 수 있었고, 그 덕분에 트럭이나 바지선과도 경쟁해 볼 만한 여건이 되었다. 미국철도연합이 2012년 발표한 내용에 따르면 물가상승률로 조정한 평균 철도 운임은 1981년 톤-마일당 0.07달러에서 2003년에는 0.03달러 이하로 떨어졌다. 엄청난 하락이었다.

1980년대와 1990년대에도 철도 산업은 합병이 진행되면서 다시 효율성이 늘어났다. 서부에서는 벌링턴 노던Burlington Northern과 산타페Santa Fe가 합병했고, 유니언 퍼시픽Union Pacific은 서던 퍼시픽Southern Pacific과 합병했다. 합병 결과 미국의 서쪽 절반에서 영업하는 대형 철도회사는 두 곳만이 남았다. 규모의 효율성이 늘고 경쟁은 줄면서 두 철도회사, 즉 벌링턴 노던 산타페와 유니언 퍼시픽은 순이익을 안정적으로 유지하면서도 운임은 계속해서 낮출 수 있었다.

2001~2002년의 침체기 동안 유니언 퍼시픽 경영진은 침체 영향을 줄이기 위해 비용을 삭감했다. 2000년 5만 500명이던 직원은 2003년에는 4만 6,400명으로 8.1% 줄었다. 비용 절감으로 철도회사의 2003년 순이익은 2000년보다 오히려 늘어났다. 하지만 이런 인원

감축으로 인해 유니언 퍼시픽은 정작 2004년 철도 운송 수요가 급증했을 때에는 설비와 인력 부족에 처해야 했다. 러시아워 동안 고속도로가 꽉 막히는 것에 비유할 수 있다. 고속도로 통행량이 지나치게 많아지면 차량 흐름이 느려지다가 정체되기 마련이다. 유니언 퍼시픽의 혼잡은 이익 감소를 불러왔다. 회사의 기차는 더이상 목적지까지 다다르지 못했다. 철도회사의 매출액은 톤과 마일을 곱한 톤-마일로 계산하지만, 비용은 특히 시간당 인건비와 같은 금액은 시간별로 따진다. 열차가 지연될수록 비용도 올라간다. 더군다나 유니언 퍼시픽은 비정상적으로 신입사원을 많이 채용하고 교육했기 때문에 거기에도 큰 비용이 들어갔다. 그리고 증가한 수요에 맞추느라 폐기 수순이었다가 다시 사용하기 시작한 노후 열차의 수리와 유지에도 큰 비용이 들었다.

투자자들이 예년 수준에 미치지 못하는 순이익을 알아채기 시작한 것은 2004년 상반기였다. 2003년 마지막 거래일에 유니언 퍼시픽 주가의 종가는 17.37달러였다.• 2004년 6월 30일의 종가는 6개월 전보다 14.5% 떨어진 14.86달러였다. 같은 기간 동안 벌링턴 노던 산타페의 주식은 8.4% 올라 있었다.

우리가 논리적으로 생각하기에는 유니언 퍼시픽의 혼잡은 이삼 년이면 해결될 수 있는 문제였다. 신입 직원을 채용해 훈련할 수 있고, 새 열차를 구입해도 되고, 일부 열차는 혼잡 노선을 비켜나는 경로로 재조정할 수도 있고, 혼잡이 심한 노선에는 새 노선을 추가할 수도 있는 일이었다. 혼잡 완화는 해결하지 못할 숙제가 아니었다. 또한 논리

• 모든 주가 데이터는 이후의 주식분할을 반영해 조정했다.

적으로 추론하기에도, 철도 운송 시장이 튼튼할수록 적어도 약간의 운임 인상을 기대할 수 있었다. 우리가 세운 유니언 퍼시픽의 2006년 순이익모델에서는 사업상의 문제가 대부분 해결되고 요금도 근소하게 오르리라고 가정했다. 이런 가정을 근거로 우리의 순이익모델이 추정한 유니언 퍼시픽의 2006년 주당순이익은 1.55달러에 근접했다. 이것과 비교해, 우리가 기대했던 2004년 순이익은 주당 0.70달러에 불과했다. 나는 유니언 퍼시픽의 가치를 순이익의 14배로 보수적으로 평가했다. 따라서 내가 추정한 이 회사의 2006년 주가는 22달러를 조금 웃돌았다. 또한 유니언 퍼시픽은 매년 0.30달러의 배당을 지급했다. 현재 매매가가 약 14.5달러 정도이니 배당까지 포함하면 이 종목의 2004년부터 2006년까지 2년간 총수익률은 55%일 것이라는 결론이 나왔다. 나는 매수하기로 결정했다. 딱히 짜릿한 투자 기회라고 보지는 않았지만, 2003년에는 증시도 우리가 보유한 종목들도 강세였고 유니언 퍼시픽보다 더 매력적으로 보이는 다른 종목을 찾지도 못했다. 매수 결정에는 중요한 이유가 또 있다. 나는 유니언 퍼시픽 주식에는 상당한 영구손실을 막아줄 단단한 보호책이 있다고 믿었다. 이 회사의 순자산가치는 주당 12달러였다. 이 회사는 철도회사치고 재무상태표가 탄탄했다. 게다가 국가의 활력을 유지하는 산업에서 벌링턴 노던과 더불어 두 회사가 미국 서쪽 절반을 독점하고 있었다.

현금으로 놔두는 대신 유니언 퍼시픽 주식을 보유한 데에는 다른 이유도 있었다. 지난 수십 년 동안 S&P 500으로 측정한 증시의 연평균 수익률은 대략 9.5%였고, 우리가 추측한 앞으로의 이삼십 년 평균 수익률도 9.5% 언저리였다.• 우리가 어떤 종목을 매수하는 이유는 그 주식의 상승이 증시 전체의 상승을 훌쩍 넘어설 것이라고 믿기 때문이다. 그런데 우리 예상이 엇나가고 그 주식의 가치 상승이 시장과 비슷한 수준이라면? 이럴 경우 이 주식이 평범한 주식이라면 장기적으로 거둘 연평균 수익률은 9.5% 정도일 것이다. 당연히 현금 보유보다는 훨씬 낫다.

증시가 장기적으로 9.5%의 상향 편향을 가진다는 것은 공매도가 대체적으로 좋지 않은 투자라는 의미도 된다. 공매도자가 연평균 9.5%의 시장 수익률에 못지않은 수익을 내려면 연간 가격 하락률이 9.5%는 되거나 증시 전체보다 수익률이 19%는 낮은 주식을 찾아내야 한다. 세계를 통틀어도 증시보다 매년 19% 높은 수익률을 내는 투자자가 많지 않다는 것은, 시장보다 수익률이 19% 떨어지는 주식을 찾아낼 수 있는 투자자도 많지 않다는 의미일 수 있다. 더욱이 롱포지션(매수 포지션)을 취한 투자자는 잃어봤자 투자 원금이 전부인 반면에, 주가 상승에서 거둘 수 있는 차익에는 한계가 없다. 반대로 쇼트포지션(매도 포지션)을 취한 투자자는 그 종목의 주가가 급등할 경우 그가 입을 잠재적 손실에는 끝이 없지만 잠재 이익은 기껏해야 투자 원금만큼의 금액이다. 따라서 개개 종목이나 시장의 급락을 예측하는 선견지명이 탁월하지 않은 이상 공매도는 대체로 굉장히 안 좋은 투자 행위이다.

고품질 주식을 보유하는 또 다른 이유는 예상 못한 깜짝 호재에 가끔씩 수혜를 입기도 한다는 점이다. 이런 이유에서 내 옛 상사인 아서 로스는 내게 고품질 종목을 사서 "계속 게임을 유지하게, 에드. 계속

- 1960~2010년까지 50년 동안, S&P 500 지수의 바탕이 되는 종목들의 순이익 성장률은 연평균 6.8%였고, 인덱스의 평균 배당률은 거의 3%였다. 장기 전망으로 볼 때 우리가 예측하는 미국의 경제 성장 속도는 대략 6%이며(절반은 실질성장이고 절반은 물가상승에서 비롯된다), 인수와 자사주 매입을 통한 주당순이익 증가는 거의 7%일 것으로 전망한다. 따라서 배당까지 더했을 때의 총수익률은 대략 9~10% 수준이 무난할 것이다.

게임을 유지하게나"라고 입버릇처럼 조언했다(앞서도 말했지만 아서는 강조하고 싶은 말은 보통 두 번을 연달아 말했다).

유니언 퍼시픽의 경우 우리가 예상 못 한 깜짝 호재로 상당히 큰 수혜를 입었다. 이 깜짝 호재는 디젤유 가격과 연관이 있었다. 우리가 유니언 퍼시픽 종목에 롱포지션을 취했을 때 디젤유 가격은 1갤런(약 3.78리터) 당 1.5달러를 아주 조금 넘었다. 이후 몇 년 동안 디젤유 가격은 가파른 상승세를 꾸준히 유지하다가 2008년에는 1갤런 당 4.70달러까지 올랐다. 철도는 트럭보다 연료효율이 대략 서너 배 정도 좋다. 따라서 높아진 연료비를 충당하기 위해서라도 트럭 화물운송 회사들은 철도 운임 인상 폭보다 훨씬 큰 폭으로 운임을 올려야 했다. 트럭 화물운송 회사들의 급격한 운임 인상에 일부 화주들은 트럭에서 철도 운송으로 갈아탔다. 이렇게 늘어난 철도 수요는 유니언 퍼시픽에게 두 가지 영향을 미쳤다. 첫째로는 수요가 공급을 초과하고 트럭의 경쟁력이 줄어들면서 유니언 퍼시픽은 연료비 인상을 충당하는 데 필요한 금액보다 더 높게 운임을 인상할 수 있었다. 둘째로, 철도 수송량이 증가한 탓에 유니언 퍼시픽은 혼잡 문제 해결을 위한 솔루션 도입을 뒤로 늦추게 되었다. 수송량 증가로 유니언 퍼시픽이 늘려야 하는 운송 능력도 같이 늘어났기 때문이다.

유니언 퍼시픽 주식을 매수한 후 우리는 이 회사의 진척 상황을 꾸준히 모니터링했다. 이 회사의 운임 상승은 우리의 애초 예상보다 더 큰 폭으로 진행되었지만 혼잡 문제는 생각보다 더 끈질겼다. 그러나 향후엔 대대적인 운임 상승이 계속 이어지고 조만간에 혼잡 문제도 벗어던질 수 있을 것이라고 우리는 확신했다. 그리고 그때가 되면 회사의 순이익과 주가도 날개를 달 것이 분명했다. 이번 투자에 대한 우리의 흥분도 점점 고조되었다. 얼마나 흥분했는지 예상된 운임 인상으로 수혜를 입을 만한 다른 철도회사 주식도 매입했을 정도였다.

우리는 흥분했지만 월가 전반은 그러지 않았다. 2005년 7월 13일, 유니언 퍼시픽 주가가 16달러 선일 때 J.P. 모건의 한 애널리스트는 이 종목의 평가 가치를 하향 조정하고 비중축소를 권했다. 월가식 표현으로 이 말은 팔아야 한다는 뜻이다. 비관적 권고에도 불구하고 이 애널리스트가 유니언 퍼시픽의 더 장기적 전망에 대해서는 호의적으로 언급한 이유가 무엇인지 나는 호기심이 생겼다. 그는 유니언 퍼시픽의 뛰어난 노선 체계와 우수한 고객 접근성을 언급했다. 또한 이런 강점이 탄탄한 이익률과 순이익, 현금흐름 성과를 이끌 것이라고 덧붙였다. 그러면서도 애널리스트는 현재의 운송 능력 제약과 그로 인한 운영 비효율이 단기적인 문제를 야기하며 실망감을 지속시켜 두세 분기가 지난 후에도 조정 국면이 사라지지 않을지도 모른다고 염려했다. 한 마디로, 이 애널리스트는 '두세 분기' 이상 가만히 앉아 운영이 획기적으로 반전되기를 기다릴 생각이 없었던 것이다. 우리는 기다릴 수 있었다.

2007년 중반이 되면서 유니언 퍼시픽의 혼잡 완화가 상당한 가시적 성과를 드러내는 듯싶었다. 6월 30일로 끝나는 분기에 이 회사 열차의 평균 속도는 예년 연초 분기의 시속 21.2마일(약 34.12km)보다 늘어난 시속 21.6마일(약 34.76km)이었다. 평균 체류 시간(열차 한 대가 한 터미널에서 머무는 평균 시간)은 2007년 6월 말 분기에는 24.7시간으로, 2006년 6월 말 분기의 27.6시간보다 상당히 개선되었다. 2007년 상반기 순이익은 여러 주에서 일어난 기습 폭우로 선로가 물에 잠기고 교량이 끊어졌음에도 불구하고 전년보다 19% 늘어났다. 2007년 한

해 전체의 예상 순이익도 주당 1.50달러에 육박했다. 2004년의 주당 0.77달러 순이익과 비교하면 큰 폭의 상승이었다. 월가 애널리스트들도 유니언 퍼시픽을 긍정적으로 전망했고 주가도 여기에 맞춰 30달러를 넘어섰다.

나는 2005년 중반, 유니언 퍼시픽 주가가 16달러일 때 비중축소를 권했던 그 J.P. 모건 애널리스트가 31.5달러로 오른 2007년에야 매수를 권하는 것에 웃음이 나왔다. 2007년 7월 17일자 보고서에서 이 애널리스트는 유니언 퍼시픽의 긍정적 부분이 꽤나 견고하며, 다른 철도 회사들에 비해 가격 결정력이 더 크고, 효율성을 제고할 기회가 여전히 남아 있다고 적었다. 아이러니하게도 2005년 중반에 이 종목을 매수하지 말아야 할 이유가 되었던 비효율성이 2007년 중반에는 매수해야 할 이유로 돌변해 있었다. 애널리스트는 이 종목에서 의미 있는 상향 잠재력을 보았다고 결론 내렸다.

나는 그린헤이븐의 동료들과 정례 회의에서 투자 아이디어와 보유 종목을 논의한다. 2007년 중반에 이르자 다른 투자자들 역시 유니언 퍼시픽이 상당한 운임 인상과 운영 효율에서 성과를 보고 있다고 믿는 것이 확연해졌다. 따라서 우리는 유니언 퍼시픽의 잠재력 상당 부분이 주가에 반영되기 시작했을 가능성이 크다고 봤다. 그래서 정례 회의에서 우리는 보유 지분을 조금씩 매도하기로 결정했다. 2007년 말에는 유니언 퍼시픽 주식 대부분을 매도했고, 평균 가격은 약 31달러였다. 우리가 이 주식을 보유한 평균 기간은 대략 3.7년이었다. 그 기간 동안 주가는 두 배 조금 넘게 올랐고, 이 외에도 배당으로 주당 1.05달러를 받았다. 평균 수익률을 연간으로 계산하면 그동안의 배당까지 포함해 거의 24%였다.

유니언 퍼시픽 주가가 16달러일 때 비중축소를 권한 J.P. 모건 애널리스트가 틀렸다. 이 권고 이후 주가는 2008년 9월까지 꽤 꾸준히 올랐다. 내가 경험한 대로라면 월가 애널리스트들의 권고는 맞을 때보다는 틀릴 때가 더 많다. 한 투자자는 예전에 월가에서 가장 명망 높은 투자회사에 계좌를 만들었던 적이 있다고 말했다. 이 월가의 회사는 즉시 비중확대 목록에 추가된 종목을 매수했고, 그 종목이 리스트에서 제거된 순간 곧바로 그 주식을 팔았다. 몇 년간 이런 접근법을 쓰자 그 투자자의 수익은 형편없었고 결국 그는 계좌를 닫아 버렸다.

애널리스트들의 종목 발굴 능력이 기준 이하인 경우가 많은 이유는 무엇일까? 대다수 애널리스트는 하나 내지 두서너 개 산업을 담당하고 그렇게 담당하는 회사들에 대해서는 상당히 깊이 아는 편이다. 그렇지라도 지식과 판단 사이에는 큰 차이가 있다. 흔히 빗대는 말로, 지식이란 토마토가 과실임을 아는 것이지만 판단은 과일 샐러드에 토마토를 넣지 않는 것이다. 좋은 판단을 위해서는 지식도 필요하지만, 상식이나 기복 없는 감정, 자신감 그리고 어쩌면 명확히 정의내리기 힘든 육감 등을 포함한 다른 여러 자질도 필요하다.

더욱이 월가 증권 애널리스트를 포함한 대다수 개개인은 미래에 일어날 변화를 예측하기보다는 현재의 펀더멘털을 미래에 그대로 대입하는 쪽을 더 마음 편하게 여긴다. 현재의 펀더멘털은 알려진 정보를 토대로 삼는다. 알려지지 않은 정보로 미래를 예상하려면 심사숙고하고, 확률을 부과하고, 위험을 감수하는 노력이 필요하다. 이런 노력은 인간이 가능한 한 피하고 싶어 하는 행동이다.

또한 증권 애널리스트는 현재 실적이 저조하거나 평판이 손상된 기업이나 산업을 포용하기가 어려울 수 있다. 대개 증권 애널리스트는 실적 개선 증거가 구체적으로 드러나야만 종목 추천에 들어가는 편이다. 인생에서 중요한 것은 폭풍우가 지나가기를 기다리는 것이 아니다. 빗속에서도 춤출 수 있어야 한다. 기상도를 읽고서 폭풍우가 지나갈 순간을 합리적으로 예상하기는 어렵지 않을 수 있다. 비구름이 걷히고 햇살이 환하게 비추는 순간을 기다린다면 그 순간이 왔을 때는 남들도 이미 개선된 전망에 반응을 보이면서 주가를 끌어올리고 있다는 말이 된다. 물론 거액의 차익을 벌 기회도 이미 날아가 버릴 것이다.

나는 폭풍우가 지나가기를 기다려서는 안 된다고 말하는 글 중 최고를 꼽는다면, 워런 버핏이 금융위기가 정점이던 2008년 10월 17일 〈뉴욕타임스〉지 오피니언란에 실은 글을 꼽고 싶다. 일부 내용을 소개하면 아래와 같다.

> **남들이 탐욕스러울 때 두려워하고 남들이 두려워할 때 탐욕을 부려야 합니다. 이 단순한 규칙이 내 매수를 지휘합니다. 그리고 지금 두려움이 만연해 있다는 것은 불을 보듯 자명합니다. 심지어 가장 이성적인 투자자들마저도 두려움에 사로잡혀 있습니다. 투자자로서는 부채 비중이 높은 법인이나 경쟁 입지가 약한 기업은 조심할 수밖에 없습니다. 하지만 미국 내의 상당수 건전한 기업들의 장기 전망까지 두려워하는 것은 타당하지 않습니다. 이런 기업들은 지금까지도 그랬고 앞으로도 순이익 악화가 발생하는 순간이 있을 수밖에 없습니다. 하지만 대기업 대부분은 앞으로 5년, 10년, 20년 뒤에 새로운 순이익 신기록을 세울 것입니다. 나는 한 가지 점은 명확히 해두고자 합니다. 나는 주식시장의 단기 움직임은 예측할 수 없습니다. 나는 1개월 후 아니면 1년 후의 증시가 지금보다 오를지 내릴지는 전혀 짐작조차 못합니다. 그러나 투자 심리의 반전이나 경제 반등이 진행되기 훨**

씬 전부터 증시는 오를 것입니다. 어쩌면 상당히 오를지도 모릅니다. 그러니 종달새를 기다리다가는 봄은 지나가 버릴 수 있습니다.

제8장

AIG

같이 잠자리에 들 때는 미스 아메리카였는데 깨고 보니 마녀였다.
아무리 신중한 투자자도 이런 일은 피하기 힘들다.

"추녀와 한 침대에 든 적은 없었다. 하지만 깨고 보니 추녀인 적은 몇 번 있었다." 워런 버핏의 말이다.* 우리의 경우에 이 추녀는 AIG American International Group였다.

우리가 AIG 주식을 사게 된 주요한 간접적 이유는 1998~2000년의 기술주 거품이었던 것 같다. 2000년에 거품이 터지고 증시는 급락하기 시작했다. 기술주가 상당 부분을 차지하는 나스닥 종합지수는 2000년 3월 10일 5,048포인트를 고점으로, 2002년 10월 9일에는 1,114포인트까지 떨어졌다. 78%의 급락이었다. 미국 전체 증시의 대표성이 강한 S&P 500은 2000년 9월 1일 1,521포인트까지 올랐다가 2003년 3월 11일에는 801포인트까지 추락했다. 증시 대폭락에 대다수 투자 기관들과 개인 투자자들은 주식보다 변동성이 낮

* 워런 버핏, 버크셔 해서웨이, 2007년 연차보고서, p. 9.

은 투자 기회를 찾아 헤맸고, 그들이 선택한 투자처는 주식을 공매도해 하방 변동성을 크게 낮추겠다고 약속하는 헤지펀드였다. 바클레이헤지BarclayHedge 발표에 따르면 2000년 헤지펀드들의 운용 자산은 3,000억 달러였지만 2007년에는 2조 달러를 넘었다.

헤지펀드들은 고객에게 운용 자산 대비 1~2%의 운용수수료를 부과하고, 차익이 발생하면 거기에 또 20%의 성과수수료를 부과한다. 이런 고수수료 구조로 인해 헤지펀드는 확실한 투자 이를테면 우량주 매수가 아닌, 다소 불확실성이 높은 투자를 할 수밖에 없다. 만약 헤지펀드에 엑손이나 3M, 버크셔 해서웨이, 제너럴 일렉트릭, 프록터 앤드 갬블처럼 추종 세력이 많고 주식 보유자도 많은 기업의 주식 비중이 높으면, 고수수료를 정당화하기가 힘들다. 2006년이 되면서 헤지펀드가 증시에 발휘하는 힘이 세진 데다 대개는 우량주 종목을 피했기 때문에 많은 최우량 대형주는 비교적 낮은 가격에 거래되었다.

한편 2003~2005년 동안 그린헤이븐의 포트폴리오는 '옛 경제주'의 부활과 비정상적인 호황의 수혜를 입었다. 2003년 1월 1일부터 2005년 12월 31일까지 그린헤이븐의 웬만한 계좌는 (배당 수령액을 포함해) 약 140%의 가치 상승을 누렸다. 2006년 초까지 우리는 보유 종목 중 상당수가 거의 제 가치에 도달했다고 판단했고, 이런 종목들을 저평가된 비인기 종목들로 대체하는 방안을 모색했다. 우량주가 여기에 딱 들어맞는다고 판단하여 우리는 GE, 페덱스, 3M 그리고 (불행히도) AIG 주식을 매수했다.

AIG의 전신은 아이스크림 가게 주인이었던 코넬리우스 밴더 스타Cornelius Vander Starr가 1919년 상하이에 설립한 회사였다. 여러 해 동안 이 회사의 핵심 사업은 중국에서의 생명보험 판매였다. 1926년 뉴욕에 사무소를 차린 스타는 해외 영업을 하는 미국계 회사에 상해보험을 판매했다. 2차 세계대전이 끝나고 중국 공산주의 정부는 스타의 회사에 영업 금지 조치를 내렸지만, 스타는 다른 나라에서 공격적으로 사업을 확장해 중국에서 본 손해 이상으로 돈을 벌었다. 스타는 1967년에 사망했고 후임 CEO는 모리스 '행크' 그린버그Maurice 'Hank' Greenberg였다. 그는 스타가 창업하여 독립적으로 운영하던 몇몇 보험사들을 통합했다. 그가 취임하고 제일 먼저 행한 두 가지 조치는 각기 분리된 여러 회사를 통합해 AIG라는 새로운 회사를 만들고, 그 새 회사의 주식을 공개한 것이었다.

이후 몇 년 동안 행크 그린버그는 AIG를 덩치가 크면서 수익성도 높고 존경까지 한몸에 받는 '성장' 기업으로 일궈냈다. 1989~2004년까지 15년 동안 AIG의 매출과 순이익의 CAGR은 14.1%였고 주가의 CAGR은 17%였다. AIG는 이기는 주식이었다.

하지만 2004년과 2005년에 이 회사는 여러 가지 범법 행위로 기소를 당하면서 법적 공방에 휘말렸다. 개중에는 준비금 개선을 꾀하다 사기성 재보험 거래에 휘말린 사건도 있었다. 행크 그린버그는 2005년 초 사임해야 했고 후임 CEO에 오른 사람은 마틴 설리번Martin Sullivan이었다. 2004년부터 2006년까지 S&P 500 지수는 어느 정도 상승했지만 AIG의 주식은 보합세였다. 2006년 봄 나는 2004년과 2005년의 추문이 AIG 주가에 악재로 작용해 헤지펀드와 여타 공격적 투자자의 애정을 잃었다고 판단했다. 그리고 이런 이유에서 우리는 지금이야말로 저평가된 가격으로 이 종목을 매수할 적기라고 생각했다.

나는 AIG의 10-K와 연차보고서를 읽으며 종목 분석에 들어갔다. 10-K에 뜻밖의 사항은 하나도 없었다. 연차보고서를 읽으면서 나는 어느 보험회사의 보고된 순이익이나 재무상태표는 결국 모두 추정치에 불과하다는 사실을 깨달았다. 경영진도 보험통계회사도 독립회계사도 최근과 미래의 손실이 얼마인지 추정해야 하는데 이 추정치라는 것이 대개는 자료를 가지고 추산하는 것에 불과하기 때문이다. 그런데 AIG는 2005년 말에 18억 2,000만 달러의 세전 부과요금pretax charge을 취해 준비금을 끌어올렸고, 내가 보기에도 새 경영진으로서는 이 금액을 가능한 한 높게 매길 이유가 충분했다. 어쨌거나 신임 경영진은 이 금액에 대한 비난은 전대 경영진에게 돌리면 그만인 데다, 세전 부과액이 클수록 미래의 순이익은 그만큼 더 올라가기 때문이다. 따라서 높은 세전 부과액 발표에 나는 AIG의 준비금이 보수적인 수준까지는 아니어도 정확하게 계상되었다며 조금이나마 안도할 수 있었다.

보험회사는 재무가 튼튼해야 한다. 주주들에게 보내는 연차보고서에서 AIG 경영진은 "AIG는 동업종 내에서 자본구조가 가장 튼튼한 조직의 위상을 유지하고 있습니다"를 강조했다. AIG의 신용등급은 AA였는데, 경영진은 "현재 AIG의 신용등급은 전 세계 보험회사와 금융서비스 기업을 통틀어 가장 높은 수준입니다"라고 언급했다.

나는 보험회사 CEO인 친구 둘에게 전화를 걸었다. CEO가 경쟁사를 칭찬하는 일은 좀처럼 없지만 두 친구 모두 AIG에는 아주 후하게 점수를 줬다. 둘은 무엇보다도 AIG가 규모와 튼튼한 자본으로 경쟁우위를 누리고 있다고 평가했다. 중간규모 보험회사들은 충분한 자본과 규모를 확보하지 못해, 세계적인 매출 상위 500대 기업Fortune 500이 필요로 하는 대규모 보험을 제공하지 못하는 편이다. 따라서 초대형 보험 시장에서 AIG와 경쟁할 만한 상대는 제한적이었고, 이렇듯 약한 경쟁은 높은 보험료와 높은 이익으로 이어졌다.

보험사 CEO 친구 한 명이 나와 아내를 자기 집에서 여는 저녁 식사 자리에 초대했다. 그 자리에는 AIG의 신임 CEO인 마틴 설리번도 참석할 예정이었다. 나는 이때다 싶었다. 물론 3시간의 사교모임으로는 CEO의 능력을 다 판단할 수 없지만, 내가 평가한 마틴 설리번은 친절하고 지식이 높으며 아주 똑똑한 사람이었다. 나는 AIG의 리더십에 좋은 인상을 가지며 식사를 마쳤다.

추가 자료를 읽고 심사숙고하며 논의를 거듭한 후, 나는 정상 환경에서 발생할 만한 AIG의 미래 EPS 모델을 만들었다. '정상 환경'이라고 언급한 이유는 보험회사의 발표 순이익은 해마다 다를 수 있는데, 특히 허리케인이나 기타 재해 발생의 영향을 크게 받는다. 나는 정상 환경을 가정할 경우 AIG의 2008년 추정 EPS는 주당 약 7달러라고 결론 내렸다. 7달러면 2008년 주당 예상 순자산가치인 46.50달러의 15% 수익률에 해당한다. AIG의 평년 주당 순자산수익률은 15% 정도였으므로 EPS를 7달러로 잡은 것은 합리적인 추정치라고 여겨졌다.

그다음으로 나는 AIG의 주가를 평가했다. 나는 여러 분석 끝에 AIG 주식의 가치는 평균 PER에 근접하는 15 정도로 추정했다. 따라서 나는 2008년에는 AIG의 주가가 평가 당시의 가격인 55달러에서 거의 두 배 오른 105달러 정도가 될 것으로 결론지었다. 이런 수치와 업계 최고의 평판을 가지고 있다는 점에 근거해 나는 AIG 주식을 매수하기 시작했다.

2006년 AIG의 끝맺음은 순조로웠다. 헤징을 위해 이례적으로 회계를 조정하기 전의 EPS는 5.88달러로 꽤 괜찮았다. 그해 4사분기에 AIG 경영진은 회사의 자본 포지션을 분석한 후 150~200억 달러 정도 자본과잉 상태라는 결론을 내렸다. 이런 분석에 따라 경영진은 2007년 3월 80억 달러 규모의 자사주매입을 승인했고, 같은 해 5월에는 배당을 20% 늘렸다. 나는 함박웃음을 지었다.

2007년의 끝을 향해 가면서 금융시장 전체에 긴장감이 감돌았고 9월 말 57달러이던 AIG 주가는 12월 말에는 약 49달러로 미끄러졌다. 주가는 2008년에 들어서도 계속 내리막이었고 베어 스턴스Bear Stearns의 파산 선언이 가시화되면서 저점인 33달러로 급락했다. 그러나 J.P. 모건이 베어 스턴스를 인수할 것이라는 발표에 AIG 주가는 회복하기 시작했고 4월 중순에 이르러서는 40달러 선으로 다시 올라왔다.

4월 말에도 AIG 주가는 우리가 들인 비용보다 여전히 현저하게 낮았다. 그린헤이븐의 보유 종목 중 한두 개는 가끔씩 역풍을 맞기도 한다. 경제와 금융시장은 순환한다. 투자의 영역에는 맞바람이 동반한다. 보유 종목의 주가가 약세면 우리는 그 회사의 장기 펀더멘털을 다시 살펴본다. 장기 펀더멘털에 변함이 없으면 우리는 추가 매수까지는 아니더라도 일반적으로는 그 주식을 계속 보유한다. AIG는 우리가 보기에는 장기 펀더멘털에 이상이 없었다. AIG는 은행대출과 같은 금융 위험에 보험을 제공하는 자회사인 AIG FPAIG Financial Products의 파생상품 거래를 비롯한 여러 자산의 시가평가mark to market에서 손실을 보고해야 했다. 시가평가 하락이 필요했던 이유는 고위험 자산의 전반적인 채권수익률 증가 때문이지, AIG의 손실이 크게 악화될 것이라는 우려 때문은 아니었다. 따라서 우리는 파생상품 계약의 만기가 도래하면 이 손실이 대부분 또는 전부 회복되리라고 생각했다. 워런 버핏은 2007년 버크셔 해서웨이 연차보고서에서 파생상품 계약을 시가로 평가할 필요가 있다고 언급했다. "파생상품 가치의 변화는…… 매 분기

마다 순이익에 반영되어야 합니다. 그러면 우리의 파생상품 포지션에 따라 가끔은 순이익 신고액이 크게 변할 수 있습니다. 찰리 멍거와 제가 이 포지션의 내재가치는 거의 변함이 없다고 믿을지라도 말입니다. 저는 이런 요인에서 발생하는 순이익 변동에는 신경 쓰지 않을 것입니다. ……우리는 여러분도 그러기를 바랍니다." 게다가 우리는 신용평가사나 규제기관이 이런 자산 감액에 우려를 표한다면 AIG가 언제라도 신주나 우선주 혹은 후순위채를 발행해 현금과 자본을 조달할 수 있으리라 생각했다. 실제로도 5월 8일 AIG는 신주와 후순위채를 판매해 200억 달러가량의 신규 자본을 모집할 계획이라고 발표했다.

하지만 긴장감은 지속되었고 2008년 6월과 7월 동안 AIG 주가는 20~25달러 선이었다. 8월 중순에 나는, 당시 AIG에서 이사회 자본조달위원회 위원장을 맡고 있고 그 전에는 감사위원회 위원장을 지낸 핵심 이사 한 명이 8월 12일에 본인 계좌명으로 AIG 주식 3만 주를 매입했다는 사실에 주목했다. 이 소식에 나는 상당히 안도했다. 자본조달 위원장이 AIG의 미래를 우려한다면 주식을 매입할 리가 없지 않겠는가? 게다가 그는 AIG의 펀더멘털에 대해 누구보다도 정통할 것이 분명하지 않겠는가?

9월 15일 아침, 리먼 브라더스가 챕터 11 파산 법정관리를 신청하면서 지옥의 빗장이 풀렸다. 뭔가가 단단히 잘못됐다. 리먼 브라더스의 파산신청은 증시 대폭락의 자가증식을 촉발했다. 금융시장의 유동성이 꽁꽁 얼어붙으면서 자산 가치는 급전직하했다. 자산 가치의 급락에 금융기관들은 보유 자산의 시가평가액을 절하했고, 이로 인해 그들의 신용등급도 추락했다. 신용등급의 추락으로 금융기관들은 급하게 자본을 조달해야 했고, AIG 역시 파생상품 계약에 대한 담보를 서

둘러 마련해야 했다. 하지만 동사 직전인 금융 시장에서 필요한 자본과 현금을 조달할 수 있을 리 만무했고, 따라서 신용도 회복은 더더욱 요원해졌다. 그러다보니 새 자본과 현금이 더더욱 절실해졌다. 리먼 브라더스 파산과 금융시장이 동사 직전이라는 충격파에 AIG 주가도 급격히 떨어졌다. 이 회사는 담보로 걸 현금이 시급했지만 꽁꽁 얼어붙은 시장에서 현금은 쉽게 조달되지 않았다. 9월 16일 화요일 밤, 미국 정부는 긴급 자금 수혈에 동의하면서 그 대가로 AIG 주식을 대거 가져간다는 협약을 맺었다(정확히는 FRB가 2년간 850억 달러의 긴급 구제금융을 제공하고 AIG 지분의 79.9%를 인수했다–옮긴이). 협약문을 읽는 순간 나는 우리가 보유한 AIG 주식에 거액의 영구손실이 발생했음을 직감했다.

리먼 브라더스의 추락과 그 이후의 심각한 금융위기는 우리의 예상에도 계획에도 없는 뜻밖의 사건이었다. 그 후 몇 주 동안 나는 야근을 밥 먹듯 하며 조금이라도 사태를 파악하려 노력했다. 대공황 이후 가장 심각하다는 경제위기이다 보니 감정을 배제하고 명료하게 생각하기가 힘들었다. 아무리 위험과 불확실성이 만연해도 어쨌든 행동은 해야 했다. 리먼 브라더스 파산 후 몇 주 지나지 않아 우리는 금융주들을 대부분 처분했고, 급락하지는 않았어도 증시 전반에서 상대적으로 매력도가 약한 종목 여러 개도 매도했다. 이 매도로 우리의 현금 비중은 포트폴리오의 40%까지 늘어났다.

다음 몇 달 동안 우리는 경제 환경과 우리의 포트폴리오에 대해 고심하고 또 고심했다. 미국은 서로 별개이면서도 서로 연관된 두 개의 문제에 직면하고 있었다. 첫 번째 문제는 금융위기이고, 두 번째는 깊은 경기침체였다. 금융위기가 계속되는 한 우리는 현금 보유 비율을 높게 유지하는 수밖에 없다는 것이 내 결론이었다. 나는 금융위기의 여파로 깊은 경기침체가 또 다른 대공황으로 발전할까 두려웠다. 하지만 만약 금융위기가 끝난다면 쌓아둔 현금을 비정상적으로 저평가된 주식에 재투자할 대단히 매력적인 기회가 생길 수 있었다. 대다수 기업은 금융위기 동안 현금을 끌어모으려 재고를 확 줄였고, 이런 재고 감축이 당시 경기 불황의 주요 원인이었다. 일단 위기가 끝나면 기업들은 일부나마 재고를 다시 채우려 할 것이고, 재고 보충은 경제 전반에 자극제가 될 것이다. 게다가 금융위기 동안 기업도 소비자 개인도 갖고 싶거나 필요했던 고가의 물품들은 구매를 미뤘었다. 나는 위기가 끝나면 상당수 상품과 서비스에 그동안 미뤄뒀던 수요가 발생할 것이라고 믿었다. 게다가 2008년 말이 되면서 미국 정부와 연방준비은행이 적극적인 경기부양 행동을 취할 것이란 확신도 들었다. 그래서 나는 일단 금융위기가 끝난다면 경기가 어느 정도, 어쩌면 급격히 반등할 확률이 상당히 높다고 믿었다.

2008년 말과 2009년 초에 우리는 미국 국채와 상대적으로 저등급인 채권들의 이자율 스프레드를 조심스럽게 모니터링하고, 금융위기의 지속이나 약화를 나타내는 여타 신호가 없는지 살펴봤다. 3월이 되면서 이자율 스프레드가 좁혀지고 금융시스템이 상당 부분 신뢰를 회복했다는 판단 하에, 나는 포트폴리오에 보유 중인 현금을 재투자하기로 결정했다. 2007년 말부터 2009년 3월 31일 사이에 S&P 500 지수는 45%가량 떨어졌고, 이 지수에서 제조 부문으로 구성된 하위 지수의 하락률은 약 54%였다. 제조기업들은 다른 업종(소비자 내구재, 제약, 공익사업 등)에 비해 경기에 더 민감하기 때문에 제조업 종목들의 주가가 시장 전반보다 더 떨어진 것은 놀랄 일도 아니다. 우리가

2009년 봄에 매수한 종목들은 대부분 제조업 종목이었다. 제조업 종목들은 다른 부문보다 주가가 훨씬 더 떨어져 있는 상태이기도 했지만 경제가 반등하면 직접적인 수혜도 더 많이 입을 것이기 때문이었다. 우리의 전략은 성공했다. 2008년 참담했던 한 해 동안 그린헤이븐의 포트폴리오는 평균적으로 약 38% 하락했지만, 2009년에는 대략 47%가, 그리고 2010년에는 21%가 올랐다. 2010년 말에 그린헤이븐의 포트폴리오 가치는 평균적으로 따져서 2007년 말보다 거의 10% 올랐다.

AIG는 그린헤이븐에는 재앙이었지만 미국 정부에는 아니었다. 금융위기가 지나간 후 예산을 대폭 삭감한 AIG는 흡족한 영업이익을 봤다. 미국 정부는 AIG의 재무상태 회복으로 이득을 보면서 조금씩 투자를 줄였고 2012년 12월 11일 마침내 마지막으로 보유하고 있던 지분까지 다 매각했다. 미국 재무부 발표에 따르면 연방준비은행과 미국 재무부가 AIG '투자'로 번 이익은 양쪽을 합쳐 227억 달러였다.

금융위기 동안 미국 정부가 금융기관에 긴급 구제금융을 제공한 것을 두고 일각에서는 비난이 일기도 한다. 나는 이런 비난에 동의하지 않는다. 미국 정부는 금융위기 동안 금융기관에 자본을 대출 수 있는 몇 안 되는 돈줄 중 하나로서 협상력을 독점하면서 상당히 유리한 조건에서 협상을 추진할 수 있었다. AIG를 포함해 대다수 금융기관은 여전히 튼튼하고 생명력이 강한 사업을 보유하고 있다. 이 기관들은 유동성에 문제가 생겼을 뿐, 지불능력에 문제가 생긴 것은 아니었다. 정부가 이번 구제금융 대부분에서 이익을 본 것은 어찌 보면 당연한 일이었다.

게다가 가장 중요한 것은, 구제금융은 금융시스템의 자신감 회복에 도움이 되었고, 회복된 자신감은 경제가 침체의 늪에서 나오는 데에도 도움이 되었다는 점이다. 구제금융은 대단히 심각한 문제를 일부나마 해결하는 실용적인 해결책이었다. 상당수 이상주의자들은 원론적으로, 정부가 민간 기업에 구제금융을 제공해서는 안 된다는 입장을 취했다. 그러나 사람도 기관도 실용성과 유연성을 가져야 하며, 강한 이데올로기와 편협한 사고를 고집하면 오히려 실패로 이어져 사람들을 고통에 빠뜨릴 수 있다.

AIG 주가가 폭락하고 두세 주가 지난 후 고객이자 친구이기도 한 내 친구가 이 참담하게 실패한 투자에서 배운 교훈은 없는지 내게 물었다. 나는 우리가 여전히 전쟁의 안개 속에 있으며, 금융위기가 지나고 나면 우리의 실수가 무엇인지 더 분명히 파악할 수 있을 것 같다고 대답했다. 몇 달이 흐른 후 나는 AIG 투자를 곰곰이 반추했다. 나는 우리의 방대한 투자 과정과 투자 정보를 점검했다. 그런 다음 스스로에게 질문을 던졌다. '내가 그때 그 정보로 오늘 매수 결정을 내려야 한다면 그때와 동일하게 매수 결정을 내릴 것인가?' 내 대답은 '예스'였다. 투자 사업에서는 상대적으로 예측이 불가능한 이례적 사건이 발생하면, 다른 때에는 매력적이었을지 모르는 투자도 순식간에 궤도를 벗어날 수 있다. 그런 일은 비일비재하다. 그래서 우리는 대규모 영구손실 리스크를 줄이려 최선을 다하지만 리스크를 완전히 없애는 것은 불가능하다. 그러나 우리는 우리가 감당할 만한 리스크 수준에 한도를 긋는다. 이 한도는 충분하고 분명한 보호가 되어주는 동시에, 우리로 하여금 리스크 회피에 급급해 대단히 매력적인 투자기회를 놓치는 사태에 빠지지 않도록 막아준다. 투자를 할 때에는 100년 내 최대 폭풍우가 모퉁이에서 기다리고 있을지도 모른다는 섣부른 걱정에 얽매

여서는 안 된다.

다행스럽게도 우리는 안 좋은 쪽으로의 변화는 대부분 충분히 빨리 알아차려 손실액이 커지기 전에 주식을 처분하는 편이다. 예를 들어 2014년에 우리는 산소가스, 질소가스, 수소가스를 비롯해 기타 산업용 가스를 제조하는 프렉스에어Praxair의 주식을 매수했다. 우리는 이 회사 주식이 저평가되어 있으며 순이익 성장률에도 가속도가 붙을 것으로 전망했다. 이유인즉, 주요 경쟁사인 에어 프로덕츠Air Products의 공격적인 새 경영진이 생산능력을 통제하고 가격 인상을 시도할 것이라는 예측에서였다. 프렉스에어 주식을 매수하고 몇 분기가 지났고, 에어 프로덕츠의 신임 경영진이 가격 인상보다는 원가 절감에 더 관심이 많다는 것이 우리 눈에도 확연히 보였다. 게다가 프렉스에어 순이익의 14%는 브라질에서 나왔는데, 브라질 화폐인 레알화의 가치가 경제와 정치 문제 때문에 급격히 추락했다. 우리는 레알화의 가치 하락이 오랫동안 이어질까 전전긍긍했다. 결국 우리가 프렉스에어에 대해 했던 예측이나 가치평가 모두 지나치게 낙관적이었다는 사실이 판명되었다. 우리의 대응은 약간 손해보는 선에서 주식을 매도하는 것이었다.

나는 투자운용에 종사하면서 처음에 가치를 너무 높게 평가했다는 사실을 깨닫고는 어느 정도 선에서 손절매를 한 경우가 종종 있었다. 우리에게는 제2, 제3의 프렉스에어가 많았다. 내 생각에는, 모든 보유 종목에서 만족스런 수익률을 거두는 것이 아니라 흡족한 평균 타율을 거두는 것이 투자의 핵심이다.

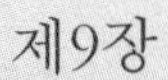

제9장

로우스

상식적인 논리로 우리가 내린 결론은 미국 주택시장이 머지 않아 회복할 가능성이 높다는 것이다. 투자는 논리와 확률의 게임이다.

로우스Lowe's는 2위 규모의 주택 개축용품 소매회사이다. 미국과 캐나다 전역에 있는 1,850개의 로우스 매장에서는 목재, 벽판 재료, 마룻바닥 재료, 가정용 기기, 주방과 욕실 수납장, 배관 용품, 조명 용품, 페인트, 전동 공구, 옥외용 가구, 잔디 씨앗, 화분, 비료를 비롯해 4만 종에 달하는 주택용품을 판매한다. 로우스의 매출액은 주택산업의 흥망과 궤적을 같이한다고 해도 과언이 아니다.

로우스는 1921년 루시우스 로우Lucius S. Lowe가 노스캐롤라이나주 노스윌크스버러에서 철물점을 연 것이 첫 시작이었다. 1940년 루시우스 로우가 죽은 후 유가족 몇몇이 상점을 소유하고 운영했는데 개중에는 사위인 칼 뷰캔Carl Buchan도 포함돼 있었다. 1950년대에 뷰캔은 철물만이 아니라 건축 용품도 같이 파는 새 매장 몇 개를 개장했다. 뷰캔은 1960년에 갑자기 세상을 떠났고, 이후 로버트 스트릭랜드Robert Strickland가 새 CEO에 올라 1961년에 회사를 상장시키고 사업을 계속 확장했다. 1960년 2,500만 달러였던 로우스의 매출은 1970년에는 1억 5,000만 달러 이상으로, 그리고 1980년에는 거의 9억 달러 수준으로까지 올랐다.

과거 로우스는 전문 건설자용 용품을 파는 데 주력했다. 하지만 1980년 신규 주택시장이 침체되자 로우스는 이른바 DIY 주택 보유자들을 끌어들이기 위한 매장 재설계에 나섰다. 그 즈음 새로운 경쟁사인 홈디포Home Depo가 로우스 매장보다 평균 5배는 더 크면서 인테리어와 칸막이를 최소화한 이른바 빅박스big box 형태의 매장을 개장하기 시작했다. 1989년이 되면서 홈디포의 대규모 빅박스형 매장이 앞으로의 대세임이 뚜렷해졌다. 로우스의 경영진은 1991년 영업권 손상비용impairment charge을 감당하면서까지 소규모 매장 폐쇄에 나섰고 이후에는 홈디포와 경쟁하기 위해 대규모 창고형 매장을 공격적으로 개점하기 시작했다. 로우스는 1993년에만 평균 10만 제곱피트(약 9,290㎡) 넓이의 매장 57개를 개장하면서 총 매장면적을 거의 두 배 가까이 넓혔다. 이로써 홈디포와 본격적인 경쟁이 시작되었다.

1993년• 로우스의 매출은 45억 4,000만 달러였고, 홈디포는 92억 4,000만 달러였다. 이후 10년 동안 로우스는 연평균 21%씩 매출이 증가해 308억 4,000만 달러까지 성장했고 홈디포도 비슷한 비율로 늘어났다. 소규모 건축용품 회사와 철물점을 희생시키고 성장했다는 점에서는 두 회사 모두 같았다. 작은 매장들은 이 두 빅박스형 소매회사의 구매력이나 유통 효율성, 상품 다양성, 규모의 효율성, 그리고 낮은 부동산 비용과는 아예 경쟁조차 할 수 없었다.

로우스는 2001~2005년 동안 쭉쭉 성장했다. 주택경기 호황으로 덕

• 로우스와 홈디포의 회계기말은 1월 31일이다. 여기서 지칭하는 특정 해는 다음 연도 1월 31일에 끝나는 회계연도를 의미한다.

을 보기도 했지만, 홈디포가 회사 내부 머천다이징 문제로 진통을 겪는 통에 시장점유율을 빼어온 것도 한몫을 했다. 2006년 1월 31일까지 그 5년 동안, 로우스의 매장당 비교매출comps(소매업에서 같은 매장의 전년도 매출과 동년도 매출을 비교한 수치-옮긴이)은 연평균 5.4%씩 증가한 반면에, 홈디포의 비교매출은 연평균 2.5% 늘어나는 데 그쳤다. 로우스는 날개를 달고 높이 날아올랐다. 2000년 0.53달러이던 주당순이익은 2005년에는 1.73달러로까지 늘어났다. 이 5년 동안 주가는 150% 올라 2005년 말에는 34.85달러를 기록하기도 했다. 로우스의 주주들은 입이 귀에 걸렸다.

그러다가 주택경기 호황이 무너졌다. 2007년부터 2009년까지의 3년 동안, 로우스의 비교매출은 총액으로 17.8% 하락했다. 재앙이나 다름없는 추락이었다. 매출 하락과 동반해서 순이익도 39% 떨어져 2006년 1.99달러이던 EPS는 2009년에는 1.21달러에 불과했다. 경영진이 특단의 비용 절감 조치를 취하지 않는 한 순이익은 더 떨어질 것이 불을 보듯 빤했다. 주가도 마찬가지였다. 2009년 3월 주가는 저점인 13달러로 내려앉았다.

주택 거품의 붕괴는 내 예상보다도 훨씬 심각했다. 2004~2006년 동안 주택이 과잉공급되고 압류 조치가 많아지면서 빈집이 무더기로 생겨났다. 빈집이 기록적으로 많아지자 신규 주택 시공도 급감해 2006년 200만 호에 육박하던 시공 수는 2011년에는 58만 5,000호에 지나지 않았다.

2011년 봄, 월가에는 주택시장이 당분간 약세를 면치 못할 것이라는 의견이 팽배했다. 왜냐하면 압류 절차가 진행 중인 '그림자 재고shadow inventory' 주택 때문에 미분양 주택수가 실질적으로 크게 늘어나리라 봤기 때문이다. 이런 부정적 정서가 팽배한 탓에 주택 관련 기업들의 주가도 바닥 수준을 벗어나지 못하고 있었다. 나는 주택종목의 주식이 초저가이고 주택산업이 결국에는 크게 회복할 것이라는 논리에 구미가 동했다. 그래서 내 나름대로 시장 분석을 진행했다. 시장이 앞으로 몇 년 내에 깜짝 놀랄 정도로 반등할지도 모른다는 결론이 나왔다. 내 논리와 방법론을 설명하면 다음과 같다.

첫째로, 나는 매년 정상 수요를 충족하는 데 필요한 신규 주택의 수가 얼마인지 추정했다. 정상 수요는 미국 내 가족 수의 순증가에 매년 철거하는 집의 숫자, 그리고 빈집과 여타 2주택의 증가분을 더한 숫자였다.

2011년에 미국 주택수는 대략 1억 3,100만 호였다. 2000년부터 2010년까지 미국의 인구는 연평균 성장률로 0.92%씩 증가해, 2억 8,216만 명에서 3억 933만 명으로 늘어났다. 만약 인구증가가 CAGR 0.92%를 유지한다면 매년 추가로 120만 호 정도(1억 3,100만×0.92)의 주택이 필요할 것이라는 계산이 나왔다. 또한 나는 하버드대학 주택공동연구소가 2010년 9월에 발표한 긴 보고서도 읽었는데, 보고서는 2010년부터 2020년까지 10년 동안 매년 118~128만 정도의 가구가 추가로 생겨나리라 예측했다. 다른 연구 보고서도 몇 건 읽고 난 후 나는 새로운 가구의 순증가와 2차 주택 수요증가까지 충족하려면 적어도 연간 120만 호 정도의 새집이 필요하다고 결론 내렸다. 또한 노후나 화재, 홍수, 이전 등으로 인해 허무는 집을 대체하기 위해서도 추가로 30만 호의 신규 주택이 필요하다고 추산했다. 따라서 나는 정상적인 해에 필요한 신규 주택은 적어도 150만 호라고 결론 내렸다.

추가 분석을 하기 전에 나는 이 150만 호라는 추산을 과거 데이터에 대비해 보았다. 1980년부터 1999년까지 20년 동안 미국에서는 연평균 143만 호의 주택이 준공되었다. 같은 20년 동안 미국의 평균 인구수는 약 2억 5,000만 명이었다. 143만 호의 준공 주택수를 2011년의 인구수인 3억 1,100만 명에 맞춰 조정하면 약 178만 호가 된다. 더 최근으로 옮겨서 2000~2003년의 4년 동안 준공된 주택수는 9/11과 약간의 경기침체 여파에도 불구하고 연평균 약 162만 호였다. 비록 금융위기 이후의 인구통계학 수치가 다소 부적합해지긴 했지만, 이런 과거 데이터로부터 나는 150만 호로 추정한 정상 수요가 보수적인 수치라고 장담할 순 없지만 합리적이기는 하다고 자신할 수 있었다.

2010년 미국에서 준공된 신규 주택수는 65만 호에 불과했고, 이 숫자는 2011년에는 60만 호 아래로 떨어질 것이 분명해 보였다. 이것은 정상수요 추정치의 40%밖에 안 되는 엄청나게 낮은 숫자였다. 주택건설이 언제까지나 정상수요의 40% 수준으로 유지될 리가 없었다. 사람들은 어쨌든 살 집이 필요하다. 주택시장은 회복될 것이 분명했다. 그것도 아주 강하게. 결국 준공 주택수는 2.5배 늘어난 150만 호까지 증가할 것이 확실했다. 남은 미지수는 그 회복 시기가 언제냐 하는 타이밍의 문제였다.

회복기를 예상하기 위해 나는 인구조사국의 주택 준공 데이터를 사용해 계산했고, 연간 정상적인 신규 주택 수요가 150만 호라면 2004~2007년의 호황기 동안 140만 호의 초과 주택이 건설되었다는 결론이 나왔다. 또 하나 고려할 사항은 주택 압류 건수의 영향인데, 이것은 월가 애널리스트 상당수도 혼란스러워하는 숫자였다. 압류의 영향을 감안할 때 내가 선택한 접근법은 이러했다. 주택이 압류되면 그 압류는 전에 살던 거주자가 다른 집을 사거나 얻을 때가 아니라 다른 가족(보통은 한쪽 부모나 친구)의 집으로 이사해 들어갈 때에만 재고과잉을 늘이는 효과가 있다. 따라서 이런 '더부살이' 가구의 증가수를 추산할 수 있으면 압류나 실직에서 생기는 퇴거 숫자도 알 수 있을 것이다. 충분히 알아볼 수 있는 숫자였다. 더부살이 가구는 2008~2010년 동안 연간 약 200만 가구씩 늘어났고 대체로 그 수준을 유지해 왔다.

따라서 최근의 주택 공급 부족을 고려하기 전에, 일단은 2004~2007년의 공급과잉과 2008~2010년의 압류로 늘어난 빈집 수는 약 340만 호라는 결론이 나왔다(2004~2007년의 공급과잉 140만 호에 압류로 생긴 빈집 수 200만 호를 더한 숫자이다). 인구조사국 데이터를 다시 이용했더니, 2008~2010년의 주택 공급 부족은 총 190만 호(반면에 신규 주택의 연간 정상수요는 150만 호이다)라는 결론이 나왔다. 결국 2003~2010년 동안 빈집 재고는 총 150만 호 늘어난 셈이었다. 2003년 말의 주택 재고는 정상 수준을 유지했으므로 2010년 말의 재고과잉 추정치는 대략 150만 호였다. 2011년에 새로 지어지는 주택은 60만 호에 불과했다. 60만 호의 건설 수준이 유지되고 정상수요가 150만 호라면, 그리고 더부살이 가구의 증가가 안정적인 수치를 유지한다고 가정하면 2012년 말이면 주택산업은 재고를 다 소진하게 된다.

나는, 우리가 주택시장의 강한 상승 가능성을 예상한 반면 대다수 투자자는 생각이 다르다는 사실에 흥분했다. 내가 보기에 이 시점에서 주택시장에 대한 부정적 정서가 생긴 이유는 사람들이 최근의 추세를 미래에 무비판적으로 투영하고 기존 문제를 지나치게 고민하는 성향 때문이었다. 기업이나 산업을 분석할 때 나는 천성적 낙천주의자

이자 노력형 실용주의자가 되려고 한다. 흔히 말하는 물이 담긴 물 잔에 비유하면, 반이나 빈 것이 아니라 반이나 채워져 있는 것이다. 그리고 실용주의자 입장에서 보면 물 잔의 크기가 필요보다 두 배나 큰 것에 불과하다.

나는 주택시장의 상승 가능성에 열광하는 마음을 가라앉히고 경기 호전에 수혜를 입을 만한 종목은 무엇인지 찾아보기 시작했다. 제일 먼저 상장 주택건설사들을 분석해야겠다는 생각이 본능적으로 들었다. 그러나 이 회사들은 재무상태표가 튼튼하지 못해, 혹시나 주택시장이 2~3년 내로 나아지지 않으면 지급불능 사태에 빠질지도 모르는 일이었다. 나는 영구손실 리스크를 최소화하려고 계속 노력하며, 워런 버핏이 말한 성공 투자의 두 가지 규칙인 "첫째 규칙, 절대로 돈을 잃지 마라. 둘째 규칙, 첫 번째 규칙을 절대로 잊지 마라"를 언제나 가슴에 새긴다.

두 번째로 든 본능적 판단은 주택 개축용품 소매회사들에 대한 분석이었고, 나는 곧바로 로우스에 열광했다. 이 회사가 두 가지 긍정적 변화로부터 수혜를 입을 가능성이 높다는 믿음에서였다. 그 둘 중 첫째는 주택시장의 상향 전환이고, 둘째는 머천다이징의 개선이었다. 2001~2005년 사이 홈디포의 머천다이징에 문제가 생긴 덕분에 시장 점유율이 올라가기 전까지만 해도 로우스는 자기 안주에 빠져 있었고 머천다이징도 제대로 관리되지 않고 있었다. 하지만 이제 로우스는 판매 상품 전부를 꼼꼼히 분석하고 판매가 저조한 상품은 없애고, 새로운 인기 상품을 소개하고, 공급 가격을 낮추고, 소비자 가격을 최적화하고, 상품 각각을 최고의 진열 공간에 배치하고, 재고 부족이나 떨이 판매를 위한 가격 인하 사태가 나지 않도록 재고 수준을 조정하고, 광고와 광고판을 현대화해야 했다. 로우스의 경영진은 머천다이징 개선을 진지하게 고민하고 있었다. 나는 여기에 필요한 것은 고도의 로켓 과학이 아니라 집중과 노력이며 아마도 2~3년 내로 상당한 진전이 이뤄지리라 판단했다.

로우스의 재무상태와 여타 펀더멘털을 분석한 후 나는 정상 상태를 가정한 2014년 순이익모델을 세웠다. 이 순이익모델은 주택 산업이 회복했으며 로우스의 머천다이징이 크게 개선되었다는 가정을 전제했다. 제일 먼저 나는 2014년 매출을 추정했다. 2011년 로우스의 판매 공간 총면적은 1억 9,700만 제곱피트(약 1,830만m^2)였고, 연간 1%씩 판매 공간을 늘리리라 추정했다. 그 결과 나는 2014년의 판매 공간 총면적은 2억 300만 제곱피트(약 1,886만m^2)가 될 것으로 예상했다. 로우스의 면적 대비 매출액은 2010년에는 1제곱피트(약 0.093m^2) 당 250달러였는데, 이는 2003년의 302달러보다 떨어진 수준이었다. 나는 로우스의 2003년 매장 면적당 매출이 정상 수치라고 판단했다. 따라서 1제곱피트당 매출은 물가상승률 조정 전에는 302달러, 2003~2014년의 평균 1% 물가상승률로 조정한 수치로는 337달러 선까지 회복할 것으로 가정했다.• 그렇게 해서 정상적인 상황을 가정했을 때 로우스의 2014년 매출은 1제곱피트 당 337달러가 될 것이라는 결론이 나왔다. 총 판매면적인 2억 300만 제곱피트를 곱했을 때의 예상 매출액은 684억 달러였다.

그다음으로는 영업이익률을 계산했다. 신설 매장을 개장하는 데 들어간 비경상 비용 차감 전 로우스의 2003년 영업이익률은 10.5%

• 2003~2011년 사이 건설자재와 조경장비의 실제 물가상승률은 약 2%였지만, 이 시기 동안 로우스의 제품가 상승률은 평균 상승률보다 다소 밑돌았던 것으로 보인다.

였다. 주택 산업이 회복하고 로우스의 머천다이징이 상당 부분 개선된다면 2014년까지 10.5%의 영업이익률로 돌아가지 못할 이유가 전혀 없었다.

매출액 684억 달러에 영업이익률 10.5%를 곱하면 영업이익은 71억 8,000만 달러이다. 세후순이익을 계산하기 위해 이 영업이익에서 2억 7,500만 달러의 예상 이자비용과 38%의 법인세를 뺐다. 그리고 예상 순이익 총액을 유통 중인 주식 14억 주로 나눠 주당순이익을 계산했다. 따라서 2014년의 정상 EPS는 3달러를 조금 웃돌리란 것이 나의 결론이었다.

마지막으로 주식의 가치를 평가했다. 로우스에는 좋게 볼 부분이 아주 많았다. 일단 재무상태표가 튼튼했다. 초과현금도 많이 창출하고 있었다. 게다가 본질적으로 두 개 회사가 시장을 독점하고 있었다. 평판도 좋았다. 하지만 홈디포와 로우스의 매장은 미국 전역에 이미 들어설 대로 들어선 상태였으므로 주택시장이 회복한 후 로우스의 미래 성장세는 상대적으로 둔화될 소지가 컸다. 여러 요소를 고려해 나는 로우스의 가치를 순이익의 16배로 평가했다. 증시의 평균적인 과거 PER보다 조금 높은 수준이었다. 따라서 나는 2014년에는 로우스의 주가가 48달러를 약간 넘어서리라 확신했다. 분석 당시의 매매가는 24달러 정도였다. 꽤나 저평가돼 있다고 판단해서 나는 주식 매집에 들어갔고 여러 달이 지난 후에는 꽤 큰 포지션을 구축하게 되었다.

2011년 12월 7일 로우스의 경영진은 애널리스트와 주주들을 위한 총회를 열었다. 총회에서 로우스는 2015년을 목표로 한 '로드맵'을 공개했다. 이 로드맵은 2015년까지 주택시장이 근소하게 성장하여, 주택 준공도 90~100만 호 정도에 그칠 것으로 내다봤다. 로드맵의 예상에 따르면 로우스의 매출은 연평균 4.5%씩 성장해 2015년에는 587억 달러에 이르고 영업이익률은 10%대로 늘어날 전망이었다.

또한 로드맵대로라면 로우스는 2012~2015년 동안 180억 달러어치의 자사주를 매입할 계획이었다. 정말로 180억 달러라면 엄청난 숫자였다. 2011년 당시 로우스의 시가총액이 350억 달러이니, 앞으로 4년 동안 시가총액의 51%를 매입하기로 계획한 것이다. 자사주매입이 순조롭게 진행되면 유통 주식 수는 14억 주에서 9억 주로 줄게 된다. 이 대단히 공격적인 자사주매입 프로그램은 로우스의 주당순이익을 큰 폭으로 늘릴 것이다. 경영진이 회사의 미래를 강하게 자신한다는 신호이자 주가에도 관심이 높다는 것을 나타내는 신호였다.

180억 달러의 자사주를 매입할 자금은 어디에서 마련할 것인가? 방안은 여러 가지였다. 일단은 주당순이익이 크게 늘어날 것으로 예상했다. 신규 매장을 많이 개장할 예정도 없기 때문에 자본지출도 총 10억 달러가량 줄어들 것이다. 새 컴퓨터 시스템과 새로운 머천다이징 프로그램을 마련하면 재고 투자 비용도 10억 달러 정도 줄어든다. 또한 채무를 늘려 70억 달러에 가까운 현금을 조달한다는 계획도 세웠다. 로우스 경영진은 재무상태표의 부채비율이 낮기 때문에 부채가 늘어나도 현금흐름과 자산가치로 충분히 뒷받침할 수 있으리라 믿었다.

2011년 12월 7일의 총회 이후 나는 로우스 순이익모델을 수정했다. 원래 나는 처음에 세운 순이익모델이 정확히 맞아떨어지는 경우가 별로 없어서 자주 수정하는 편이다. 순이익모델의 역할은 기껏해야 방향 설정이다. 하지만 대개는 그 방향 설정이 맞는 편이고, 더 중요하게는 모델을 구축하는 과정에서 중요 펀더멘털을 분석하고 비교하는 데 초점이 맞춰져 미래가치를 가늠할 때에도 많은 도움이 된다.

로우스 순이익모델 수정은 2015년 실적을 예상하는 데 비중을 뒀다. 로우스 경영진은 연평균 4.5%의 매출 증가를 예상하되 주택시장의 대대적인 회복은 염두에 두지 않았다. 몇 가지 하위모델을 고민하고 구축한 후 나는 주택시장이 아주 강하게는 아니어도 어느 정도 회복한다는 전제 하에 로우스가 연평균 6.5% 정도 매출 증가를 이루리라 예상했다. 연평균 매출 성장이 6.5%라면 2015년의 매출은 약 640억 달러가 된다.

그 다음은 수정한 순이익모델에서 영업이익률을 얼마로 잡아야 할지가 고민이었다. 로우스 경영진은 매출이 1달러 점증적으로 증가할 때마다 영업이익이 0.20달러씩 늘어날 것이라고 설명했다. 내가 이 회사를 분석한 바로도 20%의 점증적 증가는 합당했다. 20% 점증적 증가를 가정하고 로우스의 매출이 4년 동안 로드맵의 4.5%가 아니라 6.5%씩 증가한다고 가정하면, 2015년 예상 영업이익률은 로드맵의 10%보다 1.6% 더 많아진다(4년×2%의 20%). 하지만 로우스의 영업이익률이 11.6%를 넘긴 적은 한 번도 없었고, 나는 본능에 따라 더 보수적인 추정치를 세웠다. 내가 정한 영업이익률은 10.5%였다.

수정한 순이익모델에서처럼 매출이 640억 달러, 영업이익률이 10.5%, 이자비용이 6억 5,000만 달러(수정 전 모델의 2억 7,500만 달러보다 높다. 로우스가 부채를 70억 달러 더 늘릴 계획이기 때문이었다), 법인세율이 38%, 유통 주식 수가 9억 2,000만 주라면, EPS는 4.10달러가 된다. 우리가 지불한 매수 가격은 주당 24달러였다. 2015년 EPS가 4.10달러에 근접하면 이 주식은 완벽한 승리주가 되고, 우리가 혹시 지나치게 낙관적이었고 EPS가 3달러 선에 머물지라도 이 주식은 여전히 매력적인 투자가 된다. 더욱이 종목의 질이라든가 낮은 매매가를 감안하면 우리가 영구손실을 입을 리스크는 극히 낮았다. 로우스는 꿈에서나 그릴 법한 투자였다.

다음 8개월 동안 로우스 주가는 어느 정도 등락을 거듭했지만 대체로는 비교적 보합세였다. 2012년 8월 로우스는 27~28달러 선이었다. 우리의 매수가에서 별로 올라가지 않은 가격이었다. 그러다 2012년 가을, 주택시장의 호전이 시작되었다. 계절 조정된 연간 주택 시공수는 2012년 상반기까지 70~75만 호를 유지하다가 같은 해 9월에는 85만 4,000호로, 12월에는 98만 3,000호로 늘어났다. 주택 경기의 회복세가 가시화되었고, 로우스 주가도 이런 경기 호황에 반응해 2012년 연말에는 35.52달러로, 2013년 8월에는 45달러로 올랐다.

2013년 9월 말 내가 테니스 코트를 걸어나가고 있을 때였다. 나는 괜찮은 플레이로 상대를 가볍게 꺾어 기분이 좋은 상태였다. 그때 금융자산관리인 한 명이 내게 다가와 로우스 주식에 대해 의견을 물었다. 내 호의적인 의견에 그는 로우스 주식이 여전히 매력적으로 보이기는 하다며 동의하면서도 한 마디 덧붙였다. "혹시 의회에서 예산안 합의에 실패해 미국 정부가 셧다운 상태가 되면 증시가 폭락할 수도 있지 않을까요?" 이 자산관리인은 워싱턴 상황과 정가가 경제와 증시에 미칠 영향을 우려하고 있었다. 그는 주식을 처분해 현금을 마련하고 있다고 했다. 나는 증시가 가까운 미래에 어떤 방향으로 움직일지 전혀 모르겠다고 말했다. 실제로도 내가 알 도리는 없었다. 워런 버핏은 증시에 대해서는 의견 자체가 없다고 말했다. 혹여 의견이 있다고 해도 좋은 의견이 아닐 수 있고 그러면 긍정적 의견에 방해가 될 수 있기 때문이라는 것이었다. 나는 이 말을 강하게 신봉한다. 지식과 학식이 풍부한 투자자들의 증시 단기 예측을 확인해봤더니, 그들의 의견은 반은 맞고 반은 틀렸다. 그들이 맞게 예측할 확률은 동전 던지기와 똑같았다.

나는 경제나 금리, 상품시장, 통화의 단기 방향 예측에 대해서도 같은 생각이다. 확인하고 가늠해야 할 변수가 지나치게 많다. 나는 현재의 금리 추이를 정확히 이해하는 경제학자는 세계에서 딱 두 명밖에 없다는 이야기가 뜻하는 바에 동의한다. 두 사람 모두 스위스에 산다. 그리고 두 사람의 견해는 180도 다르다.

나 역시 원유와 천연가스의 단기 가격 예측에 실패한 개인적 경험이 있다. 두 원자재 모두 2007년 중반에서 2008년 여름까지 가격이 급등했다. 원유는 1배럴 당 75달러에서 140달러 이상으로, 천연가스는 1,000세제곱피트 당 약 5달러에서 10달러 이상으로 올랐다. 내 친구와 나는 원유와 천연가스 가격 인상이 미국 경제와 국제수지에 악영향을 미치고, 더 나아가 상당한 부가 자격이 있는 미국의 중산층과 빈곤층에서 자격이 없고 잠재적으로 적대적인 OPEC 국가로 이전될지도 모른다고 걱정했다. 우리는 행동을 취하기로 결정했다. 우리는 미국 에너지 정책이 국내 생산과 에너지 보존을 장려해야 한다고 주장하는 보고서를 썼다. 우리는 알고 지내던 여러 상원의원과 하원의원에게 전화를 걸어 에너지 문제 해결에 적극 나서 달라고 제안했다. 아무도 우리의 탄원에 귀 기울이지 않았다. 한 상원의원은 우리 의견에 전적으로 동의하며 몇 년 전 그 주제로 책을 쓴 적도 있다고 말했다. 그 의원의 사무실에서 우리에게 책 한 권을 보냈다. 졸작이었다.

다 알다시피 우리의 걱정은 기우였다. 우리는 금융위기와 대침체기 동안 에너지 가격이 곤두박질 하리라 예상하지 못했다. 또한 우리는 수평 시추기술과 다단계 수압파쇄 기술의 발전이 원유와 천연가스의 대대적 증산을 이끌어 사실상 천연가스 범람이 올 것이라고는 전혀 예견하지 못했다. 나는 원유와 천연가스 가격 예측에 실패했다. 그리고 내가 예측을 시도한 것이 다른 원자재나 통화, 다른 시장이었어도 내 예측이 맞는 횟수나 틀리는 횟수는 비슷비슷할 것이 틀림없다.

그린헤이븐은 경제와 증시의 단기 전망 분석에는 별로 시간을 들이지 않지만, 포트폴리오에 있는 기업의 단기 펀더멘털 분석에는 상당한 시간을 투자한다. 그리고 2014년 가을에 행한 분석에서 로우스의 머천다이징이 큰 진전을 거두고 있다는 것이 확실히 드러났다. 같은 해 11월 19일 로우스는 10월 31일이 마감인 분기 실적을 보고했다. 전년도 비교매출은 무려 5.1%나 늘어났고 EPS는 전년 대비 25.5% 증가했다. 로우스 회장 겸 CEO인 로버트 니블록Robert Niblock은 이런 실적 개선에는 "그동안 회사 자체적으로 행한 여러 시도"가 가장 큰 역할을 했다고 밝혔다. 그린헤이븐은 로우스의 매출과 EPS가 가속 성장 시기에 접어들었다고 보고 크게 기뻐했다.

그리고 12월 11일 로우스는 애널리스트와 투자자를 위한 반나절 총회를 열었다. 총회에서 경영진은 2014~2017년 동안 매출은 CAGR로 4.5~5.0% 늘어날 것이며, 영업이익률은 2.5% 증가한 11%대로 올라가고, EPS는 CAGR로 20.5% 증가해 4.70달러가 될 것이란 전망을 발표했다. 여기에 중요한 점이 있다. 우리가 보기에 로우스의 실적 전망은 보수적 가정을 전제로 삼고 있었다. 그리고 미국 경제가 성장 추세선으로 회복한다면, 로우스의 매출, 영업이익률, 순이익은 경영진의 예상치를 웃돌 수도 있었다. 나는 순이익모델을 재점검했다. 혹시라도 미국 경제가 추세선으로 회복한다면 로우스의 2017년 EPS는 5.50달러까지 늘어날 수 있었다. 우리가 승리하는 주식을 거머쥔 것이 분명했다.

그리고 로우스 주가에는 긍정적인 순이익과 전망이 반영되어 2014년 연말에는 67.50달러까지 가격이 올랐다. 우리가 2011년 지불한 금액보다 160%나 오른 가격이었다. 우리는 행복한 야영객이었다. 대단히 행복한 야영객이었다.

제10장

월풀 코퍼레이션

이 회사의 주당순이익과 주가는 경기순환에 의한 가전제품 수요 감소와
비정상적으로 높은 원자재 비용 때문에 떨어질 것으로 보인다.
성공적인 투자자라면 밀짚모자는 겨울에 사야 한다.

거의 확실해진 주택시장 회복에 열광한 우리는 운용 펀드의 20% 정도를 회복 수혜 종목에 투자하기로 했다. 그 중 최우선은 로우스였다. 다른 회사 몇십 개를 리서치한 후 우리는 월풀 코퍼레이션Whirlpool Corporation에 중간 정도 포지션을, 홈디포, 에어컨과 보일러 제조회사인 레녹스 인터내셔널Lennox International, 카펫과 바닥재 회사인 모호크 인더스트리스Mohawk Industries에 소규모 포지션을 구축했다. 로우스를 최우선 종목이자 가장 대규모 포지션으로 고른 이유는 무엇인가? 답은 간단하다. 로우스가 홈디포나 시가총액이 더 큰 다른 종목에 비해 훨씬 저평가돼 있다고 봤기 때문이다. 홈디포는 탁월한 머천다이징 결정을 여러 번 내리는 등 8기통 엔진을 달고 유연하게 굴러가고 있었다. 반면에 로우스의 엔진은 덜컹거렸고, 주가에도 그 덜컹거림이 고스란히 반영되어 있었다. 2011년 로우스의 매출은 500억 달러인 반면에 시장가치(주가 × 유통 주식 수)는 240억 달러 정도였다. 따라서 시장가치 1달러당 투자자가 버는 매출액은 2.08달러였다. 홈디포의 매출액은 약 700억 달러였고 시장가치는 560억 달러였다. 시장가치 1달러당 매출이 1.25달러밖에 되지 않는다는 소리였다. 시장가치당 매출액은 우리가 했던 여러 비교 분석 중 하나였다. 모든 비교 결과 로우스의 엔진이 부르릉 소리를 내며 속도를 높인다면 홈디포보다 로우스에서 훨씬 많은 돈을 벌 수 있다는 것이 분명하게 드러났다.

또 다른 고려 사항은 유동성이었다. 로우스의 시장가치는 240억 달러였다. 레녹스와 모호크의 시장가치는 각각 20억 달러와 40억 달러였다. 이 두 회사는 주식 거래량이 충분하지 않아 주식을 별 탈 없이 대량으로 매매하기가 쉽지 않을 것이다. 유동성은 우리의 영구손실 가능성을 막아준다. 우리도 당연히 실수를 하고, 실수했을 때에는 가능한 한 빨리 그 실수를 털어내기를 원한다. 우리는 우리의 성공에 발목이 잡혀 있다. 우리는 수십 년 동안 성공적인 투자 전략과 원칙을 구사한 덕분에 수익률이 높았고, 수익률이 높은 덕분에 운용자산도 상당히 많이 늘어났다. 운용자산 증가는 우리의 유연성을 확 줄이고 더불어 미래 수익률도 감소시킨다. 좋은 일을 하고도 욕먹을 판이었다.

2012년 주택관련주가 반등을 시작하면서 홈디포, 레녹스, 모호크 주식은 처음에는 로우스보다 수익률이 높았다. 투자 대중은 펀더멘털이 말끔하고 흠 없는 종목을 선택했다. 로우스는 머천다이징이라는 불확실성 문제가 있었다. 그리고 대다수 투자자는 불확실성은 가급적 피하려 한다. 홈디포, 레녹스, 모호크의 주가는 2013년 초에 급등을 거듭했고 우리는 이 주식들을 매수가의 대략 두 배 가격에 매도했다.

우리가 투자한 주택관련주 다섯 종목 중에서 내가 두 번째로 선호한 종목은 월풀이었다. 철강과 기타 원자재의 급격한 가격 인상과 가

전기기 수요 약화가 맞물리면서 월풀 주식은 상당히 낮은 가격에 거래되고 있었다. 우리는 주택시장이 회복되면 원자재 비용이 안정되거나 내려가고 가전제품 수요도 급반등할 확률이 상당히 높다고 생각했다. 그렇게 되면 우리 예측으로는 월풀의 주당순이익은 대략 20달러가 되고 주가도 250~300달러 정도가 될 수 있었다. 우리가 분석을 행한 시점에서 월풀의 주가는 약 80달러 정도였다. 따라서 모든 여건이 좋아지기만 한다면 월풀은 아주 훌륭한 투자가 될 것이 분명했다.

월풀은 1911년 루 업턴Lou Upton이 업턴 머신 컴퍼니Upton Machine Company를 세우면서 시작되었다. 그전까지 의류 세탁기는 나무관으로 만들었다. 주부들은 이 나무관에 옷, 물, 비누를 넣은 후 손으로 옷을 박박 비벼 빨래를 했다. 업턴은 나무관에 전기모터를 달았다. 곧바로 페더럴 일렉트릭Federal Electric이라는 회사가 업턴이 만든 이 최신식 세탁기를 100대 주문했다. 그러나 상당수 세탁기에서 주철 장비가 고장 나는 문제가 발생했다. 업턴은 결함이 있는 부품을 강철로 만든 새 장비로 재빨리 교체했다. 문제는 해결되었고, 페더럴 일렉트릭은 업턴의 발 빠른 대처와 사업 윤리에 깊이 감명을 받아 세탁기 100대를 추가로 주문했다. 한 회사가 이렇게 탄생했다.

1929년 업턴은 회사를 뉴욕의 나인틴 헌드레드 세탁기 회사Nineteen Hundred Washer Company와 합병했다. 나인틴 헌드레드는 이름만 들으면 혁신과 상관없이 촌티가 났지만 분명한 혁신 기업이었다. 2차 세계대전 동안 항공기 부품을 생산한 나인틴 헌드레드는 전후 가전제품의 대규모 수요를 예상하면서 여러 라인의 가전제품을 성공적으로 선보였다. 1949년 나인틴 헌드레드의 경영진은 사명을 월풀Whirlpool로 바꾸는 놀라운 지혜를 발휘했다. 사명을 바꾸던 시점의 월풀 매출은

4,800만 달러였다. 이후 50년 동안 월풀은 공격적으로 신제품을 출시하고 다른 회사를 인수했다. 1999년에 월풀의 매출은 105억 1,100만 달러에 이르렀다. 1949년에 비해 219배가 늘어난 액수였다.

내가 보기에는 그다음 분석한 데이터가 흥미로우면서도 매우 중요했다. 월풀 매출이 1949년의 4,800만 달러에서 1999년 105억 1,100만 달러로 증가한 것은 숫자상으로는 어마어마하지만 CAGR로 따지면 11.4%에 불과하다. 즉 회사의 순이익률과 PER이 50년 동안 같은 수준이었다고 가정한다면 투자자가 이 50년 동안 거둔 연평균 수익률은 11.4%에 배당을 합친 금액이 전부이다. 그린헤이븐은 연평균 15~20%의 수익률을 추구하기 때문에 우리가 이 50년 동안 월풀 주식을 소유했다면 매출이 219배 증가했어도 투자수익은 평균에도 미치지 못했을 것이다.

1950년대에 많은 가정이 식기세척기, 냉장고, 의류건조기를 처음으로 구매하기 시작하면서 가전산업은 성장산업이 되었다. 1949~1961년의 12년 동안 월풀의 매출은 4,800만 달러에서 4억 3,700만 달러로 늘어났다. CAGR 20.2%였다. 다음 38년 동안 가전산업은 성숙산업이 되어 성장이 둔화하였고 월풀의 성장률도 연평균 8.7%로 내려앉았다. 나는 여기에 중요한 교훈이 있다고 본다. 거의 모든 기술과 제품, 서비스 산업은 시간이 흐를수록 포화나 퇴화, 경쟁 심화로 인해 성장이 느려진다. 많은 투자자는 결국 성장 둔화를 이끌 요소는 고려하지 않은 채 지금까지의 고성장을 미래에 그대로 투사하려는 경향이 있다. 1960년대 말과 1970년대 초 상당수 투자자들 사이에서는 영원히 보유한다는 각오로 성장주를 매수하는 것이 유행이었다. 이 투자자들은 우수한 성장 특징을 가진 것으로 보이는 50개 종목에 집중했다.

인기에 힘입어 이 종목들의 주가도 크게 오르면서 역사상 대단히 높은 PER에 거래되었다. 이때의 성장주 투자자들은 높은 PER은 적합성도 리스크도 아니므로 무시해야 마땅하다고 주장했다. 가령 한 회사의 성장률이 20%이고 투자자가 그 회사 주식을 몇십 년 보유할 생각이라면 그 기간 동안 PER이 현격히 떨어져도 높은 투자수익을 낼 수 있다는 것이 이 성장주 투자자들의 논리였다. 예를 들어 연평균 성장률이 20%인 주식을 주당순이익의 30배 되는 가격에 매수했고 30년 뒤 EPS의 20배 되는 가격에 판다면, 투자자는 여전히 18.5%의 연평균 수익률을 거두고 배당까지 덤으로 얻으리란 것이었다. 50개 성장주의 인기가 하늘을 찌르면서 이 주식에는 멋진 50종목이라는 뜻의 니프티피프티Nifty-Fifty라는 애칭까지 붙었다. 높은 인기에 힘입어 니프티피프티도 결국 지나치게 높은 PER에서 주가가 형성되기 시작했다. 〈포천〉지에 따르면 1972년 12월 니프티피프티 성장주의 평균 PER은 42였다. 코카콜라는 주당순이익의 46배, IBM은 35배, 존슨앤드 존슨은 57배, 3M은 39배, 머크Merck는 43배, 제록스는 46배였다.

다 알다시피 니프티피프티는 멋진 종목이 전혀 아니었다. 이 50개 종목 대다수의 성장은 점차 둔화되어 평균이나 평균 아래가 되었다. 게다가 상당수 기업에서 심각한 문제가 발생했다. 두 회사(코닥과 폴라로이드)는 결국 파산신청을 했다. 디지털 이퀴프먼트와 S.S. 크레스지S.S. Kresge를 포함해 다른 회사 여럿도 어려움에 처해 더 큰 회사에 비교적 헐값에 매각되었다. 믿기 힘들지만 시티코프Citicorp(당시 이름은 퍼스트 내셔널 시티뱅크First National City Bank였다)도 J.C. 페니J.C. Penny와 시어스 로벅Sears Roebuck과 함께 니프티피프티에 속한 회사였다.

한때 니프티피프티의 다른 명칭은 원-디시전 주식one-decision stock

이었다. 한 번의 매수 결정만 있을 뿐 이후로는 영구 보유할 것이기 때문에 매도 결정을 내릴 필요가 없다는 의미에서였다. 원-디시전 성장주 옹호자들에게는 안된 일이지만, 1973년 니프티피프티 주가가 급락하기 시작하면서 투자자들은 뼈아픈 두 번째 결정을 내려야 했다. 1973~1974년의 고점과 1974년의 저점을 비교하면 제록스 주가는 71%까지 내려앉았고, 에이본Avon은 86%, 폴라로이드는 91% 폭락했다. 앞장서서 원-디시전 성장주를 예찬하던 사람들은 추종자들을 벼랑 너머로 이끌었다.

1968~1974년 성장주 붐과 붕괴, 1998~2002년 IT 종목의 거품과 붕괴는 효율적 시장가설을 반증한다고도 볼 수 있다. 효율적 시장가설에 따르면 주식에는 해당 종목의 펀더멘털과 관련해 기존의 중요 정보가 모두 반영되어 언제나 효율적으로 주가가 형성되기 때문에 투자자는 절대 시장을 이길 수가 없다. 나는 효율적 시장가설은 실패한 가설이라고 믿는다. 인간의 천성을, 특히 리더가 아니라 추종자가 되려는 대다수 개개인의 천성을 무시하기 때문이다.• 추종자로서의 인간은 이미 잘 되고 있는 것은 포용하고 최근에 성적이 평균 이하인 것은 외면하려는 성향이 있다. 물론, 이 순간 실적이 좋은 주식을 사고 실적이 나쁜 주식을 외면하는 행동은 추세를 영속화하는 데 도움이 된다. 그러면 다른 추세 추종자들이 무비판적으로 추세에 합류하며, 결국 추세의 자가 증식을 넘어 초과 증식을 야기한다.

투자자들은 추세를 정당화하는 논리를 종종 만들어낸다. "PER이 어떻건 성장주 매수를 통해 초대박 수익을 실현할 수 있다. 성장주의

• 효율적 시장가설의 실패를 불러오는 또 다른 인간 특성은 많은 투자자가 심리 편향이나 감정적 충동에 쉽사리 영향받는다는 점이다. 감정은 견실한 주식 투자 실적의 적이다.

PER은 장기적으로는 중요하지 않기 때문이다" 또는 "신경제의 인터넷 종목은 기하급수적으로 계속 성장할 것이고, 구경제 종목은 죽었으므로 매도해야 한다" 등이 그렇다. 내 생각에, 증시 붐의 위험성이 극도로 높아지는 순간은 투자자들이 붐을 정당화하는 논리를 무비판적으로 수용할 때이다. 그 순간 투자자들은 말없이 순응하면서 초과 증식을 새로운 규칙으로 받아들인다. 역사책에는 경기 붐과 붕괴에 대한 사례가 수도 없이 많으며, 추세와 유행에 무비판적으로 참가하려는 인간 성향상 붐과 붕괴는 앞으로도 사라지지 않을 것이다.

왜 그토록 많은 인간이 무비판적인 추세 추종자가 되는지에 대해 내 나름대로 세운 논리가 있다. 증명은 힘들지라도 합리적이라고 생각하는 논리이다. 추종자인 똑똑한 투자자들 대다수는 자신이 추종자라는 사실을 아주 잘 안다. 그러나 그들이 실제로 어떤 노력을 하건 그들은 변화를 꾀하고 리더가 되어 관습적 사고에 반기를 들 만한 능력을 타고나지 못했다. 따라서 개개인에게는 추종자가 되려는 성향이 아주 많이는 아니어도 적어도 일부는 유전적으로 뿌리 박혀 있다는 것이 내 결론이다. 더 나아가, 리더가 될 수 있는 사람은 극히 일부이다. 이렇게 생각하는 근거가 있다. 인간이 문명에 접한 시기는 겨우 1만 년 정도이다. 그전까지 대략 20만 년 동안 인간은 무리를 지어 음식과 거처를 찾아다니는 수렵채집인으로 지냈다. 성공적으로 살아남기 위해서라도 이 무리는 1명의 리더만 가져야 했다. 리더가 1명을 넘는 순간 의사결정 과정에 알력이 발생하거나 강한 리더가 약한 리더를 죽이는 사태가 벌어질 수 있다. 리더는 절대권력을 추구하려는 경향이 있고 가끔은 자신의 지위를 지키려 경쟁자나 잠재적 경쟁자를 살해하기도 한다. 경쟁의 소지를 없애려 형제자매나 심지어 자식까지 살해한 왕의 이야기가 역사에는 많이 등장한다. 그러므로 지난 1만 년의 시간 동안 리더십 유전자를 가지고 있던 사람들 상당수가 적자생존 원칙에 의해 제거되었고 대다수의 수렵채집인은 추종자로 남게 되었다. 과학자들은 현 인류의 유전자 구성은 수렵채집인의 유전자 구성과 거의 똑같다고 말한다. 결론적으로 말하면 현대 인간 중에는 아주 극소수만이 리더십 유전자를 가지고 있고 대다수 사람은 추종자가 되려는 성향을 타고 난다.

이 당연한 귀결의 논지는 상당수 투자자가 장기 펀더멘털과 수익을 무시하고 단기 펀더멘털과 단기수익에 급급한 이유가 무엇인지 설명한다. 수렵채집인들이 가장 크게 걱정해야 하는 문제는 당장의 생존이었다. 근처 바위 뒤에 숨어 있을지도 모르는 사자나, 언제라도 급습해 살인을 저지를지 모르는 인접한 적대 부족을 걱정해야 했다. 수렵채집인들은 장기 계획을 생각할 겨를이 없었다. 이런 선택과정을 거치면서, 즉각적인 위협에 대처할 대응능력을 갖추지 못한 수렵채집인들 상당수는 생존에 실패했다. 그때도 오늘날도 인간은 갑작스럽게 위험이 대두되는 순간 겁에 질려 위축된다. 그리고 위축된 감정은 인지적인 것이 아니라 본능적인 것이다. 오랜 시간 이어진 선택과정의 결과로 인간은 잠재의식적으로 장기보다는 단기를 더 걱정하는 성향을 갖게 되었다.

인간의 경제 행동에서 많은 부분이 유전적 성향이라고 결론을 내린 사람은 나 말고도 많다. 특히 2002년 노벨상을 수상한 대니얼 카너먼 Daniel Kahneman은 전망이론 prospect theory을 다룬 글에서 인간은 논리적 결정이 아니라 타고난 직관에 의거한 비합리적 결정을 내릴 때가 자주 있다고 결론을 내린다. 카너먼과 다른 학자들은 인간 행동이 경제적 의사결정에 미치는 영향을 연구하는 이른바 행동경제학이라는 새로운 과학을 만들었다.

1998~2000년의 인터넷 붐이 말기에 접어들 무렵 두 고객이 내게 전화를 걸어왔다. 그들은 추종자가 되려는 성향과 단기 이익을 과도하게 중시하는 성향이 있었다. 첫 번째 전화는 딕 올브라이트라는 학식 높은 노신사로, 사업체를 매각한 그는 중국 골동품 가구 수집에 열을 올리고 있었다. 특히 그가 선호하는 것은 중국 수종인 황화리 나무로 만든 가구였다. 딕이 전화했을 때 우리 종목들은 수익률이 괜찮았지만 인터넷주만큼 좋지는 않았다. 딕은 자기 아들이 실직해 현재는 아파트에서 컴퓨터로 인터넷주를 데이트레이딩하고 있는데 그린헤이븐보다 월등히 나은 수익률을 거두고 있다고 말했다. 딕은 내가 인터넷주 두세 종목을 매수해 대세를 가늠해 봐야 하지 않겠냐고 말했다. "그냥 두세 종목만 사서 지식을 넓힌다고 생각하세요. 신경제에서 뭐가 중요한지 배우지 못하면 투자운용 매니저로서 중요한 능력을 잃을 수도 있으니까요. 제 아들이 조언을 조금 해줄 겁니다. 신경제 투자에 대해서 배울 수도 있고요. 이것이 그 아이 전화번호입니다. 꼭 전화하세요. 20대라 디지털 기술을 아주 잘 알고 있거든요." 나는 전화하지 않았고, 값이 오를 대로 오른 인터넷주는 단 하나도 사지 않았다.

두 번째 전화는 골드만 삭스 투자금융 파트너로 일하다 은퇴한 프랭크 히트의 전화였다. 프랭크는 그린헤이븐이 인터넷 붐을 어떻게 그렇게나 완벽하게 비껴가는지 전혀 이해하지 못했다. "뭐하는 겁니까? 자고 있었습니까?" 나는 평소 고객에게 하던 대로 주의 깊게 설명했다. 우리는 가치주의 안전마진을 추구하는 가치투자자이고, 하이테크주는 시들해질 위험이 너무 높고 우리가 좋아하는 안전마진도 없기 때문이라는 설명이었다.

두 사람은 그 후에도 여러 번 전화를 걸어 같은 말을 했다. 결국 나는 딕에게는 다른 투자매니저를 찾아보라고(실직한 그의 아들이라거나) 설득했고 프랭크에게는 투자 계좌를 직접 관리하라고 설득했다. 물론 두 고객이 떠난 직후(그들은 가격이 하늘로 치솟은 신경제 인터넷주에 집중 투자하는 투자매니저에게 갔을 것이다) 예고 없이 거품이 폭발했고, 대다수 기술주는 시장가치의 3분의 2 이상이 사라졌다.

1997~2000년 기술주 호황기 동안 그린헤이븐 계좌의 연평균 수익률은 18.5%였다. 같은 기간 S&P 500 지수의 연평균 수익률은 22.4%였다(기술주 비중이 대단히 높기 때문이었다). 우리는 뒤처졌다. 기술주 붐의 끝이 다가올수록 나는 뒤처져 있었다는 것에 기뻤다. 나는 동료들에게 S&P 500 지수가 계속 급등하는 이유가 지나치게 고평가된 인터넷 관련주의 추가 상승 때문이라면 지수를 앞지를 생각이 전혀 없다고 말했다. 우리가 이미 고평가된 지수를 앞지를 수 있는 유일한 방법은 무모하고 비이성적이고 심지어 무책임하기까지 한 리스크를 감수하는 것뿐이었다.

그리고 2001년과 2002년 증시가 폭락하는 동안 그린헤이븐의 연평균 수익률은 3.4%였지만 S&P 500은 −18.2%였다. 인터넷주를 비롯해 신경제 기술주 대부분은 투자자들에게 버림받았다. 증시 급락의 여풍 속에서도 우리의 종목은 대체로 같은 자리를 지켰다.

가끔은 투자매니저에게 일렬로 늘어선 별들이 보이기도 한다. 2003년부터 2005년까지가 그랬다. 2003년 초 우리가 보유한 '구경제주' 종목들은 푸대접을 받으며 저평가되어 있었다. 인터넷주 붐 동안 투자자들의 구경제주 보유 비중은 낮았다. 게다가 원자재 생산 기업의 주식을 매수할 멋진 기회가 우리에게 찾아왔다. 2000년대 초에 중국과 여러 신흥국들은 성장하는 경제에 필요한 원유, 철강, 구리, 기타 원자재의 구매량을 대폭 늘렸다. 원자재 수요가 공급을 초과하면서 가격이 치솟기 시작했다. 그린헤이븐은 이 상황에 주목하면서 석유와 비료, 종이를 생산하는 기업들의 주식을 매수했다. 시기도 상황도 적절했던 덕분에 2003~2005년까지 3년 동안 우리의 연평균 수익률은 S&P 500의 12.8%를 훌쩍 상회한 34%나 되었다.

딕 올브라이트와 프랭크 히트의 2000~2005년 포트폴리오 수익이 얼마나 됐을지 궁금할 때가 간혹 있다. 아마도 꽤 형편없었을 것이다. 주식 투자에서는 인내와 기복 없는 감정 그리고 상식이야말로 무엇보다 중요한 요소이다.

2003년부터 2008년까지의 원자재 가격 급등으로 우리는 2011년 대단히 저평가된 가격에 월풀 주식을 매수할 기회를 얻었다. 2003~2011년은 월풀에게는 지옥과 다름없는 시기였다. 이 시기에 철강과 구리, 플라스틱 가격(가전제품 생산에 필요한 핵심 원재료)이 크게 올랐다. 2003년 1파운드당 0.81달러였던 구리 가격은 2011년에는 거의 4달러까지 올랐다. 같은 8년 동안 열연강의 미국 내 가격은 1톤당 270달러에서 약 650달러로 올랐다. 월풀의 연간 원자재 비용은 매출의 약 18%인 35억 달러로 올랐다. 역풍도 그런 역풍이 없었다. 솔직히 역풍이 아니라 태풍이었다. 더욱이 2007년 주택시장이 침체된 후에는 대형가전의 수요마저 급감했다. 가전제품제조연합에 따르면 미국의 '6개 대형가전(세탁기, 건조기, 냉장고, 냉동고, 식기세척기, 가스레인지)' 판매는 2006년 4,700만 대였다가 2011년에는 3,600만 대 정도로 뚝 떨어졌다. 이런 수요 둔화 상황에서 월풀은 인상된 원자재 비용을 충당하기 위해서라도 가격을 인상해야 하는 어려움까지 겹쳤다. 원자재 비용 상승, 매출 감소, 가격 인상 압박이 한꺼번에 들이닥쳤다. 행복한 상황은 결코 아니었다.

허리케인급 역풍 속에서도 월풀은 2003~2008년 동안 놀랍게도 흑자를 유지했다. 경영진의 공이, 특히 2004년 CEO에 오른 제프 페티그Jeff Fettig의 공이 컸다. 월풀은 이 시기에 공격적이면서도 지속적으로 비용을 절감했다. 원자재 사용을 줄이고 공용 부품 사용을 높이는 방향으로 제품을 재설계했으며, 공장은 통합하거나 아니면 임금이 싼 지역으로 이전했고, 직원 복지 혜택을 줄였으며, 광고와 기타 간접비도 삭감했다. 2008년 연차보고서에서 월풀 경영진은 세 가지 전략적 우선순위를 열거했다. 리스트 첫머리에 오른 전략은 "글로벌 비용 구조를 줄인다"였다.

우리는 제반 부품에서 글로벌 기준을 갖춘 제품을 재설계하고자 적극적인 조치를 취하고 있습니다. 효과가 입증된 이 글로벌 접근법은 비용을 낮추고 품질을 향상하며 설계에서 출시까지의 속도를 높여줄 것입니다. 5개 생산공장을 폐쇄하고 5,000개 정도의 글로벌 시장 거점을 줄여야 하는 힘든 결단이지만, 이를 통해 2009년에는 원가는 더 낮아지고 효율성은 더 높아질 것입니다. 우리는 비용 구조를 현재와 앞으로의 글로벌 수요 수준에 맞게 발 빠르게 조정할 수 있도록 모든 사업 부문에서 공격적으로 비용을 관리하고 있습니다. …… 지금의 단호하고 신중한 조치로 우리는 전반적인 비용 구조를 현격히 낮출 것입니다.

2011년 봄, 우리는 월풀의 펀더멘털을 분석했는데 비용을 줄이려는 경영진의 능력과 의지를 바로 느낄 수 있었다. 2010년 가전제품 수요가 예년 수준을 크게 밑돌았음에도 불구하고 월풀은 5.9%의 영업이익률을 냈다. 산업 전반의 여건이 크게 안 좋을 때면 기업은 이익을 전혀 내지 못할 때가 많다. 하지만 월풀은 적게나마 흑자를 유지했다. 힘든 상황에서도 5.9%라는 영업이익률을 낼 수 있다면 미국 주택시장이 살아나고 가전시장이 정상으로 되돌아올 때의 이익률이 기대되지 않겠는가?

우리는 월풀의 2016년 순이익을 추정하는 엑셀 모델을 세웠다. 이 모델에서는 2016년이 되면 주택 경기가 회복될 것으로 가정했다. 월풀 매출의 약 53%는 미국에서 나온다. 나머지 매출은 라틴아메리카(대부분은 브라질이다), 유럽, 아시아(대부분은 인도)이다. 우리는 미국외시장의 미래 매출과 순이익률을 보수적으로 가정했으며, 대부분의 노력을 미국 시장의 순이익을 예측하는 데 쏟았다. 만약 주택산업이 회복한다면 미국의 가전시장 매출은 2010~2016년 사이에 CAGR 7~8% 성장할 것으로 예상했다. 그런 다음에는 월풀의 영업레버리지operating leverage(영업비 중 고정영업비가 차지하는 비중-옮긴이) 분석에 들어갔다. 우리는 과거 데이터와 경영진과의 대화 후, 월풀의 매출이 1달러 증가할 때마다 세전순이익은 약 0.20달러 늘어날 것으로 추정했다. 이 금액은 추후의 비용 감축을 고려하기 전의 숫자이다(그리고 월풀에서는 추가적인 비용 삭감을 위한 여러 가지 프로그램이 진행 중에 있었다). 월풀의 2016년 매출은 대략 250억 달러, 영업이익률은 10%에 이를 것이라는 결론이 나왔다. 따라서 영업이익률은 어림잡아 25억 달러였다. 우리는 월풀의 2016년 이자비용, 실효세율, 희석 주식 수를 각각 2억 7,500만 달러, 28%, 8,000만 주로 추정했다. 이렇게 여러 정보를 바탕으로 추정하여 예상한 결과, 월풀의 2016년 주당순이익은 약 20달러였다.

EPS 20달러에는 원자재 비용이 안정을 찾지만 하락하지는 않을 것이란 가정이 전제돼 있었다. 내 분석에서는 실제 철강과 구리 가격이 2011~2016년 사이에 하락할 확률이 높다는 결론이 나왔는데 그러면 월풀의 상황은 더욱 좋아진다. 한 예로 구리 가격은 2003년에 치솟기 시작했다. 2011년까지 구리 가격이 5배나 오른 가장 명백한 원인은 중국이었다. 숫자가 이를 말해준다. 2003~2011년 동안 중국의 구리 소비는 305만 6,000톤에서 781만 5,000톤으로 연 12.4% 늘어났다. 2011년 세계에서 소비된 구리 중 40%는 중국이 소비했다.

내 경험과 논리상, 원자재 가격이 급등하면 이를 상쇄시키는 반작용이 등장하기 마련이다. 구체적으로 말하면 가격 인상은 생산업체에게는 생산시설 확장을, 이용자에게는 관리와 대체재(여러 가전제품에서 알루미늄이 구리를 대체할 수 있다)를 통한 소비 축소를 유도한다. 이때 수요 탄력성과 공급 탄력성이 작용하며, 그래서 대체로는 공급이 수요를 초과하는 결과가 나타나기 시작한다. 그리고 수요-공급 법칙에 따라 가격은 떨어진다.

한 업종에서 공급 부족 현상이 빚어질 때마다 경영진이 흔히 하는 말이 있다. "지금은 어려운 시기입니다. 우리 산업은 이미 체계가 잡혀 있으므로 초과 생산시설을 늘리지는 않을 것입니다." 하지만 나는 카르텔이 공급량과 가격을 통제하는 일부 원자재를 제외하고는 원자재 시장에서 공급 부족이 아주 오랫동안 지속하는 경우는 본 적이 없다. 지금의 높은 수익성을 놓치지 않으려 생산시설을 확장하려는 경영진이 한두 기업에만 있어도 충분하다. 그러면 다른 기업의 경영진도 시장점유율 하락을 염려해 너도나도 생산 확충을 계획하기 시작한다. 이렇게 해서 대대적인 생산 확충이 이어지며 시장 내 공급은 점점 늘어난다(심지어 공급이 수요를 초과하는 소프트 시장으로 바뀐다). 카르텔로 가격을 담합하지만 않으면 상품은 순환성이 강하다. 아주 강하다.

집단 본능이 발현해 생산시설 확충을 결정짓는 경영진의 성향은 '구성의 오류fallacy of composition' 중 한 예이다. 구성의 오류란 하나 또는 몇몇 개인이 어떤 결정이나 행동을 한다면 합리적 판단이 되지만, 합리적 판단이지만 집단 전체의 개인이나 회사가 이런 결정이나 행동을 따르면 오히려 비합리적인 것이 되고 집단 모두가 악영향을 받게 되는 것을 의미한다. 구성의 오류를 보여주는 또 다른 예로 사람이 밀집한 극장에서 '화재'가 났을 때 관객 수백 명이 같은 비상구로 동시에 몰려드는 것을 들 수 있다. 비상구로 몰려가는 사람이 몇 명에 불과하면 아무도 다치지 않고 신속하게 빠져나갈 수 있다. 그러나 수백 명이 동시에 빠져나가려 하다가는 서로 밀치고 밀리다 부상을 당하거나 심지어 더 심각한 사태까지 벌어질 수 있다.

생산시설 확충 장면을 내 눈으로 직접 목격한 적이 있다. 1981년 나는 그레이트 노던 네쿠사 코퍼레이션Great Northern Nekoosa Corporation(이하 그레이트 노던)의 회장 겸 대표이사인 보브 헬렌데일Bob Hellendale의 전화를 받았다. 이 회사는 신문 인쇄용지와 펄프를 비롯해 여러 '종이' 제품을 생산하는 회사였다. 그레이트 노던은 미시시피주 리프강에 대규모 펄프 공장 신설을 고려 중이었다. 이사회에 신설 계획서를 제출해 승인을 준비하고 있던 보브 헬렌데일은 이사회 회의에 앞서 나한테 프레젠테이션을 미리 들어보고 잘못된 점을 가려달라고 부탁했다. 공장 신설 계획의 경제성 여부에는 신축 비용, 미국 정부로부터 그레이트 노던이 받을 투자 세제 혜택, 추정한 펄프 가격, 추정한 생산비와 간접비가 주요 골자를 차지했다. 보브 헬렌데일은 펄프 가격이 역사상 거의 최고 수준으로 오르고 비용은 최저 수준으로 떨어지리라 가정하고 있었다. 내가 보기에 그레이트 노던의 경영진은 공장 신설을 바라는 마음에 신설을 정당화하는 여러 가정을 이미 받아들인 상태였다. 우리 그린헤이븐은 증권 매수 여부를 가늠할 때는 될 수 있으면 보수적인 가정을 전제한다. 그레이트 노던은 정반대였다. 사실 원자재 업종에 종사하는 기업들 상당수가 그렇다고 봐도 무방하다!

증권 애널리스트나 포트폴리오 매니저는 과거의 가격이나 비용 추이 같은 통계 정보를 투자 결정의 근거로 삼을 때는 신중에 신중을 기해야 한다. 통계 수치가 불완전하거나 혹은 앞서의 펄프 공장 신축 결정처럼 미리 정한 결정을 정당화하는 방향으로 마음이 기울어 있다면 이런 숫자들에 쉽게 호도 당할 수 있다. 만약 냇물의 평균 깊이가 약 1m라는 통계적 결론을 믿고 강을 건너려는 통계학자가 있다고 치자. 그는 무작정 냇물을 건너려다 익사할 수 있다. 이것이 통계적 호도의 좋은 예이다.

2016년에 주택시장이 완전히 회복되면 월풀의 EPS가 20달러는 될 것이라는 결론이 나왔다. 이제 월풀의 가치를 평가해야 했다. 어려운 일이었다. 기업 가치평가가 내 주요 업무라지만, 가끔은 나도 불확실성에 당황하곤 한다. 월풀의 경우에는 이 회사가 위치한 경쟁 포지션이 어디인지를 알아내기가 힘들었다. 월풀은 가전산업에서 저비용 생산자에 속했고, 경쟁사들 대부분은 이익을 내지 못하고 있었다. 그밖에도 긍정적 요소는 여러 가지 더 있었다. 월풀의 메이태그Maytag 인수로 가장 큰 경쟁자가 사라졌다거나, 시어스 로벅의 점유율이 내려가고 있다는 (그리고 회사 자체에도 문제가 많다는) 사실, GE가 생산성과 디자인 투자 미흡으로 경쟁력 일부를 잃었다는 사실 등이었다. 하지만 한 가지 부정적 요소도 만만치 않았다. 한국의 두 기업(삼성과 LG)이 필요하면 가격 인하를 단행하더라도 점유율을 높이는 데 총력을 기울일 각오라는 사실이었다. 월풀은 한국 경쟁사들을 상대로 반덤핑 제소를 했지만, 제소 결과가 어떨지는 불확실했다. 아무리 높게 잡아도 월풀은 정상 시장에서 순이익의 15배는 넘기 힘들었고 12배 남짓 정도가 유력했다. 따라서 2016년 주가는 250~300달러 정도가 될 것이었다. 부정적 요소가 내 최종 결론을 바꾸지는 못했다. 월풀의 2016년 주당순이익이 20달러에 육박한다면 (2011년 봄 주가가 80달러 선이었으므로) 주가가 주당순이익의 15배이건 12배이건 심지어 10배이건 이 종목은 짜릿한 투자가 될 것이 분명했다. 나는 월풀 주식을 공격적으로 매수한다는 계획을 세웠고, 이후 몇 년 동안 충분히 시간을 두고 순이익 예상과 가치평가 모델을 재점검했다. 홈런을 쳤다는 감이 온 순간 공이 관중석 낮은 곳에 떨어지는지 높은 곳에 떨어지는지 아니면 장외로 날아가는지 고민할 필요가 없다. 나 역시 월풀이 짜릿한 투자 기회인지 확인하기 위해 가치평가가 맞는지 아닌지 고민할 필요가 전혀 없었다. 적당한 수준으로 추가 실사를 진행하고 월가의 월풀 보고서 몇 개를 읽은 후 나는 주식 매수에 들어갔다.

2011년 월가 애널리스트들은 대체로 월풀 주식을 긍정적으로 보지 않았다. 애널리스트들은 월풀의 장기적 잠재력을 배제하고 단기 문제에 크게 치중했다. J.P. 모건은 2011년 4월 27일 보고서에서, 월풀의 현재 주가에는 원재료비 인상, 가격을 올리지 못하는 실정, 가전제품의 수요 약세가 적절히 반영돼 있다고 평했다. J.P. 모건은 월풀 주식에 대해 '중립의견' 등급을 유지했다.

월풀과 이 회사 주식의 단기 전망은 J.P. 모건 보고서가 맞을지도 모른다. 하지만 그린헤이븐은 2~4년을 바라보고 투자하며 보유 종목의 단기 전망은 거의 신경 쓰지 않는다. 월풀 주식이 오르기 전에 일단은 보합을 유지하거나 심지어 하락할 수도 있지만, 주가의 일시 하락이나 보합은 우리의 최종 투자수익률에 영향을 미치지 못할 것이다. 나는 월풀 주식이 믿기지 않을 정도로 치기 좋은 공이라고 생각했다. 타자가 훨씬 더 좋은 공이 날아오기를 희망하면서 아주 좋은 공을 그냥 보내서야 되겠는가? 아니다. 내 생각에는 J.P. 모건과 여타 애널리스트들이 자세히 설명한 월풀의 단기 문제는 이미 대부분이 혹은 전부가 주가에 반영돼 있을 공산이 컸고, 따라서 지금이야말로 투자 기회였다.

내가 월풀 주식에 특히나 흥분했던 이유는 바람의 방향만 적절히 불면 앞으로 몇 년 내에 몇 배나 오를 잠재력이 충분하기 때문이었다. 가령 주택산업이 가까운 시일 내에 갑작스럽게 호전되고 철강과 구리 가격이 하락하기 시작한다면 월풀의 2014년 주당순이익은 15달러가 되고 2011~2014년 사이에 주가는 거의 세 배가량(순이익의 16배인 대략 240달러) 오를지도 모른다는 것은 근거 없는 추정도 아니었다. 과거 수년을 살펴보니 그린헤이븐의 수익에서 상당 부분은 몇몇 개 종목에서 불균형적일 정도로 많이 나오고 있었다. 더 확실히 말하자면, 1987년 창업한 이래로 우리가 성공을 거둘 수 있었던 것은 몇몇 개 종목 덕분이었다. 그린헤이븐은 고객에게 20%의 연평균 수익을 제공한다는 야심찬 목표를 가지고 있다(20%는 포부이고, 우리는 대체로는 15~20%를 목표로 삼는다고 말한다). 보유 종목 5개 중에서 1개가 3년 동안 3배로 오르면 나머지 4개 종목에서 평균 12%의 연수익률만 달성해도 전체 포트폴리오는 최대 목표치인 20%를 채울 수 있다. 이런 이유에서 그린헤이븐은 몇 배의 가치 상승 잠재력이 있는 이른바 멀티배거multibagger 주식을 찾는 데 특히 공을 쏟는다. 월풀은 멀티배거 주식이 될 잠재력이 있었다. 잠재적 순이익의 몇 배 되지 않는 가격에 거래되고 있기 때문이었다. 물론 우리가 잠재적 멀티배거라고 판단한 종목 대부분은 결국 멀티배거가 되지 못한다. 하지만 노력하지 않으면 멀티배거 종목을 찾을 수 없고, 우리가 처음에는 별로 짜릿하지 않다고 생각하면서 보유한 종목이 나중에 가서는 예견 못 한 호재(잘생긴 검은 백조)의 수혜를 입어서 뜻밖에도 완전히 이기는 주식이 되기도 한다. 그렇기 때문에 우리는 보유 종목이 어느 정도 가격을 유지하고 영구손실 리스크가 없다고 판단되는 한 투자를 그대로 유지한다. 나는 모든 것을 두 번 말하는 습관이 있던 내 상사 아서 로스가 즐겨 했던 말을 자주 떠올린다. "계속 게임을 유지하게, 에드. 계속 게임을 유지하게나."

우리는 2011년 상반기, 월풀 주식이 약 80달러 선에서 거래되던 시기에 대규모 매수 포지션을 취했다. 2011년 하반기에 가전시장과 월풀의 순이익은 실망스러웠고 주가는 더 떨어진 50달러 안팎이었다. 우리는 보유 종목이 약세일 때는 스스로에게 한 가지 질문을 던진다. 우리가 이 주식을 매수한 이유가 여전히 유효한가(그리고 지금의 약세가 일시적 문제 때문인가), 아니면 애초에 분석과 판단에 결함이 있었던 것은 아닌가? 처음의 분석과 매수 판단에 잘못이 없다고 믿으면 우리는 주가가 낮아진 것을 기회 삼아 추가 매수에 들어간다. 하지만 처음의 분석과 판단이 잘못되었다는 결론이 나오면 우리는 실수를 즉시 인정하고 손실이 더 커지지 않기를 바라며 주식을 처분한다. 우리가 때때로 실수한다는 것은 우리부터가 잘 안다. 만약 결코 실수를 저지르지 않는다면 우리는 지나치게 보수적이라는 비난을 받아 마땅하다. 돈을 벌기 위해 우리는 어느 정도 리스크를 감수해야 한다. 문제는 리스크를 어느 정도까지 수용할지 한계를 정해야 한다는 것이다. 하나로 정해진 답은 없다. 투자자마다 투자 목표가 다르고, 재무상태도 다르고, 리스크를 견디는 인내심도 다르기 때문이다.

우리는 2011년 하반기에 월풀 보유를 조금씩 늘려나갔고 2012년에도 마찬가지였다. 2012년 한 해 동안 나는 월가 애널리스트의 의견을 지속적으로 예의 주시했다. 특히 J.P. 모건과 골드만 삭스의 보고서에 주목했다. 두 회사는 월풀이 매력적인 종목이라는 우리의 논지를 받아들이지 않았다. J.P. 모건은 2011년에 이어 2012년에도 월풀에 대해 '중립의견'을 유지했다. 2012년 2월 1일 골드만 삭스 보고서는 월풀의 주당순이익이 2012년에는 4.56달러, 2014년에는 5.97달러에 불과할 것으로 전망했다. 이 보고서는 당시 월풀의 주가가 2012년 순이익 전망치의 10.4배인 62달러밖에 되지 않는데도 매도를 추천했다. 2012년 10월 23일 월풀은 9월로 끝나는 분기에 대해 높은 순이익을 발표하면서 2012년 전체의 순이익 전망을 6.90달러에서 7.10달러로 상향 변경했다. "우리는 올해 들어 세 분기 연속으로 전년도 동분기 대비 영업이익률이 올랐습니다 …… 힘찬 신기술 혁신, 원가절감 프로그램의 효과, 그리고 미국 주택시장의 긍정적 추세로 인해 우리의 사업 실적은 계속해서 올라갈 것입니다." 다음 날 골드만 삭스는 월풀의 2012년 EPS 전망치를 7.09달러로 상향 조정하고 투자 의견을 '매도'에서 '매수'로 변경했다. 골드만 삭스 보고서가 발표된 날의 월풀 주가는 94달러였다. 골드만 삭스가 종목 매도를 권했던 9개월 전보다 50% 이상이나 올라 있었다.

2013년은 월풀을 옭아맨 족쇄가 부서진 해였다. 미국의 주택 시공은 18% 오른 92만 5,000호였고, '6대' 가전 제품의 미국 내 매출은 9.5% 성장했으며, 월풀의 EPS는 42%나 올라 10.02달러가 되었다. 여러 호재에 반응해 월풀의 주가도 54% 오르며 연초 101.76달러에서 연말에는 156.86달러로 상승했다. 종달새 한 마리가 온다고 봄이 오는 것은 아니지만 월풀의 잔디밭에 앉아 있는 종달새는 이미 여러 마리였다. 나는 월풀에 투자한 돈이 두 배가 되었다는 사실에 신이 났고, 주택 관련 종목에 대한 우리의 논지가 들어맞은 것에도 신이 났다.

2014년 봄, 나는 월풀이 매각 시장에 나온 유럽 가전제품 회사인 인데지트Indesit 인수에 흥미를 보인다는 소식을 풍문으로 들었다. 나는 즉시 당시 월풀의 회장 겸 CEO인 제프 페티그에게 편지를 보내 인데지트를 인수하지 말라고 제안했다. 월풀의 장래는 밝았다. 이 회사는 다른 회사를 인수할 필요가 없었다. 인수한다면 재무상태표의 부채가 늘고 경영진의 관심이 흐트러질 수 있다. 유럽은 사업하기 힘든 시장이었다. 대다수의 인수가 애초 계획과는 다른 결과가 나왔다. 매도자는 매수자보다 회사를 더 속속들이 알고 매수자 눈에는 보이지 않는 문제와 불확실성도 더 잘 알 것이다. 제프가 내게 보낸 '인쇄본' 편지에는 주주에게 이익이 되는 경우에만 인데지트를 인수할 것이라고 적혀 있었다. 그것 말고 무슨 말을 할 수 있겠는가?

그해 7월, 월풀은 20억 달러에 인데지트를 인수하기로 최종 합의했다고 발표했다. 크리스와 조시, 나는 곧바로 제프에게 전화를 걸었다. 그는 이런저런 설명으로 우리의 불안을 달래주었다. 인데지트 매출은

35억 달러이므로, 인수가격은 매출의 0.57배밖에 되지 않았다. 월풀의 유럽 영업을 인데지트와 결합하면 약 3억 5,000만 달러의 시너지가(주당 세후 3달러 이상의 효과) 생길 수 있다는 것이다. 그리고 본사 두 개가 하나로 합쳐지고 공장도 통합된다. 구매력 증가는 부품 구매단가 인하로 이어질 것이다. 베스트 프랙티스를 통한 효율성 제고도 얻을 수 있다. 연구와 디자인이 통합될 것이다. 더욱이 매출 중 14억 달러는 러시아와 동유럽 시장에서 나오는데, 이 두 시장 모두 장기적 성장 전망이 높은 곳이다. 2013년 월풀의 유럽 시장 영업은 손익분기를 간신히 맞추는 수준이다. 2017년 즈음에는 시너지 효과가 완전히 나타나면서 유럽시장 매출이 70억 달러를 훌쩍 넘고 영업이익률도 7~8%를 달성할 것이다. 제프는 그런 낙관론을 펼쳤다. 우리는 제프에게 시간을 내준 것과 여러 추정치를 제시해 준 것에 감사했지만, 이미 그의 관심이 인수에 긍정적인 방향으로 굳어져 있음을 알아차렸다. 매출액 70~80억 달러에 영업이익률이 7~8%라면 금액으로는 4억 9,000만~6억 4,000만 달러이다. 인수대금 20억 달러를 4% 금리로 추가 차입한다면 연간 이자비용은 8,000만 달러 늘어난다. 따라서 제프의 예측이 정확하다면 월풀의 유럽시장이 2017년 기여하게 될 세전순이익은 4억 1,000만~5억 6,000만 달러가 된다. 실효세율 28%에 유통 주식 8,000만 주로 따졌을 때 주당 세후순이익 증가액은 3.70~5달러이다. 월풀은 리스크를 감수하고 있었지만 감당할 만한 리스크로 보였다. 나는 제프에게 부정적인 편지를 보낸 것을 후회했다. 내가 경솔했다.

월풀은 2014년에 중국 가전 제조사이자 유통회사인 허페이산요Hefei Sanyo 지분 51%를 매입하는 소규모 인수도 진행했다. 허페이는 2013년 약 3만 개의 유통 지점에서 8억 6,200만 달러어치의 가전을 판매했다. 월풀이 중국에 가진 유통 지점은 3,000개에 불과했다. 51%의 지배지분을 인수함으로써 월풀은 자사의 여러 가전 라인을 허페이의 수많은 유통 지점에서 판매할 수 있게 되었고 지지부진하던 중국시장 매출도 대대적인 성장이 기대되었다. 제프 페티그는 허페이의 매출이 15~20% 성장하고 영업이익률도 8~10%는 무난하다고 믿었다. 매출 증가를 20%로 잡고 영업이익률을 9%로 가정하면 허페이의 2016년 월풀 주당순이익 기여는 약 0.60달러이다. 게임의 판도를 바꿀 정도는 아니지만 급성장하는 커다란 시장에서 상당한 순이익 증가를 가져올 것은 분명했다.

우리가 처음 월풀 주식을 매수하면서 기본으로 잡은 콘셉트가 있었다. 주택시장이 호조로 돌아섰을 때, 이 회사가 수혜를 입는 기업과 종목이 되리란 것이었다. 이제 우리는 콘셉트 하나를 추가했다. 월풀에는 기업을 성장시킬 방법에 매진하는 똑똑하고 야심만만한 경영진이 있다는 것이었다. 아주 중요한 콘셉트였다. 월풀이 가전산업 전반보다 훨씬 빠른 장기 성장률을 달성하면 주가도 더 높은 PER에서 거래될 수 있기 때문이다. 우리는 처음에 월풀의 가치를 순이익의 12~15배로 평가했었지만, 지금은 순이익의 15배를 훌쩍 넘어서리라 믿고 있다. 우리의 월풀 투자는 원금 대비 몇 배나 오를 수 있고, 따라서 고객도 우리도 큰돈을 벌 것이라는 사실이 점점 분명하게 드러나고 있다. 또한 월풀과 주택시장에 대한 우리의 논지가 틀리지 않았음을 확인하는 데서 오는 심리적 만족감을 누리는 기쁨도 상당히 크다. 어쨌거나 자신이 옳았다는 심리적 보상은 금전적 보상 못지않게, 어쩌면 더욱 중요할 수 있다. 그리고 심리적 보상과 금전적 보상은 밀접한 연관을 갖는다. 기분이 좋으면 일도 그만큼 더 술술 잘할 수 있다.

제11장

보잉

위대한 기업에 일시적 문제가 생길 때 투자 기회는 생겨난다.

나는 어떤 회사에 관심이 생기면 보통은 그 회사 역사에 관한 글을 찾아 읽는다. 누가 회사를 세웠는가? 왜 그리고 어떻게 세웠는가? 그 회사가 속한 산업은 어떻게 생겨났는가? 역사는 유익하고 흥미로우며 가끔은 즐거움도 전해준다. 우리 포트폴리오에 속한 종목은 내 투자경력에서는 가족이다. 이것이 내가 그 회사를 보는 방식이다. 그리고 나는 일단 이 애인의 배경을 파악하고 부모를 만나본 다음에야 흔쾌히 결혼에 동의한다.

역사가 기록되기 시작한 초창기부터 우리 인간은 비행에, 특히 새의 비행에 관심이 많았다는 증거가 기술돼 있다. 새가 날 수 있다면 인간도 날 수 있지 않을까? 상상력이 발휘되었다. 그리스 신화의 다이달로스는 밀랍으로 새의 날개를 만들어 아들 이카로스에게 붙였다. 다이달로스가 만든 날개는 진짜로 하늘을 날았지만, 이카로스는 아버지의 경고를 듣지 않고 태양 가까이로 날아갔다가 태양 열기에 밀랍

이 녹아 내려 아주 비참한 결과를 맞이했다. 여러 세기가 지난 기원후 852년, 아랍의 발명가 압바스 이븐 피르나스Abbas Ibn Firnas는 새의 비행을 흉내 내려 했다. 그는 독수리 깃털로 날개 한 쌍을 만들어 팔에 붙이고 스페인 코르도바의 한 탑에서 '날아내렸다.' 그는 곧바로 땅에 추락했고 척추를 다쳤다. 그리고 1010년 영국의 한 수도사는 비행을 한다면서 맘즈베리 수도원 탑에서 뛰어내렸고, 두 다리가 부러졌다. 그래도 인간은 단념하지 않았다. 1496년에는 독일 뉘른베르크에서 세시오Seccio라는 남자가 탑에서 날아오르는 시도를 했다. 그는 두 팔이 부러졌다. 이렇듯 밀랍 부착도 탑에서 뛰어 내리는 것도 인간의 비행술을 발전시키는 데는 거의 도움이 되지 않았다.

레오나르도 다 빈치는 항공과학을 진일보시켰다. 다 빈치는 새의 비행을 연구한 후, 여러 종류의 글라이더, 날개의 회전으로 나는 회전익기 그리고 낙하산 등 가능성이 높은 온갖 비행 기계를 설계했다. 1496년에는 직접 글라이더를 제작했다. 그러나 이 글라이더는 시운전에 들어가지 못했고 이후 인간의 비행은 계속해서 미완의 꿈으로 남아 있었다.

이 미완의 꿈은 지금으로부터 7세기 전 갈릴레오가 공기에도 무게가 있다는 것을 입증하면서 한 단계 발전했다. 공기에 무게가 있다면, 초경량 물질로 속이 빈 구를 만들고 구의 공기를 빼낸다면 구가 공기보다 가벼워져 하늘로 떠오를지도 모를 일이었다. 이 구에는 풍선이라는 이름이 붙었다. 초경량 재료로 만든 풍선 내부를 진공 상태로 만들기는 어렵지만 풍선 내부를 상온의 공기보다 가벼운 뜨거운 공기로 채운다면, 마침내 하늘을 나는 기계가 만들어질 수도 있었다. 1708년 8월 8일 브라질 사제인 바르톨로메 데 구스망Bartolomeu de Gusmão은 한쪽이 뚫린 종이풍선을 만들고 그 뚫린 곳을 불 위에 두었다. 이 자리에 관객으로 참석한 포르투갈 왕실은 구스망이 풍선을 3m 이상 공중으로 띄우는 것을 직접 목격했다.

풍선 기술은 이후 75년 동안 느리게 발전하다가 1783년 폭발적으로 증가한 공기부양 비행의 성공과 인기에 힘입어 발전에 가속도가 붙었다. 1783년 6월 4일 제지소를 운영하는 프랑스의 조제프 몽골피에Joseph Montgolfier와 자크 몽골피에Jacques Montgolfier 형제는 실크안감을 댄 종이풍선 아래에 불을 피웠다. 수많은 관중이 지켜보는 가운데 풍선은 약 1,800m 이상 상공으로 올라갔다. 그리고 같은 해 9월 19일 몽골피에 형제는 베르사유 궁전에서 루이 16세, 마리 앙투아네트, 프랑스 대신들 그리고 호기심에 몰려든 수만 명 관중 앞에서 양과 수탉, 오리를 실은 열기구 풍선을 8분 동안 하늘에 띄었다.

몽골피에 형제가 열기구 풍선 연구에 열중하던 그 시기, 프랑스의 자크 샤를Jacques Charles 교수도 로베르트Robert 형제와 함께 수소 풍선 설계와 제작에 힘을 쏟았다. 1766년 영국 화학자 헨리 캐번디시Henry Cavendish가 공기보다 가벼운 물질인 수소를 발견했다. 자크 샤를은 수소 풍선이 열기구 풍선보다 훨씬 우수하다고 믿었다. 그러나 일단은 기체를 새지 않게 하는 재료부터 발명해야 했다. 그러던 참에 자크 샤를과 로베르트 형제는 테레빈유에 고무를 녹여 만든 용액을 실크에 얇게 펴 발라 기체를 밀봉하는 고무처리 실크를 개발했다. 1783년 8월 자크 샤를과 로베르트 형제는 수소를 채워 넣은 고무실크 풍선을 제작해 그것을 지금의 에펠탑이 있는 파리 마르스 광장에서 띄웠다. 광장에는 벤저민 프랭클린을 비롯해 많은 관중이 풍선이 손에서 놓이는 광경을 보기 위해 모여 있었다. 묶인 줄에서 풀린 풍선은 하늘로 올라

북쪽으로 향했고, 풍선이 날아간 방향으로 수십 명이 말을 타고 쫓아갔다. 풍선은 고네스 마을에 내려앉았고, 마을 사람들은 그 괴상하고 낯선 물체를 쇠스랑으로 가차 없이 공격했다. 역사에 남을 영광스러운 비행의 영광스럽지 않은 끝이었다.

양과 수탉, 오리를 하늘로 띄우는 데 성공한 몽골피에 형제는 이제 유인 비행을 꿈꾸기 시작했다. 10월 19일 시험 비행에서 줄에 묶인 풍선이 세 명의 프랑스인을 태우고 하늘로 날아올랐다. 그다음 차례는 유인 자유비행이었다. 처음에 루이 16세는 유죄 선고를 받은 범법자를 위험천만한 최초 자유비행의 모르모트로 삼으라고 말했지만, 과학자 장프랑수아 필라트르 드 로지에Jean-François Pilâtre de Rozier와 프랑수아 다를랑데François d'Arlandes가 선구자 자리에 자원했다. 11월 21일 두 프랑스인을 태운 채 파리 중심부에서 떠오른 풍선은 고도 150m 상공까지 올라 20분간 약 8㎞를 비행한 후 땅으로 내려왔다. 역사적 사건으로 남을 최초의 유인 비행에 관중은 흥분했다. 벤저민 프랭클린은 비행을 직접 관람한 후 일기에 이렇게 적었다. "우리는 그것이 너무나도 위풍당당하게 하늘로 오르는 것을 목격했다. 고도 75m 즈음 올라갔을 때 용감한 비행사들은 모자를 벗어 관중에게 경례를 표했다. 우리는 감탄과 경외의 감정을 억누를 수가 없었다."

11월 21일의 유인 비행 행사가 끝난 후 풍선 열풍이 프랑스를 휩쓸었다. 만찬용 접시에는 풍선 그림이 그려졌고 의자와 시계 문자판에도 마찬가지였다. 프랑스는 물론이고 유럽 어디를 가나 풍선은 최고의 화젯거리였다.

18세기 말과 19세기 초에 열기구와 수소 풍선은 많은 흥미와 인기를 불러일으킨 신기한 발명품이었지만, 바람에 의지해 지역에서 지역으로 이동했기 때문에 대부분은 비실용적이었다. 획기적 돌파구가 마련된 것은 1852년 앙리 지파르Henry Giffard가 날이 세 개인 프로펠러에 3마력 증기엔진 동력을 장착하고 조종까지 가능한 연식 수소 비행선을 설계하면서였다. 9월 24일 지파르는 파리에서 트라프까지 27km의 거리를 나는 최초의 동력 조종 비행에 성공했다. 그러나 증기엔진을 비행선에 장착하는 것은 여간 불편하지 않았고 3마력 엔진은 산들바람보다 조금이라도 센 바람 앞에서는 속수무책이었다. 이렇듯 지파르의 비행선은 비행을 진일보시켰지만 해결책은 아니었다.

이후 몇십 년 동안 실용화된 유인 비행은 느리지만 꾸준히 발전했다. 1884년에는 프랑스 군대의 선장 겸 대위가 전동 추진기를 단 라프랑스 비행선(오늘날 조종비행선dirigible으로 불리는)으로 순풍은 물론 역풍에서도 8km 거리를 시속 6.5km로 원을 그리며 날아 한 단계 발전을 이루었다. 라프랑스의 8.5마력 전기엔진의 동력은 약 450kg 무게의 클로로크롬 배터리였다. 배터리가 무겁고 전력량도 제한된 탓에 라프랑스는 유인 비행 상용화의 답이 되지는 못했다.

1872년에는 파울 헨을라인Paul Haenlein이라는 독일 엔지니어가 직경 4.6m 프로펠러에 내연기관을 장착한 약 50m 크기의 조종비행선을 설계했다. 내연기관의 연료는 석탄가스였다. 헨을라인의 조종비행선은 12월 13일 독일 브륀에서 성공적인 시운전을 마쳤다. 내연기관을 동력으로 삼는 조종비행선의 시운전은 1880년대와 1890년대에도 계속 이어졌다. 1890년대 말이 되자, 내연기관 조종비행선의 설계와 생산이 조만간 상용화될 것으로 여겨졌다. 그러나 19세기 말로 접어서도 로버트 프로스트의 시처럼 하늘은 "적어도 지금까지는, 대중의 그 모든 소란 법석으로, 인구가 많은 곳이 아니라 인기가 많은" 곳이었다.

그러다가 1900년대 초에 페르디난트 체펠린Ferdinand Zeppelin 백작은 117m 길이의 조종비행선을 수백 m 상공에서 수백 ㎞ 거리를 거의 시속 32㎞로 시험 비행 하는 데 성공했다. 체펠린 백작은 조종비행선을 우편배달에 사용할 수 있다는 강의를 들은 후 1874년부터 유인 비행에 관심을 갖게 되었다. 1890년 군대를 예편한 후 체펠린은 내구성과 신뢰도가 높은 강성프레임 비행선 설계 연구를 계속했다. 1차 '체펠린호' 시험 비행은 1890년 7월 2일 독일 보덴호에서 행해졌다. 1차 비행을 비롯해 이후의 수차례 시험 비행은 여러 문제 때문에 실패로 끝났지만, 1909년에 이르자 체펠린호는 상용 비행을 위한 준비를 끝마쳤다. 체펠린 백작은 이어서 델라그DELAG라는 항공사를 차리고 유람용 비행을 판매했다. 승객 수는 한 번에 최대 20명이었다. 상업 비행의 탄생이었다.

그러나 공기보다 무거운 기체를 채운 이른바 중항공기 비행이 상용화되면서 체펠린 비행선의 사용은 순식간에 수그러들었다. 중항공기의 상업 비행을 가능하게 한 지식적 바탕에는 많은 과학자가 공헌했지만, 6대 브롬튼 준남작인 조지 케일리George Cayley 경이야말로 비행기의 진정한 아버지로 불리운다. 1773년 부유한 가문에서 태어난 케일리 경은 발명가이자 엔지니어였다. 자동복원형 구명정, 철도 교차로의 자동신호, 안전띠, 화약을 연료로 하는 내연기관, 그리고 여러 형태의 '하늘을 나는 기계'가 만들어진 데에는 케일리의 공로가 크다. 그가 항공학에서 거둔 가장 중요한 업적 몇 가지를 소개하면, 새가 나는 방식을 과학적으로 이해한 것, 중앙 부분이 불룩한 캠버 형태의 날개가 어떤 방식으로 중력을 상쇄하는 양력을 충분히 제공하는지 명확히 설명한 것, 추진력과 저항력에 대한 이해를 높인 것, 그리고 날개와 본체와 꼬리로 구성되고 수평안전판과 수직안전판을 장착한 글라이더를 설계한 것 등을 꼽을 수 있다. 1848년에 케일리는 아이 한 명이 넉넉히 탈 수 있는 글라이더를 제작해 시험 비행했으며, 5년 후에는 건장한 성인 한 명을 충분히 태울 수 있는 글라이더를 만들었다. 최초의 유인 글라이더 비행은 케일리의 브롬튼홀 저택에서 약 1.6㎞ 떨어진 브롬튼데일의 비탈진 초원에서 행해졌다. 글라이더가 비탈 꼭대기까지 옮겨졌고 '파일럿'(케일리의 마부 중 한 사람이었다)이 기체에 올라탔다. 인부들은 글라이더에 매단 밧줄을 단단히 붙잡고서 글라이더가 떠오를 때까지 비탈 아래로 끌고 내려가기 시작했다. 글라이더는 약 180m 정도를 날다가 작은 계곡을 건넌 후 땅으로 추락했다.

케일리 경은 동체에 고정한 캠버 날개가 인간을 하늘로 날아오르게 할 정도로 충분한 양력을 제공할 수 있다는 사실을 입증했다. 따라서 엔진구동 프로펠러에서 나오는 추진력이 글라이더를 앞으로 나아가게 만들 수 있다면 글라이더가 비행기가 되지 못할 것이 없었다. 1896년에 미국 과학자이며 발명가인 새뮤얼 피어폰트 랭글리Samuel Pierpont Langley는 이런 비행기를 설계하고 에어로드롬 #5Aerodrome #5라고 명명했다. 랭글리는 1834년 매사추세츠주 록스베리에서 태어났다. 그가 천문학책을 읽기 시작한 것은 보스턴의 라틴학교에 다니던 아홉 살 때였다. 도제 건축가 겸 망원경 제작자로 첫발을 잘못 내딛긴 했지만 이후 그는 하버드대학 천문대의 조수가 되었다. 이후 다른 몇몇 천문대에서 일하면서 천문과학을 연구하고 발전시켰다. 1886년에는 흑점 이해를 비롯해 태양물리학 분야의 공로를 인정받아 미국 과학아카데미에서 메달을 받았다. 1년 후에는 스미소니언재단의 3대 사무총장으로 임명되어 능력을 인정받고 동시에 명예까지 얻었다.

1880년대에 랭글리는 항공학에 대한 관심이 커졌다. 그는 처음에는 고무밴드 동력을 단 모형비행기로 실험을 했지만, 이내 고무밴드를 포기하고 소형 증기엔진을 동력으로 사용했다. 1896년 5월 6일 랭글리는 증기엔진을 단 무인 비행기인 에어로드롬 #5를 버지니아주 콴티코 근처 포토맥강에 정박한 선상가옥 지붕에 올렸다. #5의 초기 추진력을 위해서는 스프링으로 작동하는 발사기를 달았다. 발사기를 작동하자 #5는 900m가 넘는 거리를 시속 약 40㎞의 속도로 날아가다가 강에 내려앉았다. 같은 날 두 번째 시험 비행도 성공이었다. 그리고 11월 28일의 에어로드롬 #6 무인 비행기는 약 1,500m를 날았다. 이 시험 비행에서는 알렉산더 그레이엄 벨이 옆에서 직접 보면서 사진을 찍었다. 잇따른 성공과 언론의 호의적 태도에 한껏 고무된 랭글리는 일사천리로 일을 진행했고, 미국 정부의 자금지원을 받아 52마력 내연기관을 단 에어로드롬 비행기들을 설계했고 시험 비행도 성공적으로 마쳤다. 랭글리는 유인 에어로드롬 시험 비행을 할 준비가 돼 있었다. 마침내 1903년 10월 7일 코넬대학에서 기계공학을 전공한 찰스 M. 맨리Charles M. Manley가 선상가옥에서 날아오르는 에어로드롬을 조종했지만 날개가 발사기에 부딪치면서 비행기는 포토맥강으로 추락했다. 그나마 다행으로 조종사인 맨리는 다치지 않았다. 그 후 12월 8일 맨리는 2차 유인 비행 시험을 위해 에어로드롬에 올라탔다. 이번에는 발사기에서 날자마자 비행기가 고장 났다. 이번에도 맨리는 무사했다. 랭글리는 에어로드롬은 52마력 엔진을 장착하기에는 너무 약하다는 결론을 내렸다.

두 번째 에어로드롬 추락 사고가 난 지 9일 후 라이트 형제가 노스캐롤라이나주 키티호크에서 키티호크 플라이어Kitty Hawk Flyer 1호기의 비행에 성공했다. 새 역사가 만들어졌다. 윌버 라이트Wilbur Wright와 오빌 라이트Orville Wright는 산업혁명이 과학과 실험에 대한 흥미를 크게 불붙이던 시기에 미국 중서부 지방에서 태어났다. 1878년에 형제의 아버지가 장난감 헬리콥터 하나를 아들들에게 가져다 주었다. 이 장난감 헬리콥터는 길이가 약 30cm 정도였으며 종이와 대나무, 코르크로 만든 것이었다. 날개의 동력 장치는 고무밴드였다. 형제는 헬리콥터에 푹 빠져서 놀았지만 고장이 났다. 그러자 형제는 복제품을 만들었다. 수년 후 윌버와 오빌은 장난감 헬리콥터가 자신들이 비행에 관심을 갖게 된 계기였다고 회상했다.

윌버와 오빌은 고등학교에 다녔지만 졸업하지는 않았다. 오빌은 1889년 학교를 중퇴하고는 직접 인쇄기를 설계했고, 얼마 안 가 이 기업가 형제는 주간지인 〈웨스트사이드 뉴스〉를 출간하기 시작했다. 편집자는 윌버였다. 3년 후 형제는, 현대적인 '안전 자전거'가 발명된 후 미국 전역을 휩쓴 자전거 열풍에 흥미가 생겼다. 형제는 오하이오주 데이턴에 자전거 판매와 수리를 겸하는 가게를 차렸고, 나중에는 라이트 사이클 회사Wright Cycle Company라는 브랜드로 직접 자전거를 제작하기 시작했다. 그러다 1890년대 후반 들어 랭글리의 비행 실험에 대한 신문 기사에 호기심이 동한 라이트 형제는 직접 비행기를 설계하는 데 관심이 생겼다. 1899년 5월 윌버는 스미소니언 재단에 편지를 보내 비행기를 다룬 출간물과 정보를 요청했다. 그리고 다 빈치, 케일리, 랭글리 등이 발견한 결과를 토대로 형제는 비행기 설계를 시작했다. 라이트 형제는 기존에 밝혀진 양력과 추진력에 대한 지식은 성공적인 비행을 하기에 이미 충분하지만, 비행기 조종의 문제는 아직 해결되지 않았다고 확신했다. 새와 자전거를 관찰하면서 형제는 비행기가 선회하는 동안에는 비스듬히 날아야 한다는 개념을 생각해 냈다. 그렇게 해서 설계한 것이 형태 변화가 가능해서 비행기가 빙 돌아 회전할 수 있도록 해주는 날개였다. 또한 라이트 형제는 조종사가 비행기 조종에 사용할 수 있는 여러 방법과 장치를 고안했는데, 이를테면 비행기의 역요adverse yaw(조종사가 선회하려는 방향과 반대 방향으로 비행기가 기우뚱해지는 현상–옮긴이)를 막아주는 방향타의 이용이었다. 1900년 중반부터 1902년 가을 사이에 여러 가지 새로운 비행기 조종법을 고안한 형제는 글라이더로 700회가 넘게 시험을 했다. 시험이 수백 차례 성공하자 형제는 동력 비행기를 제작할 준비가 끝났다고 자신했다. 1903년 초에 플라이어 1호기가 제작되어 풍동 시험을 마쳤다. 플라이어에 장착할 효율성 높은 경량 모터를 찾다가 끝내 실패하자 형제는 자신들 가게에서 일하는 기계공인 찰리 테일러Charlie Taylor에게 엔진 제작을 부탁했다. 테일러 엔진은 새뮤얼 랭글리의 에어로드롬 대비 지나치게 강력했던 52마력 엔진보다 훨씬 약한 12마력이었다.

12월이 되자 플라이어 1호기는 비행 준비를 끝냈다. 12월 13일 조종석에 윌버가 앉아 비행을 시도했지만 이륙하자마자 엔진이 멈췄고 비행은 단 3초 만에 끝났다. 사소한 파손을 수리한 다음 12월 17일 다시 비행을 시도했다. 10시 30분, 조종석에 오빌을 태운 플라이어는 12초 동안 36m가량을 성공적으로 날았다. 다섯 명이 비행 장면을 목격했고, 그중 존 대니얼스John Daniels라는 사람이 하늘을 나는 비행기를 사진에 담았다. 같은 날 유인 비행을 세 차례 더 했고, 조종석에는 오빌과 윌버가 번갈아 앉았다. 4번째 시도에서는 59초 동안 260m를 비행했다. 라이트형제는 유명인사가 되었다.

1904년부터 1908년까지 라이트 형제는 비행기의 신뢰성과 이동성을 개선하려 계속 연구했다. 1908년 8월, 윌버가 프랑스 르망 근처 유노디에르 경마장에서 8자 비행을 비롯해 기술적으로 어려운 비행을 연달아 시도하면서 대대적 발전이 이뤄졌다. 그 비행을 보려고 수천 명의 프랑스인이 몰려들었다. 프랑스인들은 처음에는 라이트 형제의 업적에 회의적이었지만, 유노디에르에서 성공적으로 비행한 후에는 둘을 영웅으로 떠받들었다. 프랑스의 선구적 비행사이자 항공 기술자인 루이 블레리오Louis Bleriot는 "유럽에서 라이트 형제는 오랫동안 허풍쟁이로 비난받았다 …… 그러나 오늘 두 사람은 프랑스에서 신이나 다름없는 추앙을 받았다"고 적었다. 라이트 형제와 비행 전체에 대한 이야기가 신문 1면을 차지했다.

그 후 여러 해 동안은 최초 시리즈가 퍼레이드처럼 펼쳐졌다. 1909년에는 최초로 여성(드 라 로슈de la Roche 남작부인)이 비행을 배웠다. 1910년에는 미 해군 조종사가 커티스Curtis 비행기를 배 위 갑판에서 이륙시켰다. 같은 해인 1910년 앙리 파브르Henri Fabre는 최초의 수상비행에 성공했다. 1912년 해리엇 퀌비Harriet Quimby가 블레리오 단엽기를 몰고 영국해협을 횡단했다. 그리고 1914년에는 연합군과 독일군 조종사들이 서로에게 권총과 소총을 발사하는 최초의 항공 전투가 발생했다(양쪽 모두 큰 타격은 입히지 못했다).

1914년 7월 4일, 워싱턴주 시애틀에서는 항공 역사에 큰 영향을 미친 비행이 발생했다. 그날 열린 시애틀 독립기념일 행사의 일환으로, 테라 마로니Terah Maroney라는 곡예비행사가 비행쇼를 선보였다. 커티스 수상비행기로 곡예비행을 마친 후 착륙한 마로니는 관람객들에게 무료 탑승을 제안했다. 관람객으로 온 윌리엄 에드워드 보잉William Edward Boeing이라는 이름의 부유한 목재회사 주인은 냅다 마로니의 제안에 응했다. 비행에 흠뻑 매료된 보잉은 항공이라는 관심거리에 완전히 빠져들었다. 그와 평생을 함께하게 된 열광적인 관심이었다.

윌리엄 보잉은 1881년 디트로이트에서 메리 보잉Mary Boeing과 빌헬름 보잉Wilhelm Boeing 부부 사이에서 태어났다. 20세에 독일에서 미국으로 이민 온 빌헬름은 목재회사를 운영하여 부자가 되었다. 젊은 윌리엄은 사춘기 대부분을 스위스 기숙학교에서 보냈다. 예일대에 들어갔지만 졸업 전에 학교를 떠나 워싱턴주 그레이스하버에 벌목회사를 차렸다.

보잉은 1910년 로스앤젤레스 에어쇼를 참관한 후 처음으로 비행기에 관심이 생겼다. 에어쇼를 보고 시애틀의 집으로 돌아온 직후 그는 친구이며 해군장교이고 MIT에서 항공학을 공부한 엔지니어이기도 한 조지 콘래드 웨스터벨트George Conrad Westervelt에게 비행기를 제작할 수 있는지 의견을 타진했다. 처음에는 그저 예비 수준의 토론만 이뤄졌다. 그러나 보잉이 1914년 마로니와 함께 무료 비행을 한 이후 둘 사이에 진지한 논의가 오갔고, 이어 비행기 제작 사업을 시작하겠다는 결정까지 내려졌다. 웨스터벨트는 단발 엔진 수상비행기 설계를 담당했고, 보잉은 자금과 '생산 공장'을 맡았다. 최초의 공장은 보잉이 소유한 유니언호의 선상가옥이었다. 1915년에도 웨스터벨트는 비행기 설계 연구를 계속했고 보잉은 캘리포니아로 가서 항공기술 선구자인 글렌 마틴Glenn Martin의 비행 수업을 들었다. 웨스터벨트가 설계한 1호 비행기인 2인용 수상비행기 B&W가 비행 준비를 마친 것은 1916년 늦봄이었다. 6월 15일 조종석에 윌리엄 보잉을 태운 비행기는 유니언호를 천천히 달리다가 조금씩 속도를 높였고 마침내 힘차게 하늘로 날아올랐다. 개시 비행과 6월 하순의 후속 비행들은 그들이 만든 비행기의 기술적 성공을 확인시켜 주었다. 7월에 보잉은 B&W의 양산 준비를 마쳤다. 그는 비행기를 생산하고 판매하기 위해 퍼시픽 에어로 프로덕츠 컴퍼니Pacific Aero Products Company라는 명칭의 회사를 세웠다. B&W는 처음에는 미국 해군을 확실한 잠재고객으로 생각했지만 해군은 보잉을 거절하고 대신 성능이 더 입증된 커티스 수상비행기를 고수했다. 그래도 보잉은 포기하지 않고 마침내 비행기 2대를 뉴질랜드 비행학교에 팔았다. 퍼시픽 에어로 프로덕츠(1917년에는 보잉항공기로 사명을 바꿨다)의 영업 개시였다.

초창기, 항공기술은 빠르게 발전했다. 1916년 말에 보잉은 성능이 개선된 수상비행기인 모델 C를 설계했다. 모델 C는 1917년 4월 시장 판매에 나섰는데, 바로 그달에 미국은 1차 세계대전 참전을 선포했다. 보잉은 해군에게 훈련용 비행기가 필요하리라 생각했고, 그 생각은 맞았다. 해군은 모델 C 2대를 주문했고, 이 비행기들은 플로리다주 펜서콜라로 향하는 배에 실렸다. 모델 C는 우수한 성능을 보였고 해군은 50대를 추가로 주문했다. 보잉을 유명하게 만든 주문이었다.

1차 세계대전 동안 보잉의 사업은 번창했지만 휴전 이후 당연히 판매량이 확 꺾였다. 보잉은 사업 부진에 대응하기 위해 상업용 항공기 설계를 시작했다. 낚시 애호가들은 미국 북서부에 널린 외딴 호수에 접근하고 싶어 했다. 보잉은 그들의 바람을 충족해주기 위해 소형 수상비행기(B-1)를 설계했지만, 초기 판매량은 두세 대뿐이었다. 1차 세계대전이 끝난 후 항공에 대한 관심이 시들해진 것이 원인이었다.

하지만 찰스 린드버그Charles Lindberg의 1927년 대서양 횡단 비행이 〈스피릿 오브 세인트루이스〉지에 대서특필되면서 비행에 대한 관심이 갑자기 치솟았고, 보잉사는 마침내 B-1을 13대나 팔 수 있었다.

13대가 많은 숫자는 아니지만 항공기 여행이 아직은 신기하지만 불편한 것으로 여겨지던 1920년대 치고는 꽤 괜찮은 숫자였다. 종잇장처럼 얇은 비절연 금속으로 만든 항공기 동체는 걸핏하면 덜컹덜컹 소리가 났다. 승객들은 엔진 소음을 조금이라도 덜 들으려 귀에 솜을 쑤셔 넣었다. 선실 내 기압 유지가 되지 않았기 때문에 산을 만나면 우회해서 비행해야 했다. 야간 비행은 안전하지 않았다. 심지어 1920년대 말에는, 미국을 횡단해서 여행할 때 항공기보다 기차가 더 빨랐다(그리고 이용하기도 훨씬 편했다). 1926년 미국에서 상업용 여객기의 여행자 수는 6,000명에 불과했다.

보잉은 1920년대와 1930년대 초에 군대에 비행기 여러 대를 팔았지만 상업용 항공기 판매는 거의 전무했다. 그러다 1933년 보잉은 모델 247을 출시했다. 쌍발 엔진을 단 247은 혁명적인 비행기였으며, 세계 최초의 현대적 항공기였다. 모델 247은 승객 10명과 승무원 3명을 태울 수 있었다. 비행 속도는 시속 304㎞였고, 한 번 급유로 가능한 비행 거리는 약 1,200㎞였다. 모델 247은 뉴욕과 서부해안의 정규노선 편성에 최초로 사용된 항공기였고, 비행시간은 20시간, 경유지는 7곳이었다. 모델 247은 75대 판매되었고, 이후 보잉은 이를 훨씬 큰 307 스트라토라이너(성층권 비행이 가능한 여객기)로 대체했다. 스트라토라이너의 탑승 가능 인원은 승객 33명과 승무원 5명이었다. 속도는 시속 354㎞, 한 번 급유로 가능한 비행 거리는 3,846㎞였다. 더 중요한 점은 스트라토라이너는 선실 내의 기압 유지가 가능했기 때문에 산이나 난기류를 만나면 그 위로 상승하여 비행할 수 있었다. 스트라토라이너가 우월했음은 분명하지만, 실제로는 1938년 마지막 날에야 처녀비행을 했고 2차 세계대전은 이 신형 모델이 자리를 잡기도 전에 개전되었다. 스트라토라이너의 제작 대수는 10대에 그쳤다.

보잉의 항공기는 연합군이 독일군을 이기는 데 도움이 되었다. 보잉 B-17 플라잉 포트리스Flying Fortress와 B-29 슈퍼포트리스Superfortress 폭격기는 전설이 되었다. B-17은 1만 2,500대 이상이 제작되었고 B-29는 3,500대가 넘게 만들어졌다(일부는 보잉이 자체 제작했고 일부는 여분의 생산시설이 있는 다른 회사가 제작했다). 보잉의 사업은 2차 세계대전 동안 번창했지만 전쟁이 끝난 후 공군이 갑작스럽게 비행기 수천 대 주문을 취소했기 때문에 회사로서는 어쩔 수 없이 직원을 7만 명가량 줄이고 상업용 여객기로 사업 방향을 재조정해야 했다. 보잉은 B-29의 설계를 변경해 장거리 비행이 가능한 4발 엔진 상업용 여객기인 377 스트라토크루저Stratocruiser로 바꿨고, 이 비행기는 1947년 중순에 첫 비행을 했다. 하지만 얼마 안 가 스트라토크루저를 구형 신세로 만드는 파괴적 기술이 등장했다. 바로 제트엔진이었다. 1949년 중반 드 하빌랜드 항공기회사de Havilland Aircraft Company는 코멧Comet 제트기의 시험 비행을 시작했고, 3년 뒤부터는 여객 수송을 시작했다. 당연히 보잉이 대응해야 하는 상황이었다. 그리고 보잉은 대응했다. 보잉은 1952년 707 제트기 개발에 들어갔고 2년 후에는 시험 비행을 시작했으며 1958년에는 여객기 운항을 시작했다. 707기는 히트했고 곧 상업용 여객기의 선두주자가 되었다.

이후 30년 동안 보잉은 대단히 성공적인 대기업으로 성장했다. 보잉은 대단위 승객을 태울 수 있는 인기 상업용 여객기를 여러 모델 소개했으며 군대용 첨단기술 항공기와 시스템 생산을 주도하였다. 더욱이 1996년과 1997년에는 노스아메리칸 항공North American Aviation과 맥도넬 더글러스McDonnell Douglas를 인수해 사업 규모와 생산시설도 크게 확장했다. 1960년부터 2000년까지 보잉의 매출은 15억 6,000만 달러에서 513억 2,000만 달러로 늘어났고 순이익은 2,500만 달러에서 21억 2,800만 달러로 증가했다.

1990년대에 보잉은 구식이 돼가는 767기를 대신할 다른 항공기를 마련해야 할 필요성을 절감했다. 처음에 회사가 생각한 대안은 두 가지였다. 첫 번째는 음속보다 약간 느리지만 연료 효율성은 767기와 비슷한 항공기, 두 번째는 에어버스Airbus가 계획 중인 A-380과 경합할 수 있는 확장형 747기였다. 하지만 2002년 보잉은 두 가지 대안을 모두 버리고 대신, 탄소복합재로 만들어 가볍고 연료효율이 높아 연료 소비를 20% 낮추면서도 속도와 수송 인원은 더 향상된 항공기를 선택했다. 이렇게 제안된 신모델 항공기를 787 드림라이너Dreamliner라 이름 지었다. 보잉은 2003년 말에 신형 항공기의 기본 콘셉트를 완성했다. 4개월 후 일본 항공사 ANA는 787기의 첫 고객이 되어 여객기 50대를 주문했다. 2005년 말까지 신형 여객기의 총 주문은 288대였다. 초기 주문이 많다는 것은 연료 효율성이 높은 신형 항공기에 대한 수요가 존재한다는 것을 방증했다.

787에는 여러 신기술이 필요했다. 그전까지 상업용 여객기 구조에는 사용하지 않았던 가볍고 튼튼한 탄소섬유 복합재가 787기에서는 기체와 날개를 포함한 1차 구조의 50% 정도를 차지한다. 최초 사용은 그 외에도 많았다. 예를 들어 787기의 각 부분은 복합재로 마감한 하나의 통짜이다. 과거 보잉 항공기의 각 부분은 약 1,500개의 알루미늄판을 4만 개 이상의 패스너로 연결해서 만들었다. 또한 787기에는 신형 유압장치, 신형 엔진, 신형 착륙장치, 신형 전자제어장치, 신형 항공전자기기, 신형 리튬이온 배터리가 들어간다. 제작에는 총 230만 개의 부품이 들어간다. 복잡한 장치가 많은 새로운 항공기였지만 보잉사는 통상 6년인 항공기 개발 기간을 4년으로 단축해 예정된 2007년 8월에 787기의 첫 시험 비행을 하고자 했다.

그러나 2007년 1월, 787기 개발 프로그램은 조금씩 지연되기 시작했다. 공급업체의 부품 조달이 늦어졌고, 일부 패스너는 잘못 설치되었고, 날개 부분은 설계 변경이 필요했으며, 몇몇 소프트웨어는 완성되지도 않았다. 마침내 예정보다 2년 넘게 늦어진 2009년 12월 15일에 787기는 워싱턴주 에버렛의 활주로를 서서히 달리다가 하늘로 올라 3시간의 처녀비행 시험을 완수했다. 보잉은 787기를 전방위로 시험하면서 여러 '버그'를 발견해 고쳤다. 많은 투자자가 보잉 787기의 버그를 비난했지만 나는 보잉이 측은하기도 했고 이해도 되었다. 보잉사가 230만 개의 부품을 조립해 신형 항공기를 만드는 데 심각한 문제가 생기지 않으리라 생각한다면 오히려 그게 더 말이 안 되는 일이었다. 특히 구조와 시스템에 신형 선진 기술이 상당수 들어간다면 더더욱 그럴 수밖에 없다.

약 3년이 지난 2011년 9월 27일 ANA는 787기종의 첫 인도를 수락했다. 이후 30일 동안 여러 시험과 훈련을 마친 후 787기는 민항 노선에 배치되어 전 좌석 매진 상태로 도쿄에서 홍콩까지 비행했다. ANA는 787기의 첫 민항 운행 비행기 표를 경매에 붙였고 최고 입찰가로 팔린 좌석은 3만 4,000달러였다.

그러나 787기가 가졌던 초기 단계 문제는 여전했다. 2012년 2월 6일에 보잉은 기체 부분 몇 곳에서 제조상 결함이 발견되었다고 발표했다. 2012년 7월 23일에는 787기의 롤스로이스 엔진 5개에서 결함이 발견되었다. 5일 후에는 787기의 엔진 하나가 시험 도중 탈락했다. 9월 5일

ANA는 좌측 엔진에서 흰 연기가 피어올라 이륙을 포기해야 했다(연기의 원인은 유압계 고장이었다). 12월 5일 연방항공국(FAA)은 연료 누수 보도가 나간 후 787기종에 대한 전수 조사를 명령했다.

2012년 말에 언론과 월가는 보잉기의 무수한 결함을 강도 높게 비난했다. 비난 기사를 읽은 후 나는 부정적 의견이 보잉 주가를 압박할 소지가 크며 일단 초기 단계 문제가 해결되면 주가는 크게 오를 수 있으리라 생각했다. 나는 이 회사를 조사하고 분석하기로 했다.

나는 보잉의 재무상태표부터 시작했다. 보는 순간 이 회사에는 부채보다 현금이 많다는 것을 알아차렸다. 심지어 787기 개발에 200억 달러라는 막대한 자금을 투자한 후였는데도 말이다. 하지만 보잉은 연금과 의료보험 채무가 어마어마했다. 5년 전에는 82억 달러였지만 분석 당시에는 230억 달러나 되었다. 나는 매수 결정을 내리기 전에 이 230억 달러의 채무부터 분석해야 했지만, 그것보다는 일단 회사의 주요 펀더멘털부터 분석하기로 했다.

보잉의 사업을 크게 둘로 나누면 상업용 여객기와 방위사업이다. 대형 상업용 여객기 생산은 2개 회사가 독점하고 있으며, 787기종 생산에 필요한 기술과 사전생산 비용이 알려주듯 진입장벽을 뚫기는 거의 불가능하다. 명망 높은 하버드비지니스스쿨의 마이클 포터Michael Porter 교수는 기업의 장기 수익성을 결정하는 5가지 힘을 정의했는데, 보잉의 상업용 여객기 사업은 이 5가지 힘을 가졌는지 묻는 시험에 우수한 성적으로 통과한다.

1. **새로운 진입자의 위협.** 새 진입자가 항공기를 개발하고 시험해서 보잉과 에어버스의 대형 항공기와 경쟁할 수 있으려면 수십 년의

시간과 수백억 달러의 비용이 들 것이다. 게다가 새 진입자는 민영 항공사와 비행 대중의 신뢰까지 얻어야 한다.

2. **대체재의 위협.** 고속철이나 고속선 또는 미래의 새로운 이동수단이 비행기 수요를 잠식하는 날이 가까운 미래에 올 것이라고는 상상조차 되지 않는다.
3. **공급업자와의 교섭력.** 보잉은 공급업체 대다수에게는 대단히 중요한 고객이기 때문에 공급업체끼리 경쟁을 하게 만들 수 있다. 보잉은 공급업체에 공급 단가를 낮추지 않으면 앞으로 거래는 경쟁사와 할 것이라고 말할 수 있다. 따라서 보잉은 가격 교섭력이 아주 크다.
4. **고객과의 교섭력.** 항공사들은 보잉과 에어버스 두 곳에서 입찰을 받을 수 있고 실제로도 그런다. 그러나 특정 요구에서는 보잉의 일부 기종이 더 적합하다. 특히 보잉의 777기종은 에어버스의 장거리 광폭동체 항공기보다 경쟁력이 높아 보인다. 또한 787기종도 연료 효율성이 높아서 경쟁우위가 있다. 787기종의 모든 문제점과 불리한 여론에도 불구하고 2012년 12월까지 보잉은 이 기종을 799대 주문받았으며 금액으로는 대략 1,000억 달러에 달한다. 모든 것을 감안했을 때 상업용 여객기 사업은 경쟁이 높지만 제한적인 경쟁이다. 여객기는 결코 일개 상품이 아니다.
5. **경쟁 수준.** 보잉과 에어버스가 서로 경쟁사인 것은 맞지만 두 회사 모두 치열한 경쟁에 무색하게 주문이 산적해 있다. 보잉이 2012년에 인도한 항공기가 601대라는 점으로 미루어 보건대, 아직 인도를 마치지 못한 항공기 주문량은 4,300대에 달한다. 7.1년 동안 생산할 양이다.

또한 보잉은 경영진이 연륜 있고 유능했으며 민항사와 이용 대중에게도 평판이 좋았다. 더욱이 신형 항공기의 수요가 강하기 때문에 보잉의 연간 생산량은 2012년 601대에서 2015년에는 750대 이상으로 늘어날 것으로 기대되었다. 회사의 상업용 여객기 사업은 호황이었다.

반면 보잉의 방위사업은 호황과는 거리가 있었다. 미국 정부는 방위비 지출을 억제하고 있었다. 방위사업의 수요 감소를 외국 정부가 일부 메워주고는 있지만 여러 상황을 따질 때 보잉의 방위사업 매출은 2012~2015년 동안 조금 감소할 소지가 높았다. 하지만 보잉이 비용절감을 추진하고 있기 때문에 방위사업의 순이익은 그대로이거나 조금 늘어날 수도 있다.

이런 선행 예비 분석을 근거로 나는 보잉의 미래 주당순이익 예상모델을 세웠다. 예비 순이익모델에서는 보잉의 2015년 주당순이익이 적어도 7달러에 이르리란 결론이 나왔다. 분석 당시의 주가는 약 75달러로 7달러의 11배도 되지 않았다. 이토록 튼튼하고 시장 포지션이 훌륭한 기업치고는 아주 낮은 PER이었다. 따라서 나는 보잉의 펀더멘털을 더 깊이 파고들었다.

몇 주 동안 보잉을 연구하고 미래 상황을 예상한 후 나는 더 상세한 주당순이익 모델을 구축하기로 했다. 모델에는 (1) 2015년 보잉의 상업용 여객기 모델별 순이익 추정치, (2) 2015년 방위사업 부문의 순이익 추정치, (3) 연구비, 연금, 순이자비용 등을 포함한 영업외비용 예상 수치, (4) 기대 실효세율, (5) 예상되는 유통 주식 수가 포함되었다.

상업용 여객기의 순이익을 계산할 때 보잉은 이른바 '프로그램' 회계법을 사용한다. 프로그램 회계법에서는 제일 먼저 특정 기종을 몇 대나 제작하게 될지 보수적으로 추산한다. 그렇게 해서 나온 추정치를 블록 사이즈block size라고 한다. 그런 다음 보잉은 해당 블록의 항공기가 한 대당 받을 평균 가격과 들어갈 평균 기대비용을 추정한다. 그러므로 블록 사이즈, 예상 평균 비용, 평균 비행기 가격에 큰 변동이 없다면 각 블록의 여객기 1대당 수익성은 해마다 상대적으로 일정하며 예측이 가능하다. 나는 보잉의 기종별 수익성을 어느 정도 합리적으로 추산하고 예상 생산량을 파악해 2015년 기종별 순이익이 얼마나 될지 예측할 수 있었다. 나는 787기종의 2015년 예상 순이익이 아주 미미했던 것에 주목했다. 여러 정보를 취합했더니, 787기종의 평균 가격은 대략 1억 2,500만 달러였고 처음 1,100대(최초 블록 사이즈) 생산에 들어갈 것으로 예상한 평균 현금비용cash cost(현금주의 회계에서 판매 시점에 원장에 현금 지급으로 기록되는 비용–옮긴이)은 1억 달러 남짓이었다. 그러면 현금이익cash profit(현금주의 회계에서 기업이 모든 현금 비용을 차감하고 남은 순현금 수령액–옮긴이)은 1대당 2,500만 달러 언저리이다. 보잉이 787기의 설계와 생산에 들인 자본은 200억 달러가 넘으므로, 블록 사이즈 1,100대에 고르게 200억 달러를 배분하면 1대당 약 2,000만 달러 정도이다. 따라서 나는 처음 블록에서 787기종 1대당 평균 현금이익은 2,500만 달러에 육박하지만 재무상태표에 보고되는 순이익은 기껏해야 1대당 300~400만 달러 정도에 불과할 것으로 추산했다. 2015년 보잉의 787기종 예상 생산량은 120대였다. 결국 2015년 보잉 787기종이 거둘 영업이익은 기껏해야 3억 6,000만~4억 8,000만 달러였고 세후 주당순이익은 0.30~0.45달러에 불과했다.

그다음으로 나는 보잉의 방위부문 순이익은 비교적 같은 자리에 머물 것이며, 787기종이 계속 생산 중이고 이자비용도 같은 수준일 것이므로 연구개발비는 어느 정도 감소할 것으로 예상했다.

다음 단계로는 연금비용을 면밀히 검토했다. 보잉의 손익계산서는 일반적으로 인정된 회계원칙GAAP을 따른다. GAAP 회계처리 방식에서는 연금부채와 연금비용을 계산할 때, 미래의 부채를 할인하는 식으로 시간 가치를 반영한다. 사용되는 할인율은 장기채권 금리로부터 산출한다. 2008~2012년 동안 장기채권 금리는 약 2.25% 하락했다. 이것은 보잉의 재무상태표에 계상되는 연금부채와 연금비용이 급증했다는 의미이다. 나는 2012년 말의 금리가 비정상적으로 낮고 이 같은 금리가 계속 유지될 리 없다고 확신했기 때문에, 보잉의 재무상태표는 연금부채를 과다계상하고 있으며 손익계산서는 보고 순이익을 과소계상하고 있다고 믿었다. 미래에 금리가 1% 상승할 때마다 보잉의 연금부채는 91억 달러, 연금비용은 9억 3,000만 달러씩 줄어든다. 그러므로 금리가 2008년 수준으로 돌아간다면 보잉의 재무상태표에 적히는 연금부채와 연금비용은 각각 대략 200억 달러와 20억 달러씩 줄어들 것이다. 이렇게 결론한 후 나는 보잉의 많은 연금부채를 더는 걱정하지 않았으며, 연기금 마련에 들어가는 진짜 경제적 비용은 GAAP에 따라 보고한 비용보다 훨씬 적으므로 손익계산서의 순이익도 과소계상되었다고 확신했다. 다른 많은 기업도 연금 회계 처리에서 같은 불일치를 겪고 있었으며, 상당수는 연금비용 처리에 경제적 비용을 반영하도록 조정하는 비일반회계원칙non-GAAP에 따라 순이익을 보고하기 시작했다. 보잉도 비일반회계원칙을 따를 것인가? 나로서는 알 수 없다. 하지만 나는 내 순이익모델에는 GAAP에 따른 2015년 EPS와 연금비용의 진짜 경제적 비용을 고려해 계상한 EPS가 모두 포함돼야 한다고 결론 내렸다.

보잉의 실효세율과 희석 주식 수를 예상한 후에는 순이익모델의 합리성을 이중으로 점검했다. 모델의 가정은 합리적이었고 가정에 따라 보잉의 2015년 GAAP 및 비일반회계원칙에 따른 대략적인 주당순이익은 각각 7.50달러와 8.25달러로 결론지었다.

그다음에 할 일은 주식의 가치평가였다. 2015년 예상 총순이익의 3분의 2는 상업용 여객기에서 나오고 나머지 3분의 1은 방위사업에서 나올 것이다. 나는 보잉의 상업용 여객기 사업이 대단히 매력적이므로 순이익의 20배에 해당하는 가치가 있다고 봤다(나는 19배로 정했다). 방위사업은 두 개의 하위부문으로 나눌 수 있는데, (1) 미국 정부를 대상으로 한 방위사업 매출은 평타에도 미치지 못했고 (2) 외국 정부 매출은 평균 이상은 되는 사업이었다. 이런 분석을 바탕으로 나는 방위사업의 가치를 순이익의 15배로 평가했다. 따라서 보잉사 전체의 가치는 순이익의 약 17.7배였다. 나는 이 17.7 PER을 비일반회계원칙에 따른 예상 순이익에 적용해야 한다고 확신했고, 그래서 보잉의 2015년 주식 가치는 대략 145달러가 나왔다.

145달러라는 평가액은 분석 당시의 주가인 75달러에 비교하면 대단히 매력적이었다. 그러나 주식을 매수하기 전에 우선 787기종 프로그램에 해결할 수 없는 문제가 생길 위험은 없는지부터 생각해야 했다. 787기종은 거의 2년간의 시험을 거쳤고, FAA의 승인을 받았으며, 민항 노선에도 배치되었다. 엔지니어링을 중시하는 보잉의 경영진은 과거에도 기술적 문제는 잘 해결했다. 하지만 최근 787기종을 괴롭히는 문제들이 단순히 초기 단계의 일반적 문제가 아닌 해결 불가능한 문제여서 대량 주문 취소까지 발생한다면? 전혀 예상 밖의 문제로 인해 787기가 한 대 또는 두 대 추락하는 사건이 벌어진다면? 내가 파악하기로는 787기 프로그램이 중도 폐기될 가능성은 아주 낮아 보이긴 했지만 그래도 어떤 결과가 나올지 어떻게 알겠는가? 그로 인한 결과 중 한 가지는 보잉의 평판이 중대한 타격을 입는 것이다. 그러나 프로그램 폐기로 인한 손해는 보잉의 튼튼한 재무상태표에 비하면 별로 크지 않을 수 있다. 게다가 2015년 보잉의 매출과 순이익에서 차지할 787기종의 예상 비중은 각각 18%와 4~5%에 불과했다. 787기종에 심각한 결함이 있다는 발표가 나면 보잉 주가가 급락할 수 있지만, 그렇지라도 비일반회계원칙에 따른 보잉사의 2015년 추정 순이익은 주당 7.50달러를 넘을 것이다. 따라서 75달러에 주식을 매입하면 상당한 안전마진을 확보할 수 있을 듯 보였다.

2012년 12월과 2013년 1월 초, 우리는 보잉 주식에 대해 대규모 매수 포지션을 구축했다. 1월 7일 우리가 계속 주식을 매수하고 있는데 로건공항에 주차 중이던 빈 787기 배터리에 불이 붙는 사고가 일어났다. 그리고 1월 16일에는 ANA가 소유한 787기 배터리 하나에 불이 붙어서 비상착륙을 했다. 두 번째 화재가 일어나자 FAA는 모든 787기에 운항 금지 조처를 내렸고, 보잉 주가는 3.4% 급락한 74.34달러로 내려앉았다.

1월 17일 목요일에 한 투자매니저가 내게 전화를 걸어왔다. 그는 보유한 보잉 주식을 내놓을 참이었다. 혹시라도 787기종에 심각한 문제가 발생하면 투자 고객들이 여객기의 신뢰성에 대해 세 번이나 경고 신호가 있었는데도 바보같이 계속 주식을 보유했다며 비난할지도 모른다는 두려움 때문이었다. 나는 그 투자매니저에게 비록 787기종에 상당히 오래가는 심각한 결함이 발생할지라도 보잉사는 다른 기종에서 훌륭한 실적을 내고 있으므로 이 주식은 안전마진이 크다고 설득했다. 내 분석은 쇠귀에 경 읽기였고, 그 투자매니저는 보잉주식을 처분했다. 대다수 투자매니저의 목표는 두 가지로, (1) 보유종목에서 괜찮은 수익률을 거두는 것과, (2) 고객들을 계속 행복하게 해주는 것이다. 내 목표는 딱 하나, 고수익이다. 만약 내가 고수익을 번다면(그리고 영구손실 리스크를 크게 감수하지 않는다면) 내 고객들도 행복할 것이다. 고객이 뭔가 잘못된 이유로 행복하지 않아서 그린헤이븐을 떠나 다른 매니저에게 가더라도 나는 행복하다.

2013년 2월과 3월에 보잉은 787기의 리튬이온 전지를 밀봉하는 작업을 했다. 추후 화재가 발생해도 전지 외부의 부품으로 불이 옮겨 붙지 않게 하기 위해서였다. FAA는 이 계획에 만족한 것 같았고, 4월 19일 FAA는 787기의 운항 전면 중지 명령을 철회했다. 보잉 주가는 1월 29일 73.65달러로 바닥을 친 후 2월 내내 70달러 중반을 유지하다가, 3월에 배터리 문제 해결이 가시화되면서 반등하기 시작했다. 4월 19일 종가는 87.96달러였고 6개월 후에는 122.52달러였다. 1월 중순 75달러 선에서 보잉 주식을 판 투자매니저는 큰 실수를 한 것이다. 내 생각에, 투자운용에서는 증권 보유의 리스크도 있지만, 위험수익비율, 다시 말해 수익 대비 위험이 낮은 증권을 보유하지 않을 때의 리스크도 있다. 저평가된 증권을 보유하지 않을 때의 리스크는 다른 말로 기회비용이다. 가장 단적인 예는 투자매니저가 고객 계좌에 미국 장기채권만 보유하는 경우이다. 세금과 물가상승률로 조정하고 나면 장기채권만 보유한 고객의 실질적 부는 시간이 지날수록 잠식된다. 하지만 투자매니저가 고객 계좌에 보잉 주식을 보유했다면 이 고객은 막대한 차익을 벌었을 것이고 나중에 다른 투자에서 손해를 보더라도 투자 원금을 보전하는 데 큰 도움이 됐을 것이다. 투자자의 초기 투자 원금 75달러가 122달러가 된다면 이 투자자는 75달러라는 투자 원금이 잠식당하기 전에 47달러의 미래 손실을 감당할 여력이 생긴다. 가끔은 최고의 방어가 합리적인 공격이다.

보잉 주식은 2013년 가을에도 계속 올랐고, 연말 종가는 136달러였다. 이쯤 되자 월가 전반에서는 787기 프로그램이 성공적이고 보잉의 순이익이 증가하면서 자사주매입을 해도 될 정도로 초과현금이 쌓일 것이라 믿게 되었다. 우리는 보잉의 중기 잠재력 중 상당 부분이 주가에 반영되었다고 생각해 보유 규모를 줄이기 시작했다.

나는 보잉처럼 정상적이면서 해결 가능한 문제로 주가가 일시 저평가된 강한 성장주에 투자하기를 좋아한다. 그러나 나는 회사의 문제가 회사 자체의 약점에서 비롯된 약한 기업에는 투자를 꺼린다. 약한 회사의 경영진은 순이익과 다른 펀더멘털 개선 계획을 발표하곤 하지만, 내 경험상 그런 기업의 턴어라운드(흑자전환)는 대체로 대단히 어려운 과정이어서 만족스러운 성공을 거두기가 힘들다.

제12장

사우스웨스트 항공

경기 활황으로 제품과 서비스의 가격이 급격히 높아지면
평상시에는 매력적이지 않은 종목마저 주당순이익과 주가가 올라갈 수 있다.

2012년 8월 조시는 함박웃음을 지으며 내 사무실로 들어와 말했다. "방금 아이디어가 떠올랐어요. 마음에 들지 않을 아이디어일 거예요. 아마 굉장히 싫을 겁니다. 나를 영원히 쫓아내고 싶을지도 몰라요. 항공사예요. 사우스웨스트 항공Southwest Airlines이요."

조시 말이 맞았다. 내가 알기로 항공은 끔찍한 사업이다. 최악에 속한다. 여객기가 도시에서 도시로 이동할 때마다 한 번 운항에 들어가는 인건비, 연료비, 기타 비용은 승객이 만석이건 50%이건 텅 비어있건 거의 같다. 그렇기 때문에 항공사들은 가능한 한 만석인 상태로 운항을 해야 할 재무적 유인이 대단히 높다. 상당수 승객들은 항공권 가격만 따져서 항공사를 선택하기 때문에 항공사들은 예전이나 지금이나 최저가를 제시해 좌석을 다 채우려 한다. 그 결과 항공사들 사이에 치열한 가격 경쟁이 벌어진다. 솔직히 말하면 파괴적인 가격 경쟁이다. 라이트 형제 이후부터 항공사 업종의 총이익이 거의 없을 정도로 파괴적인 가격 경쟁이다.

게다가 항공사는 여객기 구매나 임대료가 굉장히 비싸기 때문에 고도로 자본집약적인 사업이다. 이익이 거의 없거나 아예 없기 때문에 여객기를 구입하려면 엄청난 돈을 빌려야 한다. 그래서 대다수 항공사들의 재무상태표는 부채나 리스채무 비중이 대단히 높은 편이다.

불경기가 닥치면 웬만한 항공사들은 부채나 리스채무를 갚을 여력이 없어서 파산을 선언해야 했고, 팬암Pan Am, 1927~1991, TWA1925~2001, 이스턴Eastern, 1926~1991, 브래니프Braniff, 1928~1982를 비롯해 많은 항공사가 사라졌다. 위키피디아에 따르면 1979~2011년 동안 미국에서만 52개의 항공사가 파산을 신청했다. 엄청나다! 워런 버핏은 2007년 버크셔 해서웨이 주주들에게 보내는 연차보고서에 이렇게 적었다. "정말이지 만약에 먼 미래를 내다보는 자본가가 키티호크에 있었다면 그는 후대 사람들을 위해 오빌을 격추시키는 호의를 베풀었을 것입니다."

2001~2011년은 항공 산업으로서는 끔찍할 정도로 비참한 시기였다. 9/11 이후 여행자가 급감했고, 뒤이어서는 연료비가 폭등했고, 2008~2010년 경기침체 동안에 다시 여행자가 확 줄었다. 미국 대형 항공사 대다수는 2000년대에 상당한 규모의 적자를 기록했고 살아남으려 고군분투해야 했다. 유나이티드 항공은 2002년 파산을 선언했고, 델타 항공과 노스웨스트 항공은 2005년에, 아메리칸 항공은 2011년에 파산을 신청했다.

조시는 2000년대의 비참한 여건이 촉매제가 되어 항공사들의 번성기가 오게 될 것이라고 믿었다. 그렇게 믿는 이유는 이랬다. 대규모 적자를 보는 항공사들은 새 여객기를 넉넉히 구입할 재무적 유인이나 수단이 없다. 오히려 적자 항공사들은 효율성이 떨어지는 항공기를 처분해 비용을 줄여야 할 동기가 많다. 그리고 2000~2011년에 실제로 그런 일이 일어났고, 그 결과 미국 항공사들의 유효 수송능력은 7,015억 좌석마일에서 6,795억 좌석마일로 3.1% 떨어졌다. 유효 수송능력이 3.1% 떨어진 이 11년 동안 미국의 항공 여행 수요는 인구 증가에 크게 힘입어 5,023억 좌석마일에서 5,647억 좌석마일로 12.4% 증가했다. 결과적으로 2000년에 평균 비행은 수송능력의 71.6%로 운항했지만 2011년에는 수송능력의 83.1%로 운항했다.

비교적 한가한 시간에 이륙하거나 비인기 노선으로 운항하는 여객기는 빈 좌석이 많은 편이다. 따라서 항공산업 전체가 유효 수송능력의 83.1%를 채워 운항했다는 것은 인기 노선은 만석으로 운항하고 대기자 명단도 길다는 뜻이다.

조시의 논지는 국내 항공사들의 신규 여객기 주문이 거의 없기 때문에 당분간은 이렇게 수송능력을 다 채우는 상황이 지속될지도 모른다는 것이었다. 그는 국내 항공사들이 수송능력을 꽉 채워서 운항할수록 항공료를 높일 수 있고, 이렇게 올라간 항공료가 이익을 높이고 결국에는 항공사 주가도 올릴 것이라고 믿었다.

조시가 내 사무실에 왔을 때 사우스웨스트 항공 주식의 매매가는 주당 순자산가치인 8.34달러를 겨우 턱걸이한 수준이었다. 다른 국내 항공사 대부분과 다르게 사우스웨스트는 수십 년 동안 흑자를 냈으며 부채가 많지만 현금도 그만큼 많다. 경영진은 평판이 좋으며, 저가 항공사로서의 신뢰도도 높다. 〈포천〉지의 2011년 조사에서 사우스웨스트는 놀랍게도 세계에서 가장 존경받는 기업 4위에 올랐다. P&G(5위), 코카콜라(6위), 아마존(7위), 페덱스(8위), 마이크로소프트(9위)보다 높다. 〈포천〉지가 선정한 존경받는 기업 50위 안에 든 다른 항공사라고는 싱가포르 항공(18위)이 유일했다.

사우스웨스트 항공은 허브 켈러허Herb Kelleher와 롤린 킹Rollin King이 에어 사우스웨스트 컴퍼니Air Southwest Company 설립을 신청하면서 세워졌다. 처음에는 텍사스주 3대 도시인 댈러스, 휴스턴, 샌안토니오 노선만을 운항할 계획이었다. 두 창업자 중 리더를 맡은 켈러허는 텍사스주 내의 노선만 운항하면 연방 규제의 부담을 피할 수 있으리라 생각했다. 하지만 기존 항공사인 브래니프, 콘티넨털 항공, 트랜스-텍사스가 시장 포화를 이유로 새로운 경쟁자가 진입하는 것을 막으려 법정 소송을 벌이면서 창업이 차일피일 미뤄졌다. 텍사스 법정에서 소송은 2년 이상을 끌었지만 1970년 말에 텍사스 대법원은 에어 사우스웨스트의 지역 항공사 설립권을 인정해 주었다. 1971년 3월에 에어 사우스웨스트는 회사명을 사우스웨스트 항공으로 바꿨고, 3개월 뒤 이 신규 항공사는 보잉 737기 3대로(얼마 안 가 4대로) 댈러스, 휴스턴, 샌안토니오를 오가는 노선 운항을 시작했다.

창업할 때부터 허브 켈러허가 사우스웨스트 항공의 본보기로 삼은 회사는 1949년 창업한 캘리포니아주 소재의 지역 항공사인 퍼시픽 사우스웨스트 항공Pacific Southwest Airlines이었다. 퍼시픽 사우스웨스트는 할인 운임을 최초로 제시한 대형 항공사였다. 게다가 고객 유치를 위한 한 방법으로 비행에 재미를 더했다. 승무원과 기장에게는 승객들과 농담을 주고받는 것이 장려되었다. 1960년대에는 승무원들이 미니스커트 유니폼을 입었고, 1970년대에는 유행 변화에 맞춰 핫팬츠 유니폼을 입었다. 항공기 외관 맨 앞부분에는 웃는 입 모양을 그려 넣어 미소 짓는 듯이 보이게 했다. 퍼시픽 사우스웨스트 항공의 창업자인 켄 프리드킨Ken Friedkin은 회사 기풍을 유지하려 원색의 화려한 하와

이풍 셔츠를 입고 다녔다. 퍼시픽 사우스웨스트의 슬로건은 '세계에서 가장 친근한 항공사'였고, 이런 친근함은 고객 유치에 매우 효과적이었다.

보통은 잠재적 경쟁사끼리 별로 우호적이지 않지만 켄 프리드킨은 허브 켈러허가 퍼시픽 사우스웨스트의 사업모델을 모방하려 한다는 것이 과히 싫지 않았던 것 같다. 프리드킨은 흔쾌히 사우스웨스트의 정비공 훈련을 도와주기로 했으며, 심지어 비행과 영업, 훈련 매뉴얼까지 제공해 주었다.

켈러허는 댈러스의 러브필드를 본사 소재지로 선택했고 초기 광고 캠페인의 모토로 '사랑'이란 단어를 선택했다. 승객에게 서비스하는 음료는 '사랑의 묘약love potions', 땅콩은 '키스자국love bites'으로 불렀다. 뉴욕증권거래소에 뜨는 사우스웨스트의 티커부호는 LUV였다. 승무원 선발 위원회에는 과거 휴 헤프너Hugh Hefner의 플레이보이 항공에서 승무원으로 뽑혔던 사람도 포함돼 있었다. 선발 위원회가 뽑은 승무원을 묘사하는 말은 쾌활한 성격의 치어리더, 여성 고적 대장, 다리 긴 무용수였다. 허브 켈러허는 그들에게 핫팬츠와 무릎까지 오는 고고 부츠를 신게 했다. 누가 보더라도 확실히, 사우스웨스트는 퍼시픽 사우스웨스트의 색다르고 재미있고 성공적인 모델을 그대로 따라했다.

새 항공사에는 여러모로 어려움이 많다. 승객들은 신뢰성과 안전성이 입증된 기존 항공사로 여행하는 것이 더 안전하다고 느낀다. 사우스웨스트는 1971년과 1972년에는 승객 유치가 어려워 적자가 났다. 적자가 너무 커서 월급과 기타 비용을 치르기 위해 737기 4대 중 1대를 팔아야 할 정도였다. 수송능력의 25%가 사라진 것을 메우기 위해 사우스웨스트는 항공기들이 다음 비행까지 지상에 머무는 시간을 대폭 줄일 방법을 찾아냈다. 사우스웨스트를 고효율, 초저가 항공사로 만들려는 켈러허의 헌신적 노력은 이때부터 시작되었다.

저비용, 저운임, '사랑' 사업모델을 내세운 사우스웨스트는 1970년대 중반부터 성과가 드러나기 시작했다. 매출이 1973년 900만 달러, 1974년 1,500만 달러, 1975년에는 2,300만 달러로 성큼성큼 늘어났다. 1973년에는 손익분기를 달성했고 1974년에는 흑자를 기록했으며, 1975년에는 340만 달러의 세후순이익을 벌었다. 수익성이 좋아지면서 사우스웨스트는 추가 항공기를 구입할 여력이 생겼다. 1978년까지 회사는 13대의 보잉 737기를 텍사스주의 11개 도시 노선에서 운항했다. 1978년의 매출과 세후순이익은 각각 8,100만 달러와 1,700만 달러였다. 사우스웨스트 항공사는 유명해졌다.

1978년 항공산업의 규제가 대대적으로 완화되었고 사우스웨스트는 사업을 텍사스주 밖으로 확장하기로 했다. 첫 번째 주간 운항은 1979년 1월 25일 휴스턴발 뉴올리언스행이었다. 저비용, 저운임 전략의 성공으로 자신감을 얻은 사우스웨스트는 다음 2년 동안 노선을 점차 늘려 나갔다. 1980년까지 사우스웨스트의 노선은 14개 시로 늘어났다. 1980년에 매출은 2억 1,300만 달러, 세후순이익은 2,900만 달러로 늘어났다. 1980년 연차보고서에서 경영진은 사우스웨스트만의 "저가 항공료, 운항이 빈번한 단거리 노선, 모범적인 직원 생산성, 높은 자산 활용도의 독특한 결합"으로 승객은 항공료를 상당히 많이 절약할 수 있었고, 또한 "국내 항공사 중 최고의 영업이익률을 달성함으로 주주는 연간 37%의 수익률을 달성하였다"라고 발표했다.

이후 20년 동안 사우스웨스트는 계속 빠르게 성장했다. 미국 주요 대도시를 오가는 노선망을 확충한 것도 성장의 원인이었지만, 저비용과 저가 항공료, 그리고 혁신과 훌륭한 경영 역시 한몫을 했다. 1980년부터 2000년까지 사우스웨스트의 매출은 2억 1,300만 달러에서 46억 2,800만 달러로 늘어 16.6%의 CAGR을 달성했고, 순이익은 2,840만 달러에서 6억 310만 달러로 16.5%의 CAGR을 달성했다. 20년 동안 저비용을 유지하기 위해 사우스웨스트가 강조한 것은 단순함이었다. 유지관리비와 교육비를 줄이기 위해 보유 및 비행 기종은 보잉 737기 하나로만 유지했다. 혼잡을 피하고자 비교적 작은 공항을 이용했는데, 댈러스에서는 댈러스포트워스 국제공항보다는 러브필드 공항을 이용하고 시카고에서는 오헤어 공항보다는 미드웨이 공항을 주로 사용했다. 사우스웨스트는 예매 비용을 줄이기 위해 인터넷 판매를 시작하고 종이 없는 항공권을 발급한 최초의 항공사 중 하나였다. 또한 승객들은 지정 좌석을 예매하지 못하고 탑승하는 순서대로 좌석에 앉았다. 비용을 더 줄이기 위해 사우스웨스트는 자체 전산 예매 시스템을 구축했다. 상품 시장에서는 더 낮은 비용 체계를 갖추는 회사가 승자다. 그리고 사우스웨스트는 대단히 낮은 비용 체계를 갖춘 승자였다.

다음의 일화는 허브 켈러허의 독창성과 고유 스타일을 잘 보여준다. 사우스웨스트가 "똑똑한 비행을 합시다"라는 슬로건을 내걸기 시작한 직후인 1992년 3월의 일이었다. 항공기 유지관리 전문 회사이며 이미 여러 해 동안 "똑똑한 비행을 합시다"란 같은 슬로건을 사용해 온 스티븐스 항공Stevens Aviation Inc.이라는 회사가 사우스웨스트를 상표권 침해로 피소하겠다며 위협했다. 몇 번의 논의가 오갔고 소송 대신에 허브 켈러허와 스티븐스의 CEO 커트 허월드Kurt Herwald는 댈러스 스포테토리엄 레슬링 경기장에서 팔씨름으로 논쟁을 마무리하기로 결정했다. CEO들이 팔씨름 '특훈'을 하는 모습을 담은 홍보영상이 제작되었다. 허브 켈러허 옆에는 조수가 붙어서 윗몸일으키기를 도와주었다. 정해진 윗몸일으키기에 성공할 때마다 상으로 줄 와일드 터키 위스키 한 병이 옆에서 대기하고 있었다. 팔씨름은 3판 2선승제였다. 한 판 끝날 때마다 진 사람은 5,000달러를 자신이 정한 자선단체에 기부해야 했다. 먼저 2승을 거둔 사람이 "똑똑한 비행을 합시다" 상표권을 가져가기로 했다. 커트 허월드가 먼저 2승을 거뒀지만 그는 곧바로 "똑똑한 비행을 합시다"의 공동사용권을 사우스웨스트에 주었다. 팔씨름 시합이 끝나고 두 회사 모두 상표권을 사용할 수 있게 되었고, 자선단체는 1만 5,000달러를 기부 받았으며, 두 회사는 홍보효과를 톡톡히 누렸다.

2011년 사우스웨스트의 매출은 150억 달러 이상으로 늘어났지만, 2001~2011년 동안 사우스웨스트의 주당순이익은 2000년 0.79달러를 정점으로 오히려 내려가 2011년에는 0.40달러였다. 연료비 상승과 수요가 부족한 소프트 시장이 순이익 급락의 원인이었다.

조시가 내 사무실에 온 2012년 8월에 월가의 사우스웨스트 전망은 대체로 시큰둥했고, 가격 결정 구조가 개선돼 EPS가 몇 배나 급증할 것이라고 예견하는 월가 애널리스트는 한 명도 없었다. 사우스웨스트가 6월 말까지의 분기 실적을 발표한 다음 날인 7월 19일, 몇몇 애널리스트가 사우스웨스트 분석 보고서를 발표했다. 그때의 주가는 약 9.15달러였다. 골드만 삭스는 사우스웨스트의 EPS가 2014년에는 0.99달러로 증가할 것으로 예상하고 주식 가치는 8.50달러로 평가했다. 메릴린치는 2014년의 EPS가 1.20달러로 증가할 것이고 평가 가치는 9.50달러가 되리라 예측했다. 바클레이는 조금 낙관적이었다. 바클레이의 예측치는 2014년에 EPS는 1.35달러, 주가는 14달러였다. 그러나 조시는 자신의 가격 예상 논리가 맞으면 EPS는 월가 분석치를 훨씬 웃돌 것이라고 믿었다. 사우스웨스트의 2012년 매출 기대액은 약 160억 달러였다. 항공료가 1% 올라갈 때마다 사우스웨스트의 세전순이익은 1억 6,000만 달러 늘어나고 주당순이익은 약 0.13달러씩 올라간다. 실효세율이 39%, 희석 주식 수는 7억 4,500만 주로 가정했다. 조시는 국내 항공 여행 수요가 늘어 계속해서 수송능력에 근접해 간다면 항공료는 연간 적어도 4~5%씩 올라갈 것이라고 내다봤다. 매출 증가 대비 약 2%로 가정되는 비용 증가보다 2~3%를 웃도는 수치였다. 만약 4년 동안 매년 항공료가 2~3%씩 오른다면 EPS도 증가하여, 2016년에는 1.04~1.56달러만큼 추가로 높아질 것이다. 더욱이 사우스웨스트는 최근에, 2015년 말까지 세전순이익을 11억 달러 증가시키겠다는 이익 개선 프로그램을 발표했다. 이 11억 달러를 이루는 요소는 세 가지였다.

1. 사우스웨스트는 얼마 전 지역 항공사인 에어트랜스AirTrans를 인수했다. 에어트랜스를 사우스웨스트에 병합해 시너지로 얻게 될 연간 절감액 추정치는 4억 달러였다.
2. 또한 에어트랜스의 비행 기종 상당수는 효율성이 떨어지는 보잉 717기였다. 717기를 다른 항공사로 이전하면 매년 2억 달러의 비용이 절감된다.
3. 마지막으로, 사우스웨스트는 737-800기종에 좌석 여섯 줄을 추가로 배치하는 방법을 고안했다. 추가 좌석, 새로운 예매 시스

템, 그리고 여타 영업 구조 개선이 합쳐지면 세전순이익이 연간 약 5억 달러 정도 늘어날 것이라고 예상했다.

이 11억 달러 순이익 증가 프로그램이 성공하면 2016년 EPS는 약 0.90달러 늘어난다. 이런 가정과 추정을 바탕으로 조시는 사우스웨스트의 2012년 0.60달러였던 EPS가 2015년에는 2달러를 넘어서고 2016년에는 2.50달러를 넘어설 공산이 상당히 높다고 결론 내렸다. 조시가 진지하게 고려한 점은 두 가지가 더 있었다. 첫째로, 다음 몇 년 동안 정상 수요가 성장할 것이라는 예상이었다. 둘째로, 사우스웨스트는 부채가 많았지만 현금도 그만큼 많았기 때문에 공격적인 자사주매입을 실행해 왔다는 점이었다. 조시는 사우스웨스트가 자사주매입 계획을 통해 2011년 7억 7,400만이었던 주식 수를 2016년에는 7억 주 이하로 크게 줄일 것으로 전망했다. 조시는 수요 증가와 자사주매입 프로그램만으로도 EPS는 증가하겠지만, 항공 요금이 연간 4~5%씩 오른다면 2016년 사우스웨스트의 EPS는 2.50달러를 넘어설 수 있으리라고 강하게 확신했다.

그런 다음 조시는 두 번째 방법론으로 자신의 예상이 합리적인지 점검했다. 그는 사우스웨스트의 매출은 2016년까지 약 195억 달러로 성장할 것이라고 추정했다. 9/11 테러 공격이 있기 전 3년 동안 사우스웨스트의 영업이익률은 16.4~18.1%였다. 조시는 산업 여건이 튼튼해지리란 자신의 예상이 맞으면 사우스웨스트의 영업이익률이 16~18%대를 회복할 것이고, 그러면 2016년 영업이익은 얼추 32~35억 달러가 될 것으로 내다봤다. 이 영업이익 금액에서 이자비용 1억 2,500만 달러를 빼고 실효세율 39%를 차감한 후, 예상 희석 주식 수 6억 7,500만 주로 나눴다. 이렇게 두 번째 방법론으로 계산해서 나온 사우스웨스트의 2016년 예상 EPS는 2.75~3달러였다.

조시는 자신이 다른 3대 미국 국적 항공사의 펀더멘털을 잠깐 분석했더니, 이 항공사들 모두 항공료 상승으로 큰 수혜를 입기를 했지만 재무상태표가 대단히 부실했다는 말도 덧붙였다. 예를 들어 2012년 6월 30일 델타 항공의 순부채는 88억 달러였고, 유형순자산가치는 -110억 달러였다. 유나이티드 항공은 순부채가 43억 달러, 유형순자산가치가 -33억 달러였다. 아메리칸 항공은 파산했다. 이것과 대조적으로 사우스웨스트는 순부채가 없었으며, 유형순자산가치는 +59억 달러였다. 조시는 항공 산업이 유가 폭등이나 테러 공격, 급격한 경기 침체 같은 예상치 못한 악재에 부딪히면 재무상태표가 부실한 항공사들은 실질 파산이나 준 파산을 신청할 수밖에 없고 주주들의 영구손실은 불을 보듯 빤하다고 생각했다. 조시가 보기에 델타와 유나이티드의 주식이 사우스웨스트보다는 상승 잠재력이 훨씬 클 수 있지만 두 종목은 우리에게는 맞지 않았다. 그린헤이븐은 영구손실을 증오한다.

조시는 사우스웨스트 주식의 가치평가를 시도했다. 기복이 심한 업종에 속한 기업에 보석 같은 가치가 있다면 그것은 무엇일까? 조시는 짐작조차 하지 못했다. 나도 마찬가지였다. 우리는 사우스웨스트의 가치를 평가할 합리적 접근법을 마련하지 못했다. 하지만 그럴 필요 자체가 없었다. 사우스웨스트의 2016년 주당순이익이 2.50달러에 근접한다면 주가 급등은 따 놓은 당상이다. 아마도 현재 주가인 9달러에서 몇 배는 더 오를 것이다. 마찬가지로 중요한 부분이 또 있다. 사우스웨스트란 기업의 질과 건실한 재무상태표가 영구손실을 막아줄 튼튼한 보호막을 제공한다는 점이다. 우리는 승리자 주식을 찾았다는 생각이

들었다. 어쩌면 홈런일지도 모른다.

조시는 사우스웨스트의 CFO인 태미 로모Tammy Romo와의 전화 통화를 준비했다. 우리는 우리의 분석에 허점은 없는지 알아내려 태미에게 온갖 질문을 던졌다. 구멍은 찾지 못했다. 실제로 사우스웨스트를 알고 고민할수록 위험보상비율이 아주 좋다는 결론이 나왔다. 좋은 정도가 아니었다.

그래서 나는 조시를 사무실에서 쫓아내는 대신에 사우스웨스트 주식 매수를 시작했다. 누군가 1년 전 나에게 그린헤이븐이 항공사 종목을 보유할 가능성이 있는지 물어봤다면 "전혀 없습니다"라고 대답했을 것이다. 그러나 투자자라면 모름지기 지금까지의 확신에 도전이 되는 새 아이디어에 언제나 귀를 열어두어야 한다. 인생에도 그렇지만 투자 운용에 있어서도 편협한 시각은 전혀 득이 되지 않는다.

사우스웨스트 포지션을 구축한 직후 나는 열다섯 살인 내 손자 그랜트에게 이 종목의 매수를 언급했다. 그랜트는 185cm의 키에 풋볼선수처럼 뼈대가 크다. 실제로도 그는 풋볼 선수이다. 그랜트는 사우스웨스트에 대해 즉시 아니라는 반응을 보였다. "에디(내 손자들은 모두 나를 이렇게 부른다), 사우스웨스트는 좌석이 엄청 좁아요. 괜찮은 좌석에 앉으려면 게이트에 한 시간은 일찍 도착해야 할 걸요. 나한테는 사우스워스트Southworst에요." 그렇긴 해도 모든 승객이 풋볼 선수는 아니고, 그랜트와 다르게 돈을 내고 좌석을 사는 사람 입장에서는 지정좌석을 예매하지 못한다고 해도 낮은 항공료가 반가울 수밖에 없다.

사우스웨스트의 주가는 우리가 포지션을 구축한 직후부터 급반등하기 시작했다. 어떤 때는 몇 년을 기다려야 우리가 보유한 종목이 크게 오르기 시작하고, 어떤 때는 타이밍을 기가 막히게 잘 잡기도 한다. 사우스웨스트의 경우는 매수 시점이 기가 막혔다. 주식시장은 2013년 초에 상승세로 돌아섰고, 일부 투자자들은 항공 산업의 중기 전망을 낙관적으로 바라보기 시작했다. 그러나 월가 금융회사 대부분은 여전히 항공사의 주가와 순이익 상승은 힘들 것이라고 예상하였다. 예를 들어 2012년 가을과 2013년 봄 동안 골드만 삭스의 애널리스트들은 사우스웨스트의 2014년 EPS 추정치를 0.99달러에서 0.95달러로 조금 하향 조정했다. 2013년 10월 7일 골드만 삭스의 애널리스트들은 사우스웨스트의 현 가격결정 원칙에 고무되었다고 적으면서도 2014년 EPS 추정치는 단 몇 센트만 높인 0.98달러로 상향 조정했다. 그러다 10월 24일에 사우스웨스트는 2013년 3사분기 주당순이익으로 전년도 같은 분기의 0.13달러보다 161% 늘어난 0.34달러를 거뒀다고 발표했다. 우리의 계산으로는 제트기 연료 변화로 조정한 매출 승객 1마일 당 운임은 8.6% 늘어난 셈이었다. 분기 순이익을 발표한 날 골드만 삭스는 마침내 메시지를 받아들이고 2014년 추정 EPS를 1.12달러로 올렸다. 사우스웨스트 주가는 발표 당일에만 3.7% 올랐다. 이제 주식은 조시가 득의양양하게 웃으며 내 사무실로 들어와 매수 아이디어를 내던 날보다 두 배 정도 가격에 거래되고 있었다. 골드만 삭스와 월가의 다른 금융회사들은 수요가 공급에 맞먹는 타이트한 시장 상황에 따른 항공료 급등을 예견하지 못했다. 내가 보기에 골드만 삭스의 애널리스트들은 사우스웨스트의 최근 상황에만 초점을 맞추었다. 그래서 그들은 한발 뒤로 물러나 사우스웨스트의 중기 주가를 결정할 중요한 펀더멘털을 제대로 분석하고 예측하지 못했다. 그들은 애널리스트가 아니라 최근 뉴스를 알리는 보도자였다.

할 이야기는 더 있다. 2013년 4사분기에 사우스웨스트의 항공료는

6.4% 올랐고(역시 제트기 연료비 변화에 따른 조정이다), 2014년 초에도 유리한 비율로 계속 올랐다. 2014년 봄에 이르자 월가 대부분은 가격과 수익성의 새로운 모멘텀을 더 많이 인식하게 되었다. 2014년의 전반적인 EPS 추정치는 약 1.50달러 정도로 상향되었지만, 아직 대다수 금융회사는 2014년 이후에는 EPS가 근소하게만 오를 것으로 예상했다. 가령 골드만 삭스는 2014년 추정 EPS는 1.50달러, 2015년에는 1.72달러, 2016년에는 1.86달러일 것이라고 예상했다. 조시는 2014년 추정 EPS는 1.50달러가 맞지만, 정상적인 연간 성장을 이루고 11억 달러 규모의 이익 개선 정책이 효과를 발휘하며 여기에 자사주매입까지 더해진다면 2016년 추정 EPS는 골드만 삭스가 예상한 1.86달러를 훌쩍 뛰어넘을 것이라고 믿었다. 그러면 추가적인 주가 상승을 기대할 수 있다. 그리고 조시는 시장내 수요 압박이 계속 이어진다면 국내 항공사들의 운임 상승도 당연히 이어지리라 생각했다.

늦은 봄, 조시와 크리스, 나는 그린헤이븐의 사우스웨스트 투자를 분석하는 데 상당한 시간을 보냈다. 당시의 주가는 25~26달러 선이었다. 우리는 한두 해 뒤의 주가 향방을 예상하려고 했지만 감도 잡을 수 없었다. 우리로서는 정상적인 상황에서 이 회사의 주당순이익을 추정할 마땅한 방법론이 없었다. 항공 산업은 모 아니면 도인(대부분은 도이다) 산업인데다, 사실 정상인 기간도 거의 없다시피 했다. 더욱이 실적이 좋은 업종에 속한 뛰어난 회사, 그리고 나쁘지 않은 업종에 속한 뛰어난 회사를 평가할 방법론은 있었지만, 비참한 업종에 속한 우수한 회사를 평가할 방법론도 없었다.

마침내 우리는 사우스웨스트 보유 지분을 절반가량 팔기로 결정했다. 사우스웨스트 주가는 이미 다른 보유 종목의 상승률보다 훨씬 많이 올라 있었고, 우리 포트폴리오에서 차지하는 비중도 지나치게 높았다. 게다가 항공 업종이 대체적으로는 매력이 없는 업종이라는 것도 감안해야 했다. 조시가 처음 아이디어를 냈을 때보다 주가가 거의 3배 올랐기 때문에 위험보상비율도 처음만큼 매력적이지 않았다. 종목을 팔아야 할지 망설여질 때면 나는 절반 또는 상황에 맞춰 어느 정도 파는 편이다.

2014년 여름에도 사우스웨스트 주가는 계속 올랐고 가을에는 거의 35달러에 이르렀다. 우리 예상보다도 이 회사의 실적은 훨씬 좋았다. 일단 수요가 높았다. 운송능력도 거의 포화상태였다. 항공료는 견고했고 계속 오를 기세였다. 제트기 연료비는 조금 떨어졌다. 우리도 알지만, 다른 투자자도 이미 다 아는 사실이었다. 좋은 소식은 지나갔고, 사우스웨스트 주식의 위험보상비율은 더 이상 우호적이지 않았다. 그래서 우리는 나머지 지분도 전부 매도했다.

제13장

골드만 삭스

인식이 현실과 잠시 어긋날 때 큰 투자 차익을 벌 수 있다.

2014년 봄, 나는 수백 시간 동안 새로운 투자 아이디어를 찾고 있었다. 종목 목록을 걸러내고, 미래에 유망한 산업을 고심하고, 잡지와 신문을 읽고, 동료들과 브레인스토밍을 하고, 다른 투자매니저들이 최근에 매수했다는 종목 목록을 검토했다.● 하지만 번번이 좌절했다. 매력적인 투자 아이디어를 찾을 수가 없었다. 보고 또 보고 또 봤지만 허사였다.

그러다 5월 30일 금요일, 골드만 삭스 투자금융 사업부의 부서장 세 명을 다룬 〈블룸버그〉지 최신호의 표지 기사를 읽게 되었다. 세 사람은 데이비드 살로먼David Solomon, 리처드 노드Richard Gnodde, 존 S. 웨인버그John S. Weinberg였다. 나는 1966년부터 1967년까지 존 웨인버그의 할아버지인 시드니 웨인버그Sidney Weinberg와 일했으며, 존 S.의 아

● 투자매니저는 분기에 한 번씩 SEC 13-F 양식에 따라 보유 종목을 공개해야 한다.

버지이며 여러 해 골드만 삭스의 공동 시니어파트너로 일한 존 L. 웨인버그John L. Weinberg와도 아는 사이였다. 재미삼아 기사를 한 번 읽어봤다. 기사에서는 골드만 삭스 투자금융 사업부의 견실함과 수익성을 주로 강조했다.

나는 궁금한 마음에 블룸버그 단말기에 접속해 골드만 삭스의 주가를 찾아봤다. 159.80달러였다. 그리고 이 회사의 주당 유형순자산가치를 검색했더니• 145.04달러였다. 골드만 삭스는 최고의 기업임에도 유형순자산가치에서 불과 10%만 더한 금액에 주식이 거래되고 있었다. 순간 내 머리에 불이 번쩍 켜졌다! 골드만 삭스의 사업을 보면, 두 사업은 자본이 거의 필요 없고(투자금융과 투자운용), 두 사업은 막대한 자본이 필요하다('트레이딩'과 투자). 정상 환경에서 비자본집약 사업이 벌 이익을 계산하고 자본집약 사업은 자기자본이익률이 10%가 넘으리라 추정했더니,•• 골드만 삭스가 벌어들일 잠재적 이익을 나타내는 이익창출력을 추산할 수 있었다.

나는 골드만 삭스의 최근 손익계산서를 내려받았다. 다소 정상 수준 이하로 보이는 사업 환경에서 이 회사의 비자본집약 사업이 번 이익은 주당 5달러 이상이었다. 나는 골드만 삭스의 순자산가치 중 4달러를 비자본집약 사업에 할당하고, 나머지 141달러는 트레이딩과 투

• 유형순자산가치는 주주들이 보유한 보통주에서 영업권이나 무형자산가치를 차감한 금액이다.
•• 내가 10%라고 생각한 근거는 다음과 같다. 트레이딩 사업부를 따질 때 평판 면에서 골드만 삭스는 대다수 경쟁사에 비해 더 훌륭하며 운영의 수익성도 높다. 골드만 삭스가 트레이딩 사업에서 10% 정도의 수익률을 벌지 못한다면 경쟁사 대부분도 트레이딩 사업의 지속성을 보장하는 데 충분한 수익률을 벌지 못한다는 뜻이다. 경쟁사가 수익률이 낮은 트레이딩 사업을 철수하면 경쟁이 줄어들고 격차가 더 벌어져 골드만 삭스의 수익률은 10%로 개선될 것이다. 골드만 삭스의 투자 사업부가 주로 보유하는 것은 주식과 대출이다. 주식투자자들의 장기적인 투자수익률은 연평균 9~10%이다. 그리고 포트폴리오의 레버리지가 예금과 차입금으로 정상적인 수준이라고 가정할 경우 은행들이 대출 포트폴리오에서 버는 연평균 수익률은 10%이다. 그러므로 골드만 삭스의 투자 사업부는 적어도 투자 자본 대비 10%의 수익률을 번다고 결론내릴 수 있다.

자 부문에 할당했다. 그랬더니 트레이딩과 투자 부문의 이익창출력은 주당 14달러 이상이고, 회사 전체의 이익창출력은 주당 약 20달러였다. 그러면 유형순자산가치의 이익률은 대략 14%라는 계산이 나온다. 나는 추정을 하고 수익률을 예상할 때는 계산이 합리적인지 고민한다. 현실에 맞는가? 이번 경우 골드만 삭스의 유형순자산가치 이익률을 14%로 잡은 것은 내 생각에 상당히 합리적이었다. 투자에서 가장 중요한 것은 합리성과 상식, 그리고 올바른 판단이다.

기업 가치를 평가할 때 우리는 앞으로의 2년을 전망한다. 골드만 삭스의 이익창출력이 지금 대략 20달러라면 2016년의 이익창출력은 적어도 22달러가 되어야 한다(금융시장의 연간 성장률은 5~6%이다). 그런 다음 타당한 PER 계산에 나섰다. 비자본집약 사업은 평균 PER을 훨씬 넘는 아주 매력적인 투자 대상이었다. 하지만 트레이딩과 투자는 PER도 평균 이하인 듯하여 매력도가 떨어지는 사업이었다. 두 가지를 합쳐서 나는 골드만 삭스의 주식을 이익창출력의 12~15배 되는 선으로 평가했다. 이렇게 해서 골드만 삭스의 2016년 가치는 현재 주가에서 65~105% 오른 265~330달러일 것이라는 초기 결론과 예비 결론이 나왔다. 마침내 적용할만한 투자 아이디어를 얻었다.

마음이 설렜다. 나는 다른 일을 다 제쳐두고 골드만 삭스의 10-K 보고서를 읽기 시작했다. 특히 주식이 상당히 저평가돼 있다는 내 초기 분석에 반증이 될 만한 정보에 주목했다. 나는 현재 진행 중인 소송에 대한 보고서를 읽었다. 주로 2008~2009년 금융위기 전에 행해진 비윤리적 거래와 여타 부당 행동으로 빚어진 소송이었다. 일반적으로 그린헤이븐은 윤리 기준이 의심쩍은 회사에는 투자하지 않지만, 골드만 삭스에서 벌어진 윤리적 잘못은 전체 직원이 3만 2,000명인 것

치고는 비교적 적은 편이라는 확신이 들었다. 그리고 이 비교적 적은 수의 직원들이 했던 비도덕적인 투자 조언이나 부당거래에 골드만 삭스 자체에는 잘못이 없다는 확신도 들었다. 직원이 3만 2,000명이나 되는 기업에서 비리 직원이 한 명도 없으리란 것이 오히려 말이 안 될지도 모른다. 두세 명이 비도덕적 행위나 불법 행위를 했다고 덮어놓고 조직 전체를 싸잡아 비난해서는 안 된다.

그다음으로 분석한 것은 골드만 삭스의 재무상태표였다. 금융위기 이후 골드만 삭스는 대대적인 부채 삭감에 나섰다. 2007년 이 회사의 자산 규모는 주주자본의 26배나 되었으나, 2013년 말에는 12배 이하로 줄어 있었다. 나는 재무상태표의 건실함을 분석하려 했지만 힘들었다. 골드만 삭스의 보유 자산이 하루 단위로 변하기 때문이다. 하지만 2008년 금융위기의 결과로, 여러 감독기관이 골드만 삭스의 재무적 건실함을 계속 면밀히 조사하고 있다는 점에 조금은 안심이 되었다. 또한 연방준비은행의 허가 하에 골드만 삭스는 자사주를 2011년에 60억 달러, 2012년에 46억 달러, 2013년에 62억 달러어치 재취득했다. 만약 정부와 감독기관 직원들이 골드만 삭스 재무상태표의 건실함을 크게 확신하지 않았다면 이런 대규모 자사주매입을 허가해 주었을 리 없었다. 물론 연준도 실수한다. 완벽하게 정확한 정보를 가지고 내려지는 사업 결정은 없는데다, 상황은 언제라도 변할 수 있기 때문이다. 그러나 불완전한 세상에서 연준의 조사는 골드만 삭스 주식의 리스크 여부를 분석할 때 여전히 중요한 판단의 잣대였다.

더욱이, 내가 언제나 조심스럽게 보는 부분은 오랫동안 번영을 누린 후 자산의 질이다. 지속된 번영은 과잉확신을 낳고 그 결과로 리스크를 오판할 수 있기 때문이다. 물론 그 반대도 가능하다. 무시무시한 금융위기와 깊은 경기침체 후에 경영진은 대개는 위험회피 성향이 아주 강해진다.

골드만 삭스 10-K 보고서는 상당 부분에서 투자은행에 대한 규제 강화를 다루었다. 월가 은행 상당수는 규제 강화를 부정적으로 바라보았다. 그러나 나는 좋은 점도 있다고 생각했다. 자본 요건을 강화하면 약하고 수익성 낮은 은행이 일부 사업을 철수하면서 경쟁이 약해질 수 있다. 게다가 도드-프랭크Dodd-Frank 법과 여타 규제를 준수하는 데 드는 비용은 새 경쟁자를 막는 거대한 진입 장벽이 되기도 한다. 이러면 경쟁이 줄어 자본이 많은 대형 금융기관의 힘과 점유율은 오히려 증가할 수 있다. 도드-프랭크 법이 의도하지 않은 결과였다.

10-K 보고서를 읽은 후 나는 곧바로 그린헤이븐의 다른 두 애널리스트인 내 아들 크리스와 조시 샌드벌트를 불러 회의를 했다. 우리 셋은 두 시간 동안 골드만 삭스 사업의 좋은 점과 나쁜 점을 논의했다. 난상토론을 벌였다. 그 결과 골드만 삭스는 꽤 매력적인 업종에 속한 매우 강한 회사이고, 현재 회사의 주가는 제 가치를 인정받지 못하고 상당히 저평가돼 있다는 결론이 나왔다. 우리 생각에 주가가 저평가된 것은 대다수 투자자가 금융회사의 재무상태 리스크가 아직은 높다는 시각과 투자은행이 과도한 규제를 받고 있다는 우려의 시각이 크기 때문이었다. 과도한 우려일 뿐 시간이 지나면 해소될 만한 것이었다. 그 과도한 걱정이 우리에게는 기회였다.

내가 반색한 부분은 골드만 삭스가 2013년 15.46달러의 주당순이익을 벌었다는 사실이다. 10년 전의 주당 5.87달러에서 급등한 금액이었다. 이 10년 동안 골드만 삭스는 대공황 이후 최악의 금융위기와 경기침체를 겪었고, 적대적인 소송과 적대적인 법안으로 홍역을 치렀다. 그런데도 이 회사의 이익은 163% 증가했다. 내 경험상 애널리스트와 역사가는 기업의 최근 문제에 골몰한 나머지 그 회사의 강점이나 발전, 전망은 가볍게 생각한다. 20세기 미국의 발전에 비유할 수 있다. 20세기 말의 미국 시민은 세기 초의 시민보다 훨씬 부유하고 건강하고 안전하고 교육 수준도 높아졌다. 실제로 20세기는 눈부신 발전을 이룬 세기였다. 하지만 대다수 역사책은 비극적인 두번의 세계대전과 지지율이 극도로 낮았던 베트남전쟁, 대공황, 인권운동이 진행되며 벌어진 시민의 동요, 잊을 만하면 생기는 워싱턴의 잘못된 리더십에 주로 초점을 맞춘다. 20세기는 심각한 문제와 실수로 점철된 세기로 묘사되었다. 우리가 읽은 것이 신문과 역사서뿐이라면 아마도 미국은 20세기 동안 상대적 쇠락과 절대적 쇠락 모두를 겪었다는 결론을 내리기 십상이다. 그러나 미국은 강인하고 번영된 모습으로 20세기를 마감했다. 그리고 골드만 삭스도 강하고 번영된 모습으로 20세기를 마감했다.

블룸버그에는 경영진의 프레젠테이션이 다수 저장돼 있다. 나는 골드만 삭스 경영진의 공개 프레젠테이션을 듣고 싶어서 가장 최근 것으로 10개 정도를 들었다. 특히 관심이 간 것은 2013년 5월 30일 골드만 삭스의 사장 겸 최고운영책임자COO인 개리 콘Gary Cohn의 발표였다. 콘은 2012년 어려운 환경에도 불구하고 골드만 삭스가 10.7%의 자기자본이익률ROE를 벌었다고 발표하면서 이렇게 덧붙였다. "우리는 영업환경이 개선되면서 ……ROE를 더욱 높이기 위한 포지셔닝에 초점을 맞추고 있습니다." 그러면서 "우리는 중기적으로 더 많은 이익을 창출하기 위한 기회를 찾고 있습니다"라고 말한다. ROE을 높이기 위한 성장 동인 중 하나는 매출이었다. 콘은 투자금융의 매출이 경기와 관련

돼 낮았다고 지적하면서, 사업 활동이 정상 수준으로 회복하면 매출과 순이익이 크게 늘 것이라고 말했다. 또한 그는 금융위기와 그에 따른 규제 및 자본요건 강화 여파로 많은 경쟁사가 몸을 사린 것이 오히려 투자금융 부문에서 골드만 삭스의 점유율을 높일 기회가 되었다고도 덧붙였다. 그러면서 그는 강조했다. "아주 많이 몸을 사리지 않아도 중요한 매출 기회를 만들 수 있습니다."

그는 골드만 삭스의 비용 절감이 순이익을 늘릴 것이라는 점도 강조했다. 그의 설명에 따르면, 골드만 삭스는 최근 19억 달러 규모의 비용 절감 프로그램을 완수했고 매출 대비 보상 비율도 지난 몇 년 동안 확연히 낮췄다.

개리 콘이 주장한 또 다른 부분도 내 상상력에 불을 붙였다. 그는 "골드만 삭스는 효율성을 최대화하기 위해 필요하면 자원을 조정하고 재배치하는 일을 계속할 것입니다. 우리에게는 적응성이란 문화가 있습니다"라고 말했다. 내가 생각하기에 만약 골드만 삭스는 사업 활동 중 어느 한 부분이 기준 이하의 수익을 낸다면 그 부문에 들어가던 자본을 빼내 수익성이 더 높은 다른 부문에 투자할 수 있다. 이런 유연성은 상당수 금융 서비스 기업이 가진 긍정적 특징이다. 반면 제조기업이라면 잘못 설계되었거나 위치가 불리한 공장을 보통은 떠안고 간다. 가령 브라질의 인건비가 앨라배마의 인건비보다 크게 낮다고 해도 제지회사로서는 앨라배마의 제지공장을 턱 하니 들어내 브라질로 선적하는 것은 거의 불가능하다.

골드만 삭스의 프레젠테이션들에서는 회사 미래에 대한 차분한 확신이 전반적으로 풍겨 나왔다. 경영진은 공격적이고 야망이 크지만 거만하지 않다는 분위기를 풍겼다. 물론 단어 하나까지 세심히 골라 작성한 프레젠테이션이라는 것을 모르진 않았지만 내게 좋은 인상을 준 것은 분명했다.

나는 골드만 삭스에서 임원으로 일한 경력이 있는 지인 세 명에게 전화를 걸었다. 세 사람 모두 비슷한 생각이었다. 경영진은 뛰어났으며, 젊은 직원들은 대단히 유능하고 똑똑했으며, 야심이 있고 머리도 좋은 직원들은 자신과 회사에 돈을 벌어줄 방법을 잘 찾아내며, 회사는 업계 최고의 브랜드 이미지를 계속 누리고 있다는 것이었다.

경험이 직관을 구축한다. 그리고 내 직관은 골드만 삭스의 주식을 매입하기 시작해야 한다는 것이었다. 콘셉트, 펀더멘털, 그리고 이익 잠재력이 모두 매력적으로 보였다. 내 상관이었던 아서 로스가 내게 자주 했던 충고가 있다. "우리는 토론학회가 아니라네. 우리는 토론학회가 아니라네. 행동해야 해, 에드. 행동해야 해." 그래서 나는 행동했다. 골드만 삭스 주식에 대한 매수 주문을 넣었다. 몇 주 안에 우리는 생각했던 주식 매수 포지션을 다 채웠다.

약 한 달 후 나는 중간규모급 투자회사의 매니저인 윌 고든Will Gordon과 점심 식사를 했다. 나는 윌에게 골드만 삭스는 증시 강세장이 시작된 이후 2013년에 새 투자 아이디어를 찾느라 애를 먹고 있는 우리에게 신이 보내준 선물이라고 말했다. 또한 나는 우리의 2013년 포트폴리오 가치는 증시보다 훨씬 크게 올랐고, 지금은 운용자산이 50억 달러를 넘기 때문에 골드만 삭스처럼 대량 매집이 가능한 종목을 찾아낼 필요가 있었다고 말했다. 나는 또한 강세장과 우리의 늘어난 운용규모에서는 포트폴리오 가치 상승률을 계속 높게 유지하기가 힘들다는 말도 덧붙였다. 내 말에 윌이 곧바로 대답했다. "글쎄, 에드. 자네가 앞으로는 낮아진 수익률에 안주해야 할지도 몰라." 나는 윌의 충고를 바로 받아쳤다. 특히나 '안주'라는 말이 마음에 들지 않았다. 안주는 내 투자 사전에는 존재하지 않으며 앞으로도 없을 것이다. 나는 평생 이기기 위한 경쟁이 선사하는 짜릿함을 즐겼다. 나는 대충하는 테니스 시합에도, 대충하는 골프 라운딩에도 '안주'하지 않는다. 대충 수준의 투자 실적에도 절대 '안주'하지 않는다. 윌리엄스대학 졸업반 때 나는 홉킨스문을 매일 같이 지나다녔다. 홉킨스문의 석조 기둥 하나에는 이런 글귀가 새겨져 있었다.

더 높이 오르라, 더 멀리 오르라,
너의 목표는 하늘을 향하고,
너의 조준은 별을 향하라

이것이 내 기도문이다. 나는 별로 가는 사다리를 만들기를, 사다리의 모든 단을 다 오르기를 열망한다. 나는 이성으로 담금질한 야망이 한 개인에게 성공과 보람을 허락하리라 믿는다. 경쟁이 치열한 세상에서 평범함에 안주하면 대개 실패한다. 맞다. 주가가 가치를 거의 완전히 반영한 증시에서는 한 번에 50억 달러를 투자하는 것은 도전이나 다름없다. 그러나 '도전'이라는 단어는 두 가지 이질적인 분위기를 풍긴다. 하나는 난공불락처럼 보이는 벽에 부딪혔을 때 느끼는 좌절이다. 다른 하나는 그 벽을 오르면서 얻는 전율과 만족이다. 사람마다 더 크게 느끼는 쪽이 다르겠지만 나는 두 번째 의미다. 그리고 미래에는 더 낮은 수익률에 '안주'하라는 것은 나한테는 말도 안되는 소리다.

2014년 가을의 어느 화창한 날, 나는 골드만 삭스 이사회의 선임이사인 아베바요 오군레시Abebayo Ogunlesi(이하 바요)에게 조찬모임 초대를 받았다. 회사의 기업지배구조 논의가 이번 조찬모임의 주요 목적이었다. 나는 기꺼이 초대를 수락했다. 약속 날 나는 월가에 있는 골드만삭스 본사에 45분 일찍 도착했다. 나는 약속 시각에 늦는 것은 실례라고 생각한다. 그래서 보통은 기차가 연착하거나 택시를 잘 잡지 못할 때를 대비해 넉넉하게 시간을 두고 출발한다. 일종의 와첸하임 방식이다. 여러 방식 중 하나이다. 일찍 도착해 시간이 남으면 커피를 마시거나 근처를 걷는다. 그러나 이번 약속에서 나는 45분의 남는 시간을 알뜰하게 썼다. 일단 고속 엘리베이터를 타고 스카이 로비로 사용되는 11층으로 올라갔다. 골드만 삭스의 직원 대부분은 11층에서 엘리베이터를 갈아타고, 많은 직원이 그곳 카페에서 커피나 간식을 사 간다. 나는 편안한 의자를 찾아 앉아 거의 45분 내내 사람들을 관찰했다. 골드만 삭스 직원들이 어떻게 대화하고 옷차림이나 걸음걸이는 어떠한지 관찰하며 나는 이 회사 직원들의 유형을 대충 파악할 수 있었다. 꽤 좋은 인상을 받았다. 직원들은 대체로 서로 사이가 좋았고 웃고 있었으며 옷차림도 깔끔했고 자신들의 목적이 무엇인지 잘 아는 듯 보였다. 게다가 11층 자체에서 받은 인상도 나쁘지 않았는데, 기능적 설계에 우아하고 고상하면서도 금빛으로 번쩍거리지는 않았기 때문이었다. 겉모습만 보고 속 내용을 판단하는 것은 위험하지만 회사의 직원과 사무실을 판단하기에는 꽤 쓸모가 있다.

바요와 조찬모임을 갖기로 한 9시가 되기 몇 분 전에 나는 엘리베이터를 타고 본사 건물의 최상층으로 올라가 이사회실로 안내를 받았다. 이사회실 안에는 베이글과 과일, 오렌지 주스, 커피가 카트에 푸짐하게 차려져 있었다. 좋아하는 사람에게는 아쉽겠지만 달걀은 없었다. 베이컨이나 팬케이크, 프렌치토스트도 없었다. 턱시도 차림의 웨이터도 없었다. 셀프서비스의 소박한 아침상이었다. 골드만 삭스에 대한 좋은 인상이 한 등급 올라갔다. 골드만 삭스는 손님에게 좋은 인상을 주려고 화려함을 과시하지 않았다.

바요의 배경도 놀라웠다. 나이지리아의 작은 시골 마을 마쿤에서 태어난 그는 라고스의 킹스칼리지에서 고등학교를 다녔고 이후에는 나이지리아를 떠나 옥스퍼드에 들어갔다. 옥스퍼드에서 학사학위를 받은 후에는 하버드비즈니스스쿨과 로스쿨을 동시에 다녔고, 동급생과 함께 아프리카 유학생으로서는 최초로 〈하버드 로 리뷰지〉의 편집자가 되었다. 1979년 법학사 학위를 받은 후에는 서굿 마셜Thurgood Marshall, 흑인 최초의 미국 연방대법원 판사 밑에서 미국 대법원 역사상 처음으로 비미국인계 법원 서기가 되었다. 1983년 바요는 뉴욕의 법무법인인 크라바스, 스웨인 앤 무어Cravath, Swaine & Moore에 들어갔다. 이곳에서 변호사로 몇 달간 일하는 중에 크레딧 스위스Credit Suisse가 크라바스에 나이지리아의 60억 달러 규모 액화천연가스 플랜트와 관련된 협상과 자금 조달 업무 진행에 바요를 파견해줄 수 있는지 요청해 왔다. 이 일이 끝난 후에도 바요는 크라바스로 돌아가지 않았고 대신에 크레딧 스위스에서 빠르게 승진하여 결국에는 글로벌 금융사업부 책임자가 되었고 나중에는 이사회 의장에 선출되었다. 바요는 2006년 크레딧 스위스를 떠나 에너지, 운송, 수자원 산업과 같은 기반시설 투자를 전문으로 하는 사모펀드 회사인 글로벌 인프라스트럭처 파트너스Global Infrastructure Partners를 공동 창업했다. 미국이 기회의 땅이 아니라고 누가 말할 수 있겠는가.

골드만 삭스 본사까지 가는 택시 안에서 나는 조금 뒤에 있을 모임을 생각했다. 내 예상에는 바요가 골드만 삭스의 이사회는 경영진과

완전히 독립되어 있으며, 이사회는 리스크 통제에 초점을 맞추고 있고, 경영진의 높은 보상을 계속 억제할 것임을 강조할 것 같았다. 그것들은 가장 명백한 세 가지 핵심 주제였기 때문이다. 물론 바요는 세 가지 이슈도 충분히 강조하면서 주주들을 안심시키기 위한 프레젠테이션을 했다. 결국 내가 조찬모임에서 얻은 것은 별로 없었다. 사실 크게 기대하지도 않았었다.

또 다른 사안이 내 머릿속을 짓눌렀다. 바요는 친절했고 시원시원하게 말했으며 골드만 삭스 운영에 대해서도 아는 것이 많아 보였다. 그러나 그가 정말로 아는 부분은 얼마나 될까? 그의 본업은 다른 곳이다. 그가 골드만 삭스에 대해 아는 내용은 주로 경영진에게서 듣거나 아니면 이사회 자료에서 나온 것일 공산이 크다. 이사들은 외부인이다. 그들이 골드만 삭스 사무실과 트레이딩 부서를 돌아다니면서 현황을 파악하려 한다면 주제넘은 짓일 수 있다. 나는 1970년대 납 제련회사의 이사회에 이사로 참석했던 것을 절대 잊지 않는다. 이사회가 열린 장소는 2차 제련소였다. 2차 제련소에서는 낡은 자동차 배터리를 부순 후 별도 처리 과정을 거쳐 납과 다른 물질을 분리하고, 이렇게 분리한 납을 용광로에서 정제해 재판매했다. 2차 제련소는 지저분한 편이다. 솔직히 말해 매우 더럽다. 배터리를 부술 때는 납과 다른 물질이 통제된 공간 밖으로 빠져나가지 않게 하기가 힘들다. 그러나 이사회가 열린 2차 제련소는 얼룩 하나 없었다. 제련소에서 일하는 근로자들이 이사들이 도착하기 전 몇 시간 동안이나 빗자루와 진공청소기, 대걸레, 수건, 화학약품, 칫솔까지 들고서 열심히 쓸고 닦았을 모습이 상상이 갔다. 회의 중간 쉬는 시간동안 화장실에 갔을 때 내 의심은 확신이 되었다. 남자 화장실에서 손을 말리고 나서 보니 종이타월을

버리는 쓰레기통에는 50개쯤은 되는 바닥세정제 빈 통이 가득 버려져 있었다. 아마 이사들이 회사에 대해 얻은 정보 역시 가능하면 좋은 인상을 주려는 경영진이 열심히 문지르고 닦아낸 정보일 것 같았다.

12월 중순에 바요에게서 이메일이 왔다. 골드만 삭스 이사회에 신임 이사 둘이 선출되었다는 내용이었다. 이메일에는 그 둘의 이력서도 들어 있었다. 신임 이사들의 능력도 좋아 보였지만, 더 좋은 점은 바요가 내게(그리고 아마 다른 대주주들에게도) 이사 선출을 알리는 이메일을 보내는 수고를 아끼지 않았다는 점이었다. 이메일을 보면서 내 친구이며 40여 년 전 골드만 삭스의 최고경영진에 속해 있었던 보브 멘셀Bob Menschel의 조언이 생각났다. 보브는 직원을 향한 작지만 성의 어린 노력이 우호적인 관계와 바람직한 사기 진작을 불러온다고 말했었다. 생일을 기억하라. 자녀나 휴가 계획을 물어보라. 가끔은 직원과 함께 점심을 먹어라. 부담스럽지 않은 크리스마스 선물을 주어라. 바요는 보브의 조언을 따랐고 보상을 얻었다. 골드만 삭스의 누군가는(바요이든 아니면 담당 직원이든) 그린헤이븐과 나를 신경 써주려 노력했고, 골드만 삭스에 대한 내 긍정적 감정은 또 한 등급 올라갔다.

2015년 5월에 나는 골드만 삭스 본사에서 개리 콘과 CFO인 하비 슈워츠Harvey Schwartz를 만나는 자리에 초대받았다. 이번에도 나는 기회를 덥석 움켜쥐었다. 전 달에 골드만 삭스는 2015년 1사분기 주당 순이익이 5.94달러에 이른다는 깜짝 실적을 발표했다. 유형자기자본 수익률로 따지면 15%에 해당하는 금액이었다. 5.94달러를 연간 주당 순이익으로 환산하면 거의 24달러나 된다. 앞서도 말했지만 내가 예상한 골드만 삭스의 2016년 EPS는 약 22달러였다. 따라서 적어도 2015년 1사분기만 놓고 보면 골드만 삭스는 이미 내 예상 수치를 뛰어넘고 있었다.

골드만 삭스 본사에서 열린 회의에 참석한 나는 개리와 하비에게 1사분기 순이익이 지속 가능한 것인지와 관련해 질문을 퍼부었다. 추세선 위에서 운영되고 있는 사업 라인은 무엇인가? 이들 라인은 추세선보다 얼마나 위쪽에 있으며, 그 이유는 무엇인가? 추세선 아래에서 운영되는 사업 라인은 무엇인가? 그 라인들은 추세선보다 얼마나 아래에 있으며 그 이유는 무엇인가? 경영진은 내가 원하는 정보의 상당 부분을 말하지 않으려 했다. 하지만 회의장을 떠날 때는, 이 회사의 정상적인 이익창출력이 유형순자산가치의 15% 정도에 육박하며 경영진은 보수적이어서 지나친 약속을 삼가고 약속보다 더 많은 성과를 내려 노력하고 있다는 믿음이 내 안에 피어나 있었다. 기업 경영진과 만났을 때 내가 많이 듣는 것은 '공식 목표party line'에 대한 설명이다. 이 공식 목표는 회사가 어떤 부분에서 위대하고 어떤 부분에서 미래에 번영을 누릴지에 대해 설명하지만 약점은 무시한다. 골드만 삭스의 경우 나는 개리와 하비가 정직한 사람들이고 그들의 말을 믿어도 된다는 본능적 느낌이 들었다.

6월 2일 도이체방크에서 열린 프레젠테이션에서 개리 콘은 1사분기 순이익이 정상적이라며 이렇게 말했다. "우리는 우리의 고객들이 조금 더 적극적으로 움직이는 환경을 보았습니다. 우리는 이런 환경이 그 자체로 긍정적인 것이라고 생각하지는 않습니다. 우리는 우리의 사업 모델에 긍정적인 잠재력이 풍부하기를 원합니다." 물론 이 말은 내 귀에는 달콤한 음악이었다.

개리가 골드만 삭스의 미래가 번영할 수밖에 없는 이유를 설명하면서 달콤한 음악은 계속되었다.

우리는 테크놀로지 사업부에서 일하는 직원이 전체의 4분의 1에 달하는 만큼 여러 면에서 테크놀로지 회사입니다. 우리가 했던 다수의 핵심 테크놀로지 투자가 우리에게 고유의 경쟁우위를 안겨줍니다.
우리는 재무 명세를 바꿨습니다. 비용이 드는 영역은 구조조정을 했습니다. 충분한 정보를 토대로 자본할당 결정을 내리기 위해 견고한 툴과 프로세스를 만들었습니다. 각 사업부 내에 튼튼한 포지션을 구축했으며, 미래의 수익률이 희석될 것 같은 사업부는 매각하거나 폐쇄했습니다. 우리의 경쟁 포지션은 개선되고 있습니다. 그리고 우리는 개선되는 환경에서 기회를 움켜쥐기 위한 만반의 채비를 갖췄습니다.

그해 여름 동안 나는 개리의 말이 믿을 만한지 아니면 '헛소리'인지 여러 경쟁사에 의견을 물었다. 경쟁사들은 개리는 세일즈맨이지만 그의 낙관론은 근거가 충분하며 골드만 삭스는 최강의 회사라고 대답했다.

골드만 삭스를 알아갈수록 우리가 짜릿한 투자를 했다는 확신이 더욱 크게 들었다. 하지만 나는 이 회사를 면밀히 확인하는 일을 멈추지 않았는데, 특히 우리의 분석과 결론을 허사로 만들 만한 외부 상황이 전개되지는 않는지 유심히 주목했다. 가끔은 검은 백조라는 악재가 나타나 우리의 투자 한두 개를 실패로 만들기도 한다. 이런 악재가 생기면 우리는 각오를 단단히 하고 감정을 배제한 채 경제적으로 투자를 지속할지를 재고해야 한다. 그리고 필요하다면 팔아야 한다.

이런 대형 악재가 2014년 가을에 발생했다. 당시 우리는 세 군데의 석유와 가스 서비스회사에 대해 대규모 포지션을 보유했고 석유가스 생산회사 한 곳에는 비교적 소규모의 포지션을 구축했다. 2014년 여름에는 OPEC 담합이 특히 사우디아라비아가 원유 가격을 높게 지탱했다. 북미 셰일 유전과 이라크 유전에서 나오는 산유량이 증가하면 세계의 원유 공급량이 초과 상태에 이를 것은 분명했지만, 우리는 사우디아라비아의 이권이 개입해 산유량을 줄여 초과공급을 없애고 유가를 높은 수준에서 유지하리라 믿었다. 그러나 우리가 틀렸다. 사우디아라비아의 지도자들은 다른 곳의 원유 증산을 상쇄하기 위해 산유량을 지속적으로 감축하는 것이 아니라 '애초부터 문제의 싹을 없애고' 유가 하락을 방조하는 편이 자신들에게 더 유리하다고 판단한 것이 확실했다. 그러면 생산비용이 더 높은 북미 유전 시추의 경제성이 떨어져서 북미의 산유량이 정체되거나 하락할 것이라는 논리였다.

2014년 여름 1배럴에 대략 100달러 선이던 유가는 9월 들어 하락하기 시작했다. 10월에도 하락세는 계속됐고, 11월 초에는 80달러 선이 무너졌다. 나는 지역별로 원유 수급에 대한 추정치와 예상량을 자세히 분석했다. 정권이 불안정한 나라에서 정치나 군사적 소요 사태가 발생해 생산량이 줄거나, 아니면 사우디아라비아가 감산하지 않는 한 원유 초과 공급은 계속 늘어날 것이라는 결론이 나왔다. 나는 나 자신에게 물었다. 만약 사우디아라비아가 감산으로 고유가를 유지할 의도라면 유가가 80달러까지 내려앉도록 놔둘 이유가 있겠는가? 대다수 '전문가'와 미디어는 OPEC 담합이 유지되어 유가가 다시 오를 것이라고 내다봤다. 그러나 옛말에도 있듯이 우리는 시장의 소음이 아니라 생선의 가격에 주목해야 한다. 생선 가격은 담합이 유지되지 않을 것이라는 신호를 발산하고 있었다. 내가 가장 걱정해야 할 부분은 저유가 환경에서 우리가 보유한 석유 관련 종목들의 가치와 순이익 하락이었다. 석유가스회사들은 새 유정을 시추할 자금과 유인이 줄어들 것이고, 비축유의 가격도 하락할 것이다. 이 시점에서 나는 담합이 깨진다면 어느 정도가 정상 수준의 유가일지 추산해 보았다. 아마도 1배럴 당 55~70달러 정도가 정상 유가일 것이다. 70달러 이상이 장기간 유지된다면 충분히 많은 수의 셰일 유전과 기타 고비용 유전도 경제성이 생겨 초과 생산이 발생할 것이다. 그러나 장기 가격이 55달러 선 이하라면 충분치 않은 숫자의 유전만이 경제성을 지니고 세계 시장 수요를 충족시킬 것이다. 이에 따라 결론이 나왔다. 장기적으로 유가가 55~70달러를 유지한다면 우리가 보유한 4개의 석유 관련 종목은 더 이상 매력적이지 않다. 나는 사우디아라비아가 감산할 것이라고 확신할 수 없었기 때문에 11월 13일부터 이 종목들을 팔기 시작했다. 11월 27일 빈에서 열린 회의에서 OPEC은 석유 생산 및 가격 통제 정책을 포기한다는 공식 발표를 했다. 2015년 초가 되자 우리에게는 석유가스 관련 종목이 하나도 남지 않았다.

2014년 말에 나는 석유회사 주식을 여전히 대량 보유하고 있는 한 포트폴리오 매니저와 긴 대화를 나눴다. 그는 내가 예상한 수요공급은 신흥국, 특히 중국에서 발생할 수요를 낮춰 잡았기 때문에 틀린 예상이라고 말했다. 그는 2015년에는 수요가 공급에 거의 필적하는 타이트한 시장이 예상된다는 월가 증권 애널리스트들의 보고서를 내게 이메일로 보냈다. 나는 월가 애널리스트들과 산업 전문가들의 보고서는 이미 상당히 읽은 참이었다. 이들 모두 사우디아라비아가 감산하지 않는 한 2015년에는 공급 과잉이 예상된다는 데 동의하고 있었다. 내가 보기에, 이 포트폴리오 매니저는 자신의 처음 분석과 일치하는 소수 의견 두 개를 의도적으로 찾아냈으며, 다수의 의견은 무시하고 있었다. 그는 개연성이 높은 새로운 상황 전개에는 귀를 닫고 있었다. 그는 소원에 불과한 생각에 매달리고 있었다. 투자자는 자신의 처음 분석을 강화해주는 정보만 의도적으로 찾지 말아야 한다. 대신 투자자는 산업이나 회사의 펀더멘털이 안 좋게 바뀔 만한 새로운 상황이 전개될 때는 언제든 자신의 분석과 생각을 바꿀 준비와 각오를 지녀야 한다. 좋은 투자자는 열린 마음을 가져야 하며 유연해야 한다.

2015년 중순에 나는 위의 포트폴리오 매니저와 아침을 같이 먹었다. 그는 석유회사 종목을 여전히 보유하고 있었다. 그는 석유시장이 타이트한 시장이 될 것이라는 생각은 포기했지만 새로운 투자 논리를 만들어냈다. 그는 5대 다국적 석유회사들이• 미국의 석유회사를 인수하는 데 관심을 보일 것 같다고 믿었다. 그렇게 믿는 이유는 미국의 정치 불안정과, 셰일 유전의 비축분과 생산량을 경제적으로 늘릴 수 있는 수평시추와 다단계 파쇄법의 기회가 늘어났기 때문이었다. 그는 자신이 보유한 석유회사 중 한두 곳 이상이 이 5대 석유회사에 높은 가격에 인수될 공산이 크다고 믿었다. 아침을 먹은 후 나는 블룸버그 단말기에 접속했다. 미국에서 시장가치가 50억 달러 이상인 중간규모 석유가스회사는 28개였다. 번개가 어디로 내려칠지는 아무도 모른다. 또한 이 28개 회사 중에서 어느 곳이 거대 석유회사에 매각될지도 아무도 모른다. 혹여 매각이나 된다면 말이다. 어떤 회사가 매각될지 모르기 때문에 도박 삼아 이 28개 회사에 대해 똑같은 비율의 포지션을 구축해 볼 수는 있다. 만약 5대 석유회사 중 하나가 12개월 안에 어느 한 곳을 정말로 인수하고, 시장가격보다 30% 높게 인수가가 성사된다면, 나머지 27개 종목이 그대로일지라도 이 28개 종목이 들어간

• 이 5개 거대 석유회사는 BP, 쉐브론(Chevron), 엑손(Exxon), 로얄더치(Royal Dutch), 토털(Total)이다.

바스켓은 총 5%만큼 가치가 상승한다. 그린헤이븐은 연간 15~20%의 수익률을 추구하기 때문에, 포트폴리오 포지션의 5% 가치 상승만 바라보면서 매수하는 것은 별로 바람직한 투자가 아니다. 또한 이 5%에는 5대 석유회사 중 하나가 다음 12개월 동안 정말로 인수 태세에 들어가야 한다는 조건이 붙어 있다. 발생 확률이 지극히 낮다. 간단히 말해 이 포트폴리오 매니저가 새롭게 전개한 투자 논리의 경제성은 28개 석유 종목에 대한 투자를 정당화하지 못하고 있었다. 그는 석유주를 계속 보유하기 위한 자기 나름의 근거를 만들었을 뿐이다. 우리 그린헤이븐의 접근법은 직선적이다. 우리는 예상이 틀리거나 펀더멘털이 안 좋게 변한다 싶으면 틀렸다는 사실을 깨끗이 인정하고 경로를 바꾼다. 우리는 처음의 결정을 정당화해 줄 새로운 투자 논리를 만들지 않는다. 우리는 잘못한 일이 곪을 대로 곪게 두지 않으며 그 일에 머리를 싸매고 집중하지도 않는다. 우리는 깨끗하게 팔고 손을 턴다.

2015년 10월 말에 마이크 오버록이라는 고객이 같이 점심을 먹을 수 있는지 물었다. 마이크는 골드만 삭스의 스타급 직원이었던 사람이다. 1982년에는 파트너가 되었고, 1984년에는 인수합병부서의 책임자가 되었으며, 1990년에는 투자금융부 전체의 공동 부서장이 되었다. 또한 같은 1990년 아직 골드만 삭스가 조합회사일 당시, 회사 운영을 대부분 책임지는 경영위원회에 위촉되기도 했다. 마이크가 골드만 삭스를 은퇴했을 때 〈월스트리트 저널〉은 그를 "월가의 가장 유능한 합병 거래 전문가 중 하나"라고 칭했다. 물론 마이크는 내가 자신의 계좌를 통해 골드만 삭스 주식을 매수했다는 사실을 알고 있으니만큼, 내 생각에 골드만 삭스가 우리 점심 대화의 주요 주제일 것 같았다. 그래서 나는 준비를 했다. 마이크가 알고 있는 골드만 삭스 관점에서 준비를 했다. 나는 골드만 삭스 파일을 꺼내 메모까지 빼놓지 않고 다 읽으면서 우리가 그 주식을 매수한 근거를 다시금 생각했다. 생각을 하면 할수록 이 주식에서 얻을 보상을 더 크게 확신하게 되었고 더 마음이 설렜다. 행복했다. 하지만 나는 투자매니저로 일하면서 거의 매 순간이 다 행복하다. 완벽한 직업이지 않은가. 세상과 경제와 산업과 회사를 연구하는 데 하루 종일을 쓴다는 것이, 창의적으로 생각한다는 것이, 기업 CEO들을 만나 대화를 한다는 것이, 마이크 오버록과 점심식사를 한다는 것이 행복하다. 나는 행운아다. 정말이지 말도 못하게 행운아다.

제14장

잭 엘가트에게 보내는 편지

나의 투자 접근법과, 지금까지 투자하며
발견한 여러 투자 원칙을 이 편지 한 통에 담았다.

2008년 한 젊은 투자매니저가 우리의 투자 접근법을 설명해달라는 부탁과 함께, 도움이 될만한 추가 조언을 요청했다. 그 부탁에 대한 답장으로 나는 다음과 같은 편지를 썼다.

*

잭 엘가트 씨에게

문의에 감사드리며 이 편지가 조금이나마 답이 되기를 바랍니다. 편지가 다소 길 수 있습니다. 복잡한 주제를 두세 문단 안에 다 담기는 어렵기 때문이죠. 또한 내 투자 방식이나 아이디어에서 신성시될 부분은 하나도 없음을 유념해주시기 바랍니다. 인생의 여러 부분이 그러하듯 성공 투자자로 향하는 접근법도 무수히 다양하고 많습니다.

격언에 이르기를 차고에 서 있다고 해서 차가 만들어지는 것이 아니듯 교회에 간다고 해서 기독교인이 되는 것은 아닙니다. 마찬가지로 특정한 투자 전략과 접근법을 갖춘다고 해서 워런 버핏이 되는 것도 아닙니다. 하지만 도움은 됩니다. 전략과 접근법은 제가 이성적인 투자 결정을 내리는 데 도움이 되었습니다. 특히 어려운 시기에 많은 도움이 되었습니다.

우리의 중점 전략은, 긍정적 상황이 전개돼 가치가 급등할 가능성이 높지만 현재는 크게 저평가되어 있는 강한 성장주를 매수하는 것입니다. 우리는 저평가와 성장, 강점이 영구손실을 막아주는 보호책이 되는 동시에, 저평가와 성장, 강점, 그리고 긍정적 상황 전개는 고수익을 올릴 기회도 만들어 주리라 생각합니다.

나는 우리의 첫 번째 목표는 영구손실 리스크를 통제하는 것임을 강조하고자 합니다. 우리가 종목을 분석할 때 제일 먼저 찾는 것은, 회복할 수 없을 정도로 손실이 나는 것을 일정 기간 이상 막아줄 보호장치입니다. 우리는 해당 종목의 영구손실 리스크가 비교적 낮다는 확신이 든 다음에야 그 종목의 긍정적 특성을 분석하기 시작합니다.

우리는 리스크 통제를 특히 중요하게 생각합니다. 그러다보니 성장주 투자자와 반대되는 가치투자자가 되었습니다. 우리는 많은 성장주가 시장 성숙이나 경쟁 증가로 인해(그리고 코닥의 사례처럼 새로운 파괴기술과의 경쟁에 밀려) 성장률이 둔화하면서 영구적인 가치 손실이 발생하는 것을 오랫동안 목격했습니다.

지난 50여 년 동안 주식시장의 연평균 수익률은 (가치 상승과 배당을 합쳐) 9~10%였습니다. 만약 어떤 투자자가 저평가된 주식 포트폴리오를 매수했고 그 종목의 실적이 시장과 똑같았다면, 이 투자자의 장기 수익률은 평균 9~10%일 것입니다. 그러나 만약 투자자가 저평가된 주식을 발견했는데 창의적 사고를 통해 미래의 긍정적 사건을 예상했고 그 사건이 아직 주가에 반영되지 않았다면 그는 시장을 훨씬 웃도는 수익률을 기대할 수 있습니다. 긍정적 상황의 예로는 시장 순환에 따른 기업이나 산업의 순이익 상승, 순이익을 감소시키던 고질적 문제의 해결, 훌륭한 신제품이나 서비스 출시, 무능한 경영진이 물러나고 후임에 유능한 경영진이 오는 것 등을 들 수 있습니다. 특정 종목이 호재로 수혜를 입어 가치가 급등하기까지는 다소 시간이 걸릴 수 있습니다. 인내해야 합니다. 하지만 예상했던 긍정적 사건이 전혀 일어나지 않는다면 어떻게 해야 할까요? 그럴지라도 장기 평균 수익률인 9~10%는 가능합니다. 이 정도여도 나쁜 결과는 아닙니다. 케이크의 크림 장식은 먹지 못했지만 케이크는 먹을 수 있으니까요.

따라서 분석적, 창의적, 체계적이며 현명한 판단력까지 갖춘 투자자는 시장 평균보다 훨씬 높은 수익률을 거둘 수 있습니다. 저는 그렇게 생각합니다. 이런 투자자가 거두는 평균 수익률이 9~10%를 훨씬 넘어선다면 그는 결국 복리의 힘을 빌려 아주 부자가 될 수 있습니다. 복리. 제가 아주 좋아하는 단어입니다. 복리는 강력합니다. 워런 버핏은 단 한 번의 투자 성공으로 갑자기 잭팟을 터뜨려 세계에서 손꼽히는 부자가 된 것이 아닙니다. 버크셔 해서웨이의 가치가 45년 동안 20% 정도의 복리로 불어났기 때문에 부자가 되었습니다. 어떤 투자자의 연평균 수익률이 20%라면 45년 후 초기 투자 100만 달러는 36억 달러가 됩니다.• 엄청나지요.

그러나 가치투자가 듣기에는 쉽지만 같은 방법으로 성공하려는 다

• 계산의 편의를 위해 여기서는 실현자본이득세와 배당세를 제외했다. 당연한 말이지만 진짜 계산에서는 이 둘을 제외해서는 안 된다.

른 투자자가 수천 명은 있습니다. 그래서 가치투자는 경쟁이 아주 치열합니다(하지만 재미있고 짜릿합니다). 성공적인 가치투자자가 되는 데에는 미래에 대한 나름의 논지를 만드는, 특히 긍정적일 만한 사건을 예측하는 대단히 창의적인 정신이 도움이 됩니다. 나는 개인의 창의성을 향상하는 방법을 여러모로 고민했지만, 인간의 정신은 무정형입니다. 그리고 정신의 창의적 작동을 이해하려는 것은 뜬구름 잡기와 비슷합니다. 하지만 정신의 방황을 허락하고, 새 아이디어와 변화에 마음을 열고, 선입견으로부터 자유로워지기를 바랍니다. 창의적 아이디어는 갑작스럽게 오는 것이 아니라, 그간의 아이디어를 결합하거나 재해석할 때 얻어지는 경우가 많습니다.

가치투자자에게는 경험도 필요합니다. 비즈니스스쿨을 졸업한 후 몇 년 동안 투자 전문가로 경력을 쌓은 똑똑하고 성실한 투자자라면 아마도 악보는 제법 잘 연주할 것입니다. 하지만 진정으로 음악을 연주하려면 추가로 몇 년의 경력이 더 필요할 수 있습니다. 음악에서도 스포츠에서도 최고의 전문가는 오랜 연습으로 그들만의 리듬과 감흥을 만들어 최고의 결과를 이끕니다. 제 생각에 훌륭한 투자자 대부분이 지닌 직감(아니면 육감은) 중 일부는 타고난 능력에서 나오지만 일부는 경험에서 나옵니다.

좋은 가치투자자는 창의성과 경험 외에도 자신감 또한 필요합니다. 그래야만 투자 대중 전반이 가진 관습적 생각에 역행하는 결정을 내릴 수 있습니다. 어느 특정 순간 어떤 종목의 가격에는 시장의 관습적 생각이 반영돼 있습니다. 내가 보기에는 인기가 없어서 크게 저평가된 주식이지만, 투자 대중이 보기에는 저평가된 주식이 아닐 수 있습니다. 그렇지 않다면 충분히 많은 다른 투자자들이 이미 그 주식을 매수하여 내재가치까지 주가가 올라가 있을 테니까요. 따라서 좋은 가치투자자는 자신의 분석과 판단에 근거해 결정을 내려야 하며, 월가 애널리스트나 신문 기자, TV 해설가 등이 말하는 온갖 의견은 무시해야 합니다. 가치투자자는 역발상 투자자가 되어야 하며, 외로움과 불편함을 감수할 수 있는 각오와 능력이 필요합니다. 주식을 매수할 때는 편안한 마음보다는 불편한 감정을 느끼는 것이 대체로 더 도움이 됩니다.

그리고 완전한 확실성을 가진 결정은 거의 없습니다. 기업의 펀더멘털에는 언제나 불확실성이 존재하고, 모든 기업에는 현재와 미래의 강점은 물론이고 현재와 미래의 문제점도 포진해 있습니다. 하지만 투자자라면 특정 사건의 발생 확률을 가늠한 다음 그 확률에 근거하여 결정할 수 있어야 합니다. 투자는 확률 게임입니다.

확률을 성공적으로 측정하고 훌륭한 투자 결정을 내리려면 투자자는 투자하려는 회사와 산업에 대해 상당한 정보를 확보해야 합니다. 상대적으로 우수한 정보는(양적으로든 질적으로든) 투자자에게 경쟁력을 더해 줍니다. 우리 그린헤이븐은 정보를 얻기 위해 기업 펀더멘털 리서치에 많은 시간을 할애합니다.

투자에는 공식이 없지만, 알아두면 유익하거나 삼가해야 할 반복적 패턴과 전략이 많은 편입니다.

1. 현재 상황에 순응하여, 멀리 보는 시야를 잃지 않도록 주의해야 합니다. 특히 오랫동안 경기가 좋으면 더욱 조심해야 합니다. '강세장'일 때, 많은 투자자는 좋은 실적에는 후한 점수를 매기면서도 그 좋은 실적이 나오는 데 큰 역할을 한 긍정적 환경에는 별

로 후한 점수를 매기지 않습니다. 이런 상황에서 자칫 투자자는 과잉확신에 빠져 리스크를 잘못 평가하는 실수를 저지를 수 있습니다.

2. 과거나 현재의 추이를 미래에 투사하지 않도록 조심해야 합니다. 과거는 미래로 이끌어주는 믿음직한 안내자가 아닙니다. 후방 거울만 보면서 자동차를 운전하는 것은 직선 도로에서는 상관없지만 급커브 도로에서는 굉장히 위험합니다. 투자도 마찬가지입니다.
3. 지금의 관점을 강화해주는 정보를 좇지 말아야 하며, 지금 가진 믿음의 결점을 드러낼 만한 정보를 배제하는 행동도 하지 말아야 합니다. 주식을 보유하다 보면 그 종목에 대한 나쁜 소식보다는 좋은 소식에 귀가 더 솔깃해지기 십상입니다. 이런 태도는 편견을 키워 잘못된 투자 결정을 내리게 합니다.
4. 해당 종목과 산업을 집중적으로 조사하고, 정보의 양뿐 아니라 질에도 관심을 기울여야 합니다. 질 높은 정보는 불확실성과 리스크를 줄입니다. 그러나 소량의 정보만으로 투자를 결정하는 것도 위험하지만, 투자 아이디어를 과도하게 조사하느라 기회를 놓쳐서도 안 됩니다. 수프 한 그릇을 다 먹지 않아도 수프 맛이 어떤지는 충분히 잘 알 수 있습니다.
5. 경제, 금리, 증시 예측을 근거 삼아 투자 결정을 내리지 않도록 조심하십시오. 경제와 금리, 증시의 향방에 영향을 미치는 변수는 무수히 많기 때문에, 중요 변수들을 모두 식별하고 분석하고 가늠하기는 거의 불가능합니다. 혹여 그런 일이 가능할지라도 투자자로서는 개별 종목의 가격에 미래 사건이 어느 정도로 할인되어 반영돼 있는지 예측하기가 어렵습니다. 지금까지의 경험상, 투

자자들은 자신이 세상을 이해하는 능력은 과대평가하면서도 상황의 변화가 어떤 역할을 하는 지에 대해서는 과소평가하는 성향이 강합니다. 우디 앨런이 이런 말을 했습니다. "우주를 알고 싶어 한다는 사람들이 차이나타운 주변 길도 파악 못 해 애먹는 것을 보면 정말로 놀랍다."

6. 투자자 개인이 파악할 수 있는 정보보다 기업 경영진이 알고 있는 회사 정보가 훨씬 많습니다. 경영진의 말이 아니라 그들의 행동을 유심히 관찰하기 바랍니다. 경영진도 다른 사람들처럼 자기 이익에 따라 움직이는 사람들이라는 것을 잊지 마십시오. 경영진이 자기 계좌에 회사 주식을 매수한다면 바람직한 신호지만, 매도한다면 나쁜 신호입니다. 주가를 높여야 할 유인이 많은 경영진을 따르십시오.
7. 경영진이나 기타 관련자가 내놓은 예측이 믿음을 사고 그대로 행해짐에 따라 그들이 이득을 본다면, 그런 예측은 특히 조심해야 합니다.
8. 최근의 인수합병으로 크게 '합쳐진' 기업은 조심해야 합니다. 대체로 인수합병은 입찰 과정을 통해 이뤄지며 인수 기업은 최고 입찰가를 적어 낸 회사입니다. 나는 입찰 전쟁에서 가장 똑똑한 사람은 입찰에 떨어진 사람이라는 워런 버핏의 말에 동의합니다. 크리스티나 소더비 경매에서 그림을 낙찰받으면 주위에 앉아 있던 사람들이 내게 축하 인사를 건네곤 합니다. 하지만 이런 의문이 듭니다. 왜 남들이 지불하지 않으려는 높은 가격에 그림을 산 사람이 축하 인사를 받아야 하는 걸까? 나는 인수된 기업의 가치를 따질 때, 인수 금액에 그 이후 성장이나 시너지로 얻을 프리

미엄을 더하고, 혹여 인수 금액이 너무 비싸다고 믿는다면 일부를 차감합니다. 결론적으로, 최근 몇 년간 인수합병을 통해 합쳐진 기업들은 재무제표에 계상된 순자산가치에 붙은 높은 프리미엄만큼의 가치를 가지고 있지 못합니다.

9. 수요공급 법칙을 잊지 말기 바랍니다. 수요와 공급의 균형은 상품의 시장가격을 결정하는 주요 요인입니다. 또한 수요와 공급에 영향을 미치는 반작용도 잊지 마십시오. 예를 들어 상품 가격이 높게 형성된 이유가 공급 부족 때문이라면, (높은 가격에 이끌려 들어온) 새로운 공급, (높은 가격으로 인한) 수요 감소, 또는 비교적 가격이 낮은 대체재로의 이동 등으로 인해 공급 부족 현상이 사라지거나 완화될 수 있습니다.
10. 다른 사람, 특히 미디어에서 말하는 종목 추천을 조심하기 바랍니다. 그들의 말은 아주 분명하고 권위 있게 들리지만 성공적인 전문 투자자로서의 재질이 부족한 사람들입니다. 어떤 말이 10까지 셀 수 있다면 굉장한 말이겠지만, 굉장한 수학자는 아닙니다.
11. 미디어에 휘둘리지 마십시오. 나쁜 소식에는 귀가 솔깃해지는 법이기 때문에 미디어는 비관적 성향이 강합니다. 지난 여러 해 동안 미디어가 예상했던 심각한 문제 중 상당수가 실제로는 아예 발생하지 않았거나 아니면 예상과는 달리 전혀 심각한 사태는 아니었습니다. 1979년 8월 13일자 〈비즈니스위크〉의 표지 기사는 '주식의 죽음'이었습니다. 투자자들이 주식 투자에서 고위험의 하이일드 투자로 대거 옮겨가고 있으며, 당분간 증시가 침체에서 벗어나 과거 수준을 회복하기는 힘들어 보인다는 내용이

었습니다. 기사가 나갔을 때 S&P 500 지수는 11년 전과 비슷한 수준이었습니다. 하지만 〈비즈니스위크〉 기사가 틀렸습니다. 기사가 보도되고 얼마 후 증시는 강력한 강세장에 들어갔습니다. 1979년 8월에 100이었던 S&P 500 지수는 2000년 8월에는 1,500으로 올랐습니다. 1979년에 S&P 500 지수펀드를 매입한 투자자가 21년 뒤에 이 펀드를 매도했다면 그는 (배당을 포함해) 연평균 16%라는 높은 수익률을 거뒀을 것입니다.

12. 숫자와 모델에 지나치게 의존하지 말아야 합니다. 투자자는 명확해 보이는 숫자와 모델에 마음을 놓곤 합니다. 그러나 숫자와 모델에 호도될 수도 있습니다. 되풀이될 수 없는 과거 데이터나, 현실적으로 타당성 없는 가정에 근거하여 만들어진 숫자와 모델일 수 있기 때문입니다. 숫자와 모델은 필요하지만, 그것이 쓸모 있으려면 올바른 판단과 상식이 결부되어야 합니다. 어떤 통계학자가 강물의 평균 깊이가 1m라고 믿으면서 건너려다 익사했다는 우스갯소리도 있습니다. 그에게는 판단력과 상식이 없었습니다.
13. 분석에는 감정이 배제되어야 합니다. 특히 힘든 시기일수록 상당수 투자자는 이성을 잃고 감정이 투자 결정을 지휘하도록 내버려 둡니다. 이렇게 해서 내려지는 결정은 비합리적이고 혹독한 대가를 요구합니다. 자신의 감정을 이해하고 이 힘든 시기가 왜 온 것인지 이해하고자 한다면, 투자자는 자신의 정신을 체계적으로 가다듬고 통제해서 합리적으로 생각하고 행동할 수 있습니다.
14. 단순성을 추구하십시오. 투자자는 투자 결과가 어떨지 100%

확신할 수는 없습니다. 그러나 핵심 가능 변수들을 식별해 분석하고, 이 가능 변수들의 발생 확률을 예상하며, 그 가능 변수들의 발생 확률과 예상 수치에 근거함으로 최종적으로는 합리적으로 결정하고자 노력할 수 있습니다. 우리는 확실성이 아니라 가능성과 확률의 시대에 살고 있습니다. 추측이 고작인 요소의 숫자를 줄일 수 있으면 투자자의 성공 확률도 높아집니다. 따라서 투자 결과를 좌우할 수 있는 변수들의 숫자가 상대적으로 적을 때 투자에 대한 자신감도 올라갑니다.

15. 나무는 천국까지 자라지 않습니다. 한 종목이나 증시 전체가 과거 평균보다 부풀려진 가치로 가격이 매겨져 있을 때를 경계해야 합니다. 지나친 고평가, 특히 그 고평가가 '새로운 평균'으로 받아들여진다면 위험할 수 있습니다. 투자 심리가 반대로 돌아서면 고평가는 순식간에 큰 폭으로 조정될 수 있습니다.

16. 오래전 내가 선택한 방법론이 하나 있습니다. 증시가 고평가돼 있는지 판단할 때 유용한 방법입니다. 나는 제일 먼저 1960~2000년까지의 S&P 500 지수의 '순이익'을 분석합니다. 내가 (회귀분석의 도움을 받아) 내린 결론은 40년간 순이익 성장률은 약 CAGR 6.8%였으며, 이에 따른 2000년의 S&P 500의 추세선(즉, 평균) 순이익은 46.75여야 한다는 것입니다. 그런 다음에는 S&P 500 지수의 평균 주가수익비율PER은 15.8이라는 계산이 나왔습니다. 나는 이것을 증시의 정상 PER이라고 생각합니다. 따라서 나는 이 과거 수치를 근거로, 2000년 S&P 500 지수의 정상 가치는 739(46.75×15.8)라고 결론 내렸습니다. 순이익 성장률은 CAGR 6.8%이고 이 성장률이 앞으로 계속되지 못

할 이유가 없기 때문에 S&P 500의 평균 가치를 예상할 수 있습니다. 예를 들어 2010년 S&P 500의 정상 가치는 1,427이 되어야 합니다(739가 10년 동안 6.8%씩 점증적으로 증가). 따라서 2010년에 S&P 500 지수가 1,725라면, 과거 수치로 계산한 값보다 대략 21% 고평가돼 있다고 판단할 수 있습니다. 우리는 싸게 사서 비싸게 팔고자 하므로 시장이 과거 수치보다 고평가돼 있는지 파악할 수 있어야 합니다. 특히 증시가 상당히 부풀려진 가격에서 형성돼 있을수록 고평가 여부 파악이 큰 도움이 됩니다.

17. 이론적으로만 따지면, 투자자가 리스크를 더 많이 감수해야만 자신의 수익률을 높일 수 있습니다. 미국 단기국채는 리스크가 없는 대신 금리가 낮습니다. 투자적격 등급 회사채는 미국 단기국채보다 리스크가 높지만 금리도 그보다 높습니다. 불량 채권에 투자하는 '정크본드'는 리스크가 굉장히 높은 대신 금리도 상당히 높습니다. 주식 역시, 어떤 종목은 리스크가 높고 어떤 것은 낮습니다. 모든 투자자는 영구손실 리스크를 분석하고, 자신이 감수할 수 있는 리스크 수준을 결정해야 합니다. 적절한 리스크 회피 수준이 어느 정도인지에 대한 정답은 없습니다. 투자자 성향에 따라, 그리고 투자자의 필요, 욕구, 인성에 따라서도 리스크 감수 수준은 달라지기 때문입니다.
18. 투자자는 영구손실을 피하기 위한 모든 노력을 기울여야 하지만, 리스크 회피에 골몰한 나머지 실수에 대한 두려움에 젖어 괜찮은 투자 기회를 날리는 사태 역시 피해야 합니다. 최고의 투자자도 가끔은 실수를 합니다. 실수는 인간의 천성입니다. 그러

므로 실수에 대한 두려움 때문에 자신감이나 사기가 떨어지는 사태가 있어서는 안 됩니다.

19. 초기 결정에 오류가 있거나 상황이 바뀐다면 언제든 태도를 바꿀 수 있는 준비와 각오가 돼 있어야 합니다. 실수했다는 사실을 기꺼이 받아들여야 합니다.
20. 장기적으로 투자하고(최소 2년) 단기 실적에 의미를 두지 말아야 합니다. 대다수 헤지펀드와 뮤추얼펀드, 그리고 대다수 투자자는 단기 실적을 거둬야 한다는 압박감에 시달립니다. 따라서 다음 한 분기 동안 차익을 급등시켜 줄 만한 투자 아이디어가 있으면 너도나도 달려듭니다. 중기 전망이 우수해 보일지라도 단기 전망이 희미하면 사려는 사람이 많지 않습니다. 그리고 우리가 원하는 것도 이런 주식입니다.
21. 증시에서는 '타이밍'을 노리지 말아야 합니다. 증시의 단기 향방을 좌우하는 요인은 매우 많아서 어느 누구도 그런 요인들을 다 파악하기는 대단히 어렵습니다. 물론 그 요인들을 모두 이해하고 따져본 후 증시에 얼마나 반영돼 있는지 판단하기도 당연히 어렵습니다. 더욱이 단기 증시를 좌우하는 요인들은 역동적으로 변하기 때문에, 시장 타이밍을 노리는 사람들은 예측이 어렵거나 불가능한 미래 사건에 고스란히 휘둘리게 됩니다. 이 모든 이유로 타이밍 매매자들 대부분은 타율이 저조합니다. 워런 버핏은 1994년 버크셔 해서웨이 연차총회에서 이렇게 말했습니다. "나는 시장에 대해서는 의견 자체가 없습니다. 혹여 있어도 좋은 의견이 아니거나 좋은 의견에 방해가 될 수 있기 때문입니다." 그 말에 전적으로 동의합니다.

22. 매력적인 주식을 여러 종목 찾아낼 수 있으면 가급적 완전 투자를 유지하기 바랍니다. 기업의 순이익과 증시는 시간이 지나면서 계속 오르기 때문에 만약 놀리는 돈 없이 완전히 투자한다면 물살에 따라 유유히 헤엄치는 셈이 됩니다. 하지만 완전 투자를 유지할 만큼 충분한 수의 매력적인 주식을 찾아내지 못한다면 그냥 현금으로 놔두어야 합니다. 무리할 정도로 완전 투자를 해서는 안 됩니다. 더욱이 경제 전반에 과도한 리스크나 여타 받아들이기 힘든 리스크가 존재한다면 투자 기준을 엄격하게 높이고, 저리스크 경제에서는 리스크가 감수할 만한 수준이었지만 고리스크 경제 속에서 감수 못 할 수준으로 리스크가 높아진 종목을 매도해야 합니다.

23. 전체를 보면서 긍정적이고 낙관적으로 행동하십시오. 장기적 관점에서 보면 증시는 한 자릿수 중반대로 상승하기 때문에, 일반적으로는 비관적 시각이 아니라 낙관적 시각으로 세상을 보는 것이 더 도움이 됩니다.

24. 집중 포트폴리오와 분산 포트폴리오를 동시에 구성해야 합니다. 이론적으로 말하면 포트폴리오에는 위험보상비율이 가장 좋은 종목을 제일 먼저 넣어야 하며, 그다음으로는 위험보상비율이 그것보다는 덜한 종목들을 이어서 넣어야 합니다. 그렇게 하면 15~25개 종목으로 이뤄진 집중 포트폴리오는 30~50개의 더 많은 종목으로 이뤄진 포트폴리오보다 훨씬 높은 리스크 조정 수익률을 제공할 것입니다. 그러나 몇 개 종목에서 발생한 영구손실이 포트폴리오 가치를 영구적으로 손상하거나 포트폴리오 매니저의 자신감을 추락시키는 사태가 발생하지 않도록 분

산 투자도 충분히 추구해야 합니다. 포트폴리오 매니저가 밤잠을 설치는 일이 있어서는 안 됩니다. 집중 투자와 분산 투자 모두를 달성하기 위해서는 포트폴리오 보유 종목을 15~25개 정도로 유지해야 하며, 개별 종목은 포트폴리오 전체 가치의 12%를, 개별 산업은 전체 가치의 25%를 넘어서는 안 됩니다. 이 때 한도는 시가가 아닌 매수 비용을 기준으로 합니다. 시가 기준이라면 포트폴리오 매니저는 한도를 맞추기 위해, 가치가 급등했지만 여전히 매력적인 종목을 억지로 매도해야하는 상황이 생기기 때문이죠.

25. 편안한 마음과 열정을 가지고 투자하기 바랍니다.

투자는 짜릿함과 지적 도전을 선사합니다. 투자는 재미있습니다. 또한 잭 엘가트 씨처럼 똑똑하고 의욕적인 사람들에게는 높은 수익도 안겨줄 수 있습니다. 잭 엘가트 씨가 성공적인 투자자가 되어 부유해진다면 그 부를 현명하게 사용하십시오. 나는 기원전 5세기경 아테네 지도자였던 페리클레스가 말했던 추도연설에 전적으로 동의합니다. "우리에게 부라는 것은 허영을 위한 단순한 물질이 아닌, 성취를 위한 기회이다." 또한 부의 상당 부분을 자선기관에 기부한 워런 버핏과 빌 게이츠의 행동도 본받아야 합니다. 그들은 자신들과 달리 부와 행운을 거의 누리지 못한 사람들을 도우려 노력합니다.

이 편지가 도움이 되기를 희망합니다. 다시 말하지만, 성공 투자에 이르는 길은 많습니다. 목적을 달성하는 방법은 많습니다.

잭 엘가트 씨의 투자에 행운이 함께 하기를 기원합니다.

에드 와첸하임

찾아보기

ㄱ

ㄴ

ㅂ

ㅇ

ㅎ

보통의 주식, 보통의 상식

: 가치투자를 시작하는 후배 투자자들에게

초판 인쇄 2018년 8월 31일
초판 발행 2018년 9월 10일

지은이 에드가 와첸하임
옮긴이 조성숙
펴낸이 김승욱
편집 김승욱 심재헌
디자인 최정윤
마케팅 최향모 강혜연 이지민
홍보 김희숙 김상만 이천희 이가을
제작 강신은 김동욱 임현식
관리 윤영지

펴낸곳 이콘출판(주)
출판등록 2003년 3월 12일 제406-2003-059호

주소 10880 경기도 파주시 회동길 455-3
전자우편 book@econbook.com
전화 031-8071-8677
팩스 031-8071-8672

ISBN 979-11-89318-05-5 03320

* 이 도서의 국립중앙도서관 출판시도서목록(CIP)은 e-CIP 홈페이지(http://www.nl.go.kr/ecip)와
국가자료공동목록시스템(http://www.nl.go.kr/kolisnet)에서 이용하실 수 있습니다.
(CIP제어번호: CIP2018026301)